街場の読書論

内田 樹

潮新書
017

潮出版社

本書は二〇一二年四月に太田出版より刊行
された単行本を、新書化したものです。

第一章　文芸棚　9

第二章　人文棚

第五章　著作権棚　369

第六章　表現とリテラシー　417

装丁 ――Malpu Desigh(清水良洋)
本文レイアウト――Malpu Desigh(佐野佳子)
オビ写真――東泰宏

第一章

文芸棚

『緋色の研究』の研究

コナン・ドイル『シャーロック・ホームズ』

世の中には「箴言《しんげん》」として書きとめておきたい文句が数頁に一度出てくる小説がある。不思議なもので、そういう小説は、読み終わって何年もして、ストーリーはほとんど忘れてしまっても、「箴言」の方だけはしっかり身体の中に残っている。「ハードでなければ生きていけない。ジェントルでなければ生きているに値しない」（If I wasn't hard, I wouldn't be alive. If I couldn't ever be gentle, I wouldn't deserve to be alive.）とか。でもこの文句が出てくるのはチャンドラーのどの小説かは、とっさには思い出せない（『プレイバック』なんですけどね）。

考えてみると、長きにわたって読まれ続ける小説は必ずそのような箴言を含んでおり、ときに箴言の方が小説より長く生きることさえある。

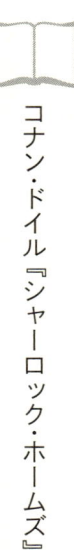

サー・アーサー・コナン・ドイルの『緋色の研究』を読んでいたら、素敵な箴言がちりばめられていた。

ラカンはポーの『盗まれた手紙』を素材に有名なセミネールを行ったが、シャーロック・ホームズを素材にしたセミネールがあることを寡聞にして知らない（私が「寡聞にして知らない」というのは、修辞的強調ではなく、ほんとうに「よくものを知らないので、知らない」という意味なので、ラカンがシャーロック・ホームズについて論じた研究があったら、教えてくださいね）。でも、ホームズの推理術はオーギュスト・デュパンのそれとは違う意味で、分析的であり、きわめて汎用性の高いものだと私は思っている。それをホームズ自身は「遡及的《そきゅう》」な推理と呼んでいる。

「君にはもう説明したはずだが、うまく説明できないもの（what is out of the common）はたいていの場合障害物ではなく、手がかりなのだ。この種の問題を解くときにたいせつなことは遡及的に推理するということだ（the grand thing is to be able to reason backward）。このやり方はきわめて有用な実績を上げているし、簡単なものでもあるのだが、人々はこれを試みようとしない。日常生活の出来事については、たしかに『前進的に推理する』（reason forward）方が役に立つので、逆のやり方があることを人々は忘れてしまう。統合的に推理する人と分析的に推理する人の比率は五〇対一というところだろう。」

「正直言って」と私は言った。「君の言っていることがよく理解できないのだが」

「君が理解できるとはさほど期待していなかったが、まあもう少しわかりやすく話してみよう。仮に君が一連の出来事を物語ったとすると、多くの人はそれはどのような結果をもたらすだろうと考える。それらの出来事を心の中で配列して、そこから次に何が起こるかを推理する。けれども中に少数ではあるが、ある出来事があったことを教えると、そこから出発して、その結果に至るまでにどのようなさまざまな前段（steps）があったのかを、独特の精神のはたらきを通じて案出する（evolve）ことのできる者がいる。この力のことを私は『遡及的に推理する』とか、『分析的に推理する』というふうに君に言ったのだよ。」

(A Study in Scarlet, pp. 115-116)

あるものを見たときに、継時的にそれを配列して、次に何が起きるかを推理する力と、あるものを見たときに、そこに至るどのような「前段」がありえたのかを推理する力は、まったく異質のものである。前進的・統合的推理をする人間は、一連の出来事を説明する仮説を立てようとするときに、「うまく説明できないもの」を軽視ないし無視する傾向がある。自然科学においては、「仮説に対する反証事例」を、「許容範囲内の誤差」として処理する態度がそれである。

けれども、ホームズ型の知性はそれとは違う。「仮説に対する反証事例」、つまり、「うまく説明できないもの」を導き手としてホームズは推理を進めるのである。それが出来合いの仮説では「うまく説明できないもの」であればあるほど、「それを説明できる仮説」の数はむしろ絞り込まれてくるからである。

「うまく説明できないもの」のことをロラン・バルトは「鈍い意味（le sens obtus）」と呼んだことがある。「私の理解がどうしてもうまく吸収することのできない追加分として、『余分』に生ずる、頑固であると同時にとらえどころのない、すべすべしていながら逃げてしまう意味」（『第三の意味』）。それはたいていの場合「ないはずのものがある」「あるはずのものがない」という過剰態あるいは欠性態において、迂回的に示されている。

　要人警護のＳＰたちは、通過予定の道路を事前に何度も歩く。何度も繰り返し歩いてその道路の印象を身体に刷り込むのである。すると、実際に警護のためにそこを走っているときに、はっと胸を衝《つ》かれるということが起こる。それはセンサーが「ないはずのものがある」か「あるはずのものがない」か、いずれにせよ、「うまく説明できないもの」をヒットしたことで「アラーム」が鳴動したことを意味している。優秀なＳＰはそこから「それを説明できる仮説」を求めて、高い確率で待ち伏せを察知する。

「うまく説明できないもの」に反応する知性、それを「導き手」として「前段」を「案出する」力、それがどれほど稀有のものであり、また真に知性的なものであるかは、シャーロック・ホームズが嘆くように、まだ人々には十分に理解されていない。むろん、私たちの国でも「遡及的に推理する」ことのたいせつさを語る人はほとんどいない。

みなさん、暑い夏休みはシャーロック・ホームズを読んで過ごしましょう。さいわい、どこの本屋でもホームズの文庫本が切れるということはありませんから。

——二〇一〇年八月二〇日

■レイモンド・チャンドラー『プレイバック』清水俊二訳／ハヤカワ・ミステリ文庫／一九七七年

■Sir Arthur Conan Doyle, A Study in Scarlet, in "*Sherlock Holmes, The complete novels and stories*", Volume 1, Bantam Classics, 1986.

■コナン・ドイル『緋色の研究』延原謙訳／新潮文庫／一九五三年

■エドガー・アラン・ポー「盗まれた手紙」『モルグ街の殺人・黄金虫―ポー短編集 二』所収／巽孝之訳／新潮文庫／二〇〇九年

■ジャック・ラカン『盗まれた手紙』についてのセミネール」『エクリ』所収／佐々木孝次ほか訳／弘文堂／一九七二年

■ロラン・バルト『第三の意味―映像と演劇と音楽と』沢崎浩平訳／みすず書房／一九九八年

※書誌情報では、現在入手可能なものを記しています

食本鬼の哀しみ

ウォルター・スコット『アイヴァンホー』

ソファーにごろ寝して『アイヴァンホー』を読む。なんで、いまごろそんなものを読んでいるかというと、『ユダヤ文化論』のために中世ヨーロッパにおけるユダヤ人差別のメンタリティについて書こうと思ったときに、『アイヴァンホー』のアイザックとレベッカというユダヤ人親子が出てきて、すごく意地悪される話があったことを思い出したからである。

そのとき、「アイヴァンホー」って誰だっけ……？　と記憶に巨大な空白があることに気づいて読み返すことにしたのである（タイトルロールのわりには影の薄いやつなんだよね、これが）。

読み出すと面白い。子《し》母《も》澤《ざわ》寛《かん》の任侠小説みたい。そういえば、『若草物語』の中に、ジョーがリンゴを囓《かじ》りながら『アイヴァンホー』に読み耽っていて、メグが呼びに行ってもなかなか本を手放さないというシーンがあった。『少年少女世界文学全集』にはその場面を描いた美しい挿絵があって、そのせいで「リンゴを囓りながら『アイヴァンホー』を読んでいる女の子」

というのは少年ウチダの久しい理想像だったのである。

不幸なことに（あるいは幸運なことに）リンゴを囓っている女の子にはその後の人生において何度も出会ったのであるが、その中の誰一人『アイヴァンホー』を読んではいなかったのである。読んでいたら、そのまま求婚していたであろう。

黒騎士とロビン・フッドがアイヴァンホーの囚われているフロン・ド・ブーフの城を攻めているあたりで眠くなり、そのまま昼寝。二時間ほど至福の golden slumber を堪能したのであるが、起きあがるとさすがに半日でれでれしていたことが悔やまれ始める。根が貧乏性なので、一日ごろごろするということができないのである。

そういえば、『他者と死者』のゲラも、『東京ファイティング・キッズ』のゲラもまだ手を入れていないし、大瀧詠一論もまだ書き上げていないし、次の自己評価委員会のための討議資料も作っていないし、『ユダヤ文化論』のノートも書けてないし、池上六朗先生との対談のデジタルデータもそのままだし、『安達原《あだちがはら》』の謡《うたい》の稽古もしてないし……と「やってないこと」を数え出すとたちまち深い焦慮と悔恨の虜囚となり、あわてて机にしがみつく。

そういえば、このあいだ難波江和英《なばえかずひで》さんに「ウチダさんが使えるはずの時間とアウトプットの間にどうみても相関関係がない」とエイリアンを見るような目で見られた。別に秘訣があるわけではない。貧乏性なので、ゆっくり一つのことをするということができないのである。絶えず複数のことを同時にしていないと気が狂いそうになるのである。

例えば、私は本を読まずにご飯を食べることができない。ひどい近視であるから、本を顔のそばに近づけないと文字が読めないのだが、そうすると口元にご飯を運ぶ箸と本がバッティングする。やむなく、一時的に本を遠ざけて、その間に食物を口中に放り込み、あわてて本を引き寄せるのである。その間の一秒が私には耐えきれなく長い無為の時間と思えるのである。

もちろんトイレに入るときは必ず本を読む。トイレのドアを開けてそこにある「置き本」をちらりと見て、「あ、これさっき読み終わったんだ」と思うと、それだけで後悔の冷や汗が出てくる。あわてて書棚に駆け寄り、とりあえずトイレの中で読むべき本を探す。しかし、私はトイレに入るぎりぎりまで仕事をしている人間なので、トイレのドアを開けた時点で肛門周辺はすでに「緊急事態」になっており「あと一〇秒で本船は爆破されます、ナイン、エイト、セブン……」というカウントダウン状態に入っている。その状態でなお書斎にとって返して読むべき本を探しているのである。『エイリアン』でシャトル脱出直前に本船に戻って猫を探しているリプリーの心境である。しかるべき本をゲットすると、そのまま脱兎のごとくトイレに駆け込み、無事に排泄と読書を済ませ（所要時間三〇秒）、ふたたび仕事に戻る。読むべき本のないその三〇秒が私には無限とも思える無為の時間なのである。

当然、電車に乗るときは必ず本を読む。途中で読み終えてしまったときの絶望を考慮して、忘れず「控えの一冊」も持参する。駅まで着いてから鞄の中に読む本がないことに気づいたりするとパニックになり、待ち合わせ時間が刻々と迫っていても、とりあえず近場の本屋に飛び込み、「電車本」を購入する。

本を読むときも本に「没入」なんかしていない。そんな悠長なことをできるくらいなら「貧乏性」とは呼ばれない。本を読みながら、原稿を書いているのである。本を読んでいるとき、しばしば本を読むのを止めて、本を手にしたまま口を半開きにして、中空を凝視している。その凝視が数分続くこともある。これは本の中のある一行に触発されて、脳の中で轟々《ごうごう》と渦巻いた妄念が脳内テキストファイルに記録されている状態なのである。

映画を観るときだって、映画に没入できない。『悪魔のはらわたパート2』や『13日の金曜日パート4』を観ながら、頭の中では「アメリカホラー映画論」の草稿がばりばりと書き進められているのである。

どうして、こんなにせわしない生き方をしなければならないのか、われながら情けない。

——二〇〇四年七月二六日

■ウォルター・スコット『アイヴァンホー』上下巻／菊池武一訳／岩波文庫／一九六四—七四年

■内田樹『私家版・ユダヤ文化論』文春新書／二〇〇六年
『他者と死者―ラカンによるレヴィナス』文春文庫／二〇一一年
■ルイザ・メイ・オルコット『若草物語』松本恵子訳／新潮文庫／一九八六年
■内田樹＋平川克美『東京ファイティングキッズ・リターン―悪い兄たちが帰ってきた』文春文庫／二〇一〇年

ようやく秋らしくなった

ジョルジュ・サンド『愛の妖精』

学生が吉本ばななの『TSUGUMI』という本を貸してくれたので（貸してくれたわけじゃないんだ、「コピーしてください」と言って預けられただけなんだけど）、それを読む。

吉本ばななの本を読むのははじめてである。

クリエイティブ・ライティングでは「ジェンダーと文体の間にはどのような関連があるのか／あるいはぜんぜんなかったりして」という論件をめぐってこの二週間ほどディスカッションをしているので、「男性である書き手が吉本ばななのように書けるか？」という問題意識をもって読む。

うーむ。これはどうかな。男性作家であっても「女性らしい」感受性や思考は想像的に構築できるだろうけれど、「おのれの女性性をうまく処理できないでいる女性」をいきいきと造形することはかなりむずかしそうである。

「おのれの女性性とうまくなじむことができずにいる少女」たちはどのような作品においても

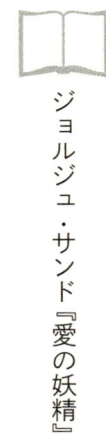

「自分の性に完全に調和している少女たち」よりもずっと魅力的だ。制度的に強いられる性差を自然のものとして受け容れることに抵抗し、因習的な性別役割を拒絶しようとするふるまいを通じて、「因習的に構築されたのではない、より根源的な性差」が露出する……という一回ひねりのドラマツルギーをおそらく私たちは愛しているからであろう。

私の読書体験のいちばん起源にある恋愛小説はジョルジュ・サンドの『愛の妖精』で、私はたぶん八歳か九歳くらいのときにこれを読んだ。『愛の妖精』はファデットという色が黒くて、骨張っていて、ぜんぜん女らしさのない女の子が思春期になって、二人の男の子に恋されて、まるで羽化する蝶のようにきれいになる……という話（だったような気がする。違うかもしれない）。ともあれ、小学校低学年で、まだ性的には星雲的未分化状態であった私はファデットに完全に感情移入してしまい、生まれてはじめて「恋愛」というものを内側から体験してどきどきした。

『愛の妖精』のドラマ性は「ぜんぜん女の子らしくない、がさつな」ファデットが恋をして、いきなり「ラブリーな女の子」になってしまう、その驚異的なメタモルフォーゼにあったのだと思う。子どもの私はその少女の激変する能力に感動したのである。制度的に、あるいは性格的に、性的な徴候が希薄であった少年少女が、あるきっかけで、「根源的な性差構築力」のようなものに圧倒されるというのは、おそらく私たちの好む説話原型の一つなのであろう。

そんなことを考えているうちに眠くなってきたので、米朝の『近江八景』を聴きながら眠る。

半睡状態で聴いているうちに、気がついたらサゲにかかっていた。

「おい、銭をお払いよ」「へへ、近江八景に膳所《ぜぜ》はございません」

ここまで来る途中はどういう話だったんだろう。

――二〇〇六年一一月八日

■吉本ばなな『TSUGUMI』中公文庫／一九九二年
■ジョルジュ・サンド『愛の妖精』宮崎嶺雄訳／岩波文庫／一九五九年

私の本棚

ルイザ・メイ・オルコット『若草物語』／エーリッヒ・ケストナー『飛ぶ教室』

金曜に関川夏央さんと朝カルで対談。

「クリエイティブ・ライティング―大学で文学を教えること」というタイトルで、おもに「そういう話」をするつもりでいたのだが、最初の方で、関川さんが漱石の『坊っちゃん』の話をしたので、ついそのまま漱石や一葉や田山花袋の話になって、大学で教える云々は終わり二〇分間くらいしかできなかった。

でも、面白かった。

小説を読むというのは（哲学でも同じかもしれないけれど）、別の時代の、別の国の、年齢も性別も宗教も言語も美意識も価値観も違う、別の人間の内側に入り込んで、その人の身体と意識を通じて、未知の世界を経験することだと私は思っている。

私の場合はとくに「未知の人の身体を通じて」世界を経験することに深い愉悦を感じる。

だから、私が小説を評価するときのたいせつな基準は、私がそこに嵌入《かんにゅう》し、同調する「虚構の身体」の感覚がどれくらいリアルであるか、ということになる。

私が自分の生身の身体で世界を享受しているのとは、違う仕方で、私よりもさらに深く、貪欲に世界を享受している身体に同調するとき、小説を読むことの愉悦は高まる。

だから、読んでいるうちに「腹が減る」とか「ビールが飲みたくなる」とかいうのは、小説として総じて出来がよいと申し上げてよろしいかと思う。

私は高校生の頃に「ギムレット」というのがどういう飲み物であるのかを知らなかった。

けれども、チャンドラーの『長いお別れ』によって、夕方五時のロサンゼルスの開いたばかりの涼しいバーカウンターで、一日最初のギムレットを飲むときの愉悦を先駆的に経験した。

それからずいぶん経って大人になってから、ギムレットを飲んだ。

美味しい飲み物だと思ったけれど、その美味の七五%くらいはフィリップ・マーロウからの贈り物である。

そういえば、書物と身体のかかわりについて書いたものがあった。

関川さんと話しているときにも、それについて言及したけれど、どこかの出版社の広報誌に掲載したものである。タイトルは「私の本棚」。

私の最初の本棚は子ども部屋に置かれた四段ほどの小さなものだった。でも、そこには小学校四年生の夏まで、教科書以外にはほとんど何も入っていなかった。その頃までの私はマンガ以外の本を読む習慣をもたなかったのだが、親がマンガの購入を許可してくれなかったからである（私は友人の家を訪ね歩いては、そちらの蔵書を拝見していた）。

読書家であった両親は私がマンガしか読まないことを懸念して、思い立って講談社版『少年少女世界文学全集』の五〇巻のシリーズの購入に踏み切った。私は（今からは想像することがむずかしいが）当時は従順な子どもであったので、「これから毎月一冊ずつ本が届くから、読むのだよ」と親に命じられると、素直にそれに従った。

最初に届いた本は「南欧・東欧編」だった。『黒い海賊』と、『パール街の少年たち』が収録されていた。内容はほとんど覚えていない。マンガの方がずっと面白いなと思っただけである。だが、私は（しつこいようだが）従順な子どもだったので、我慢して最後まで読んだ。毎日学校から帰ってきて、決まった時間に本を開いた。それでも、読み通すのに一月以上かかった。読み終わる前に次の本が届いた。これには『ガリヴァー旅行記』と『クリスマス・キャロル』が収録されていた。これはたいへん面白く、一〇日ほどで読み終えた。本を読む速度というのは、こんなに速くなるのかと、ちょっとびっくりした。私は本が届くのが少し楽しみになってきた。そんなふうにして私の小さな書棚はこの全集が配本されるたびにゆっくり確実に埋め尽くされていった。

私の読書生活に最初の転機をもたらしたのは、ルイザ・メイ・オルコットの『若草物語』だった。南北戦争の頃のニューイングランドの四人姉妹の静穏な日々を描いたこの物語のどこが私の琴線に触れたのかわからないけれど、私は暗記するほど繰り返し読んだ。何度も読んですでに熟知している文章を読み返すことが不思議な喜びをもたらすことを私はこのとき知った。

それからサンドの『愛の妖精』に出会った。ファデットの身になってランドリとシルヴィネのどちらを好きになればいいのかを考えているうちに、急に胸が高鳴り、頬が熱くほてってきた。小説の中の登場人物に深く同一化すると、遠い国の、遠い時代の、見知らぬ人の人生を内側から生きることができると知ったのはジョルジュ・サンドのこの小説によってであった。

それから、『あしながおじさん』、『小公女』、『赤毛のアン』、『アルプスの少女ハイジ』と立て続けに少女小説の名作が届けられた。私はすっかり少女小説に夢中になってしまった。みずからを少女に擬して、ミンチン先生を恨んだり、ジュリアをやっつかんだり、マリラに訴えたりすることはたいへん楽しかった。

残念ながら、面白い「少年小説」というものにはなかなか出会うことができなかった。もちろん、『宝島』や『十五少年漂流記』のような、少年たちを主人公にした小説はなくはないのだが、どうも少年たちは少女たちに比して「内面がない」ように私には思われたのである。少年たちはいろいろ冒険的なことをするのだが、その前にほとんどものを考えないのである。少年たちが逡巡したり、葛藤したりするとき、それは単なる「行動の停滞」にすぎないように思われた。私は「行動する前にあれこれ考える」少女たちの心象にすっかりなじんでいたので、ハックルベリー・フィンなんかに対しては「もう少し『ためらう』といったことをキミはしてもよろしいのではないか」という不満を抱いたのである。

私が「ためらう」少年と出会ったのは、エーリッヒ・ケストナーの『飛ぶ教室』においてである。この作品で私ははじめて「内面をもつ少年」というものに出会った。

小学生であった私自身は、それまで厳密な意味での「内面」というものをもたなかった。「口に出さないでいること」はもちろんあったが、それはもっぱら外的な禁圧が「口にすることを許さないこと」であった。それ以外のことで私が黙っていたとすれば、それは「自分の愚かさ、あるいは自分の卑しさ」を人に知られたくなかったからである。

だが、ケストナーの小説の中の少年たちが抑制的な態度をとる理由はそうではなかった。彼らが「内面」の発露を自制するのは、たいていの場合、人を傷つけないためか、自分の誇りを失わないためであった。彼らは「孤独の悲しみ」や「恵まれた級友に対する羨望」や「不正に対する怒り」や「卑劣さに対する軽蔑」をときに強く感じたが、それが適切な場面で、適切な相手に対して語られるときが来るまで、心の中でゆっくり熟成させていた。「内面」というのは、時間をかけて熟成させてゆくことで言語化されるのだということを私が学んだのは、現実の年長者からではなくて、このドイツ人作家が描き出した少年たちの像を通じてであった。

こうして振り返ってみると、幼い私の「感情教育」は『若草物語』に始まって、『飛ぶ教室』で仕上げられたように思われる。それはだいたい一〇歳から一二歳にかけての二年間に当たる。

その頃、私は病弱で、しばらく伊豆の養護施設に入って、また東京に戻ってきたこともあって、クラスに親しい友人もなく、授業が終わると、野球や相撲に興じているクラスメートに背を向けて、まっすぐ家に戻り、ひたすら本を読んでいた。

『少年少女世界文学全集』で「読むこと」の喜びと基礎的なリテラシーを学んだ私は、次に父母の書棚に不法侵入を企てた。新潮社の『世界文学全集』は敷居が高かったので、とりあえず筑摩書房の『世界ノンフィクション全集』を抜き出して、いくつかを読んだ。最初に読んだのはトール・ハイエルダールの『コン・ティキ号探検記』だった。全集の中で今でも記憶に残っているのはビリー・ホリデイの『奇妙な果実』(これは油井正一と大橋巨泉の訳だった。私はこの人がラジオ関東の『昨日の続き』のパーソナリティと同一人物であることにしばらく気づかなかった)、ニジンスキーの伝記『神との結婚』、レオポルト・インフェルトのガロア伝『神々のめでし人』、ロバート・キャパの『ちょっとピンぼけ』もこの全集で読んだ。「世界はずいぶん広いものだ」ということを私はこれらの本から学んだ。

父の書棚には吉川英治のコンプリートコレクションがあった。私は手始めに『宮本武蔵』を読み、たちまち夢中になった。それから『新・平家物語』を読み、『新書太閤記』を読み、『私本太平記』を読んだ。中学生になってから古文と日本史の成績がたいへんよかったのはそのおかげである。

そのあとはもう「禁書」しか残っていない。とりあえず、源氏鶏太や石坂洋次郎や獅子文六のサラリーマン小説と松本清張の推理小説を読んだ。ある日、五味康祐の武芸帳ものを読んでいるところを母に見つかって、ずいぶん叱られた。親たちは「18禁」的なものを禁じていたというより、大衆小説に充満している「俗情」に子どもがはやくに触れることを好まなかったようである。明治の人である父は家の中で子どもが「金の話」をすることを許さなかったのである。

盗み読みが発覚しないように細心の注意を払って、次は五味川純平の『人間の條件』を読んだ。私が陸軍内務班という不条理な制度について最初に学んだのはこの本からである。この読書は間違いなく、私の中のその後の「反体育会」性向をかたちづくったようである。

父は自分のための小さな書棚を有しており、そこには一〇冊ほど、厳選された「むずかしい本」が並べられていた。それには家族は手を触れることが許されていなかった。でも、それが必ずしも父の愛読書というわけではなく、来客に「私はこんな本を読んでいるのだ」と誇示するための「知的装飾」であることに私は少し気づいていた。

でも、日曜の午後などに、父はそこから文庫本を抜き出して、ピースの紫煙をくゆらしながら頁をめくっていた。そして、ひとしきり斜め読みすると、かたわらの私に向かって「おまえにはむずかしくてわからん哲学の本だ」と言ってまた書棚に戻した。

小学生の私は、自分は果たしてそれが読めるような知的な大人になれるだろうかという不安を感じていた。それは『異邦人』という題名の本だった。

そのあとのことを思うと、私はほとんど家の書棚によって作られた人間のようである。

——二〇一〇年七月四日

■夏目漱石『坊ちゃん』新潮文庫／二〇〇三年
■レイモンド・チャンドラー『長いお別れ』清水俊二訳／ハヤカワ・ミステリ文庫／一九七六年
■エミリオ・サルガーリ「黒い海賊」『少年少女世界文学全集 四〇（南欧・東欧編(三)）』所収／安藤美紀夫訳／講談社／一九六一年
■フェレンツ・モルナール『パール街の少年たち』宇野利泰訳／偕成社文庫／一九七六年
■ジョナサン・スウィフト『ガリヴァー旅行記』平井正穂訳／岩波文庫／一九八〇年
■チャールズ・ディケンズ『クリスマス・キャロル』池央耿訳／光文社古典新訳文庫／二〇〇六年
■ルイザ・メイ・オルコット『若草物語』松本恵子訳／新潮文庫／一九八六年

■ジョルジュ・サンド『愛の妖精』宮崎嶺雄訳／岩波文庫／一九五九年
■ジーン・ウェブスター『あしながおじさん』松本恵子訳／新潮文庫／一九五四年
■フランシス・ホジソン・バーネット『小公女』伊藤整訳／新潮文庫／一九五三年
■ルーシー・モード・モンゴメリ『赤毛のアン』松本侑子訳／集英社文庫／二〇〇〇年
■ヨハンナ・シュピリ『アルプスの少女ハイジ』阿部賀隆＋関泰祐訳／角川文庫／二〇〇六年
■ロバート・ルイス・スティーブンソン『宝島』村上博基訳／光文社古典新訳文庫／二〇〇八年
■ジュール・ヴェルヌ『十五少年漂流記』波多野完治訳／新潮文庫／一九五一年
■エーリッヒ・ケストナー『飛ぶ教室』丘沢静也訳／光文社古典新訳文庫／二〇〇六年
■トール・ハイエルダール『コンチキ号漂流記』神宮輝夫訳／偕成社文庫／一九七六年
■ビリー・ホリデイ『奇妙な果実』油井正一＋大橋巨泉訳／晶文社／一九九八年
■ロモラ・ニジンスキー「神との結婚」『世界ノンフィクション全集 二七』所収／三田正道訳／筑摩書房／一九六二年
■レオポルト・インフェルト『ガロアの生涯―神々の愛でし人』市井三郎訳／日本評論社／一九九六年
■ロバート・キャパ『ちょっとピンぼけ』川添浩史＋井上清一訳／文春文庫／一九七九年
■吉川英治『宮本武蔵』全八巻／講談社／一九八九年
『新・平家物語』全一六巻／講談社／一九八九年
『新書太閤記』全一一巻／講談社／一九九〇年

『私本太平記』全八巻／講談社／一九九〇年

■五味川純平『人間の條件』上中下巻／岩波現代文庫／二〇〇五年

■アルベール・カミュ『異邦人』窪田啓作訳／新潮文庫／一九五四年

台風だから難波江さんの本でも読もう

難波江和英『恋するJポップ』

難波江和英さんの『恋するJポップ』の書評。これはライトなタイトルとは裏腹に、とても奥行きの深い論考である。

とくに「Jポップ」の歌詞には「他者」が存在しない、という指摘は鋭い（もちろん、難波江さんは、そんな哲学用語は使わないけど）。コミュニケーションも自由も未来も、すべては「他者」への超越抜きにはありえない。「私」のいらだちや、渇望や、心許なさといった「欠如の感覚」を、新奇なる「他なるもの」をもって満たすという発想法をとる限り、「私」は孤独のままである。

『時間と他者』や『存在するとは別の仕方であるいは存在することの彼方へ』でレヴィナスが説いたこととほとんど同じ知見を、難波江さんはJポップの歌詞の構造的な「貧しさ」を解析しながら丁寧に取り出していく。よい本である。

しかし、この本の本質的な深みを理解できる読者はあまり多くはいないだろう（現に、これまでポップミュージック研究者からの書評で好意的なものは、ほとんどなかったらしい）。若い読者の中にもこの本の意味がわからない人が多いかもしれない。

それは難波江さんが「やさしい人」だからである。

でも、「やさしい人」が若者に差し伸べる「救いの手」を当の若者たちが振り払う、ということは十分にありうる。「そんなもの」を彼らはこれまで見たことがないからだ。彼らがこれまで聞かされてきたのは、叱責か命令か要求の語調で語られた言葉だけである。

難波江さんの言葉はそのどれとも違う。彼は救命ボートの船縁から身を差し伸べて「この手をつかめ」と溺れる若者たちに合図を送っている。

でも、彼らはそういう種類の「好意」に触れたことがない。「この人のやさしさには、なんか下心があるんじゃないの。なんか売りつけるとか、なんとか宗教に勧誘するとか？」と鱶《ふか》のような三白眼でにらむだけで、なかなか難波江さんの手にすがろうとはしない。

他者に向けて差し出された心づくしの贈り物の受難。

「やさしい人」はその点が気の毒である。

私は難波江さんのようにやさしくはない。でも、溺れている諸君に多少の同情はしている。救命ボートにまだ余裕があるなら乗せてやるにやぶさかではない。でも、寒い水の中に手を浸けるのはできたら勘弁願いたい。

だから、私は漂流者に背を向けてボートの中で「宴会」をやる。こちらが山海の珍味を喫しつつ高歌放吟《こうかほうぎん》していると、あっちの方から「なんか、愉《たの》しそうだな……」と放っておいてもにじり寄ってくる。「乗せて」と言えば乗せてあげる。「なんか下心あるんでしょ?」というような無礼なことを言うやつは、そのまま海に蹴り返す。

こういうのはスタイルの違い、生き方の違いで、どちらがいいとも悪いとも言えない。たぶん私と難波江さんがペアで「救助隊」を組織しているのが、いちばん効率がいいのであろう。それにだいたい私たちの乗っている「ボート」がそんなに安全なものかどうか、私たちにだってわかってないんだから、「ぜひ乗せてください」というやつ以外は無理に誘わなくてもいいんじゃないのナバちゃん、と私は思うんだけど。

——二〇〇四年一〇月二一日

■難波江和英『恋するJポップ―平成における恋愛のディスクール』冬弓舎／二〇〇四年

■エマニュエル・レヴィナス『時間と他者』原田佳彦訳／法政大学出版局／一九八六年

『存在するとは別の仕方であるいは存在することの彼方へ』合田正人訳／朝日出版社／一九九〇年

仏滅の日にアンチョビを

橋本治『桃尻娘』『窯変　源氏物語』

橋本治さんとの二回目の対談。前回は「ちくまプリマー新書」の創刊記念の販促キャンペーンという単発イベントだったのであるが、そのときに橋本さんと四時間わいわいしゃべった話がたいへんに面白かったというので、筑摩書房の吉崎さんが「もう一回やって、本にしましょう」という企画を出してこられたのである。

橋本先生は私の二〇代からの「アイドル」であるから、私の側に否応のあるはずがない。橋本先生は「やなもんはや」の人であるが、この対談はさいわいにも「や」じゃなくてご快諾いただけたのである。

午後四時に山の上ホテルの一室に集合して、それから九時半まで、五時間半にわたって、話しまくる。でも、話していたのは九〇％は橋本さんで、私は「へえええええ」とか「そ、そうなんですか」というような間抜けな相づちを打つばかり。

とはいえ、橋本治のエクリチュールのメカニズムについてこれほどまで深く踏み込んだインタビューは前代未聞と申し上げてよいであろう。私の書いた本がすべて「歴史のゴミ箱」に投じられて、私の名がすべての人の記憶から消えたあとも、「橋本治が『桃尻娘』から『窯変 源氏物語』に至る作品のバックステージ情報を全公開」したこの対談本は「橋本治研究の必読文献」として末永く日本の文学研究者によって読み継がれるはずである。

「で、この対談相手のウチダって、誰なの？」

「ウチダ？ 知らないなあ。なんだか、『へええ』って言ってるばかりで芸のないインタビュアーだよね」

というような会話が半世紀後のどこかの大学の日本文学の院生たちの間で交わされることを想像すると、しみじみ喜びがこみ上げるのである。

さて、どうしてこの対談本がレア文献になりうるかというと、橋本治の文学については、これを正面からまともに論じた文芸批評家も研究書も評論も一つも存在しないからである。嘘だと思うかもしれないが、ほんとうなのである。

橋本さんのところに読売新聞の学芸の記者が『窯変』のあとにインタビューに来たことがあった。インタビューに来る前に新聞のデータベースを検索して「橋本治」についての予備的情報を得ようと調べたら、過去の学芸欄には「橋本治」にかかわる記事が一つもなかった。すごい話である。

たしかに、『桃尻娘』シリーズも『源氏物語』も『平家物語』も『愛』のシリーズも『蓮と刀』シリーズも、これまで文芸批評家によってまともに論じられた例を私は知らない。

先般私が「図書新聞」から『蝶のゆくえ』の書評を頼まれたときに、「どうして僕なんかに頼むんですか?」と訊いたときに編集者が教えてくれた答えは「橋本さんの本の書評って、書いてくれる人がいないんです」ということであった。

たしかに批評家にしてみたら、きわめて扱いにくい素材だろう。「何考えてこんなものを書いたのか」さっぱり見当がつかないものばかり書いているからである。

まず文学上の系譜がわからない(ご本人によれば、先達は鶴屋南北と近松門左衛門らしい)。いかなる文学理論に準拠して書いているのかわからない(ご本人によれば、「理論てキライ」ということである)。どれほどの教養があるのかわからない(「底知れぬ」と申し上げてよろしいかと思う)。だから、橋本文学を「自己表現」「自己正当化」「自己弁明」だと思って読もうとすると批評家たちは混乱のうちにたたき込まれる。

「この作品を通じて、橋本治はどのような《メッセージ》を語ろうとしているのか? どのような《立場》を正当化しようとしているのか?」というふうに問いを立てると何が何だかわからなくなる。『枕草子』を逐語訳したり、『古事記』を児童書に書き換えたりすることによって「橋本治に何の得があるのか?」という問いを立てても答えが得られるはずはない。だって、

「何の得もない」からである。「個人的に何の得もないこと」をなぜ橋本治は骨身を削ってやるのか？　そう問えばいいのである。

でも、日本の批評家の中にはそういう問い方をする人はあまりいない。おそらくは批評家たち自身が「どうすれば自分は他の人間よりも知的に見えるか」という競争に熱中しているので、自己顕示にも自己治癒にもかかわりのない知的営為が存在しうるということがうまく理解できないのだろう。

橋本先生が「個人的に何の得もないこと」を骨身を削ってやっている理由は一つしかない。

愛、である。

自分の書き物を読む人も、読まない人も、すべての人々に惜しみなく「愛」を注ぐためにのみ橋本先生は彫心鏤骨《ちょうしんるこつ》の文を刻んでいるのである。

なぜウチダ如き三文学者がこの日本文学史に屹立《きつりつ》する巨人の対談相手に招かれるという誉れを得られたかというと、ウチダが『デビッド100《ヒャッ》コラム』とか『アストロモモンガ』とか『シネマほらセット』とかいう、橋本さん自身がいちばん好きな「イタズラ本」の選択的な愛好者だからである。橋本先生は惜しみなく衆生に愛を注ぐ薬師如来みたいな人なのであるが、そういうことばかりやっていても、誰からも気づかれないので、ときどき、「あー、もうやってらんねー」というふうに「ぐれて」しまうのである。その「ぐれた」ときに噴出する一群の作品こそ橋本治の「自己治癒のためのテクスト」なのである。
そして、私はそのほとんど無目的で暴走的なギャグの乱れ打ちのうちに橋本さんのいちばんインティメイトな息づかいを感じるのである。

――二〇〇五年三月二〇日

■橋本治『桃尻娘』ポプラ社／二〇一〇年
『窯変 源氏物語』全一四巻／中公文庫／一九九五―九六年
『双調 平家物語』全一五巻／中公文庫／一九九八―二〇一〇年
『蓮と刀―どうして男は〝男〟をこわがるのか?』河出文庫／一九八六年
『蝶のゆくえ』集英社文庫／二〇〇八年
『デビッド100《ヒャッ》コラム』河出文庫／一九九一年
『アストロモモンガ』河出文庫／一九九二年
『シネマほらセット』河出書房新社／二〇〇四年

柴田元幸さんに会いに行く

柴田元幸＋村上春樹『翻訳夜話』

柴田元幸さんとの対談が六本木の国際文化会館で行われる。

主催はＤＨＣ。今は化粧品で有名な会社だけれど、もとは「大学翻訳センター」というかつての同業者である。翻訳者の養成や文化教育事業も展開している。

今回は柴田さんと僕で「翻訳の力、文学の力」と題していろいろおしゃべりをしようという趣向である。

柴田さんとお会いするのは二度目。最初はうちの大学に講演に来ていただいたときのこと。もう五、六年前になるだろうか。そのとき三杉圭子先生にご紹介いただいてはじめてご挨拶した。以来「著書の投げつけ合い」を展開している。

僕も年間一〇冊を出す「書きすけ」（@江弘毅《こうひろき》）であるが、柴田先生の出版数はそんなものではない。年間一五冊ペースである。月刊プラス盆と正月は増刊スペシャルで本が送り届けられる。おかげさまで僕の書棚の現代アメリカ文学の蔵書の充実ぶりは突出している。

うちのＩＴ秘書室長が学生時代（遠い昔のことのようだね、フジイくん）柴田さんの大ファンであった。室長の卒論はポール・オースターだったのだが、訳書を読んでいるうちにオースターよりむしろ訳者の柴田さんの方に惚れ込んでしまって、僕に柴田さんがいかにすばらしい人であるかを力説するようになった。あるいは柴田さんが（当時室長が大ファンだった）フリッパーズ・ギターの小沢健二くんの先生だったというのがことのはじめかもしれない。この辺の前後関係は不明。ともかく、そういうご縁もあって、僕は柴田さんの書き物を一〇年近く前からわりときちんと読んでいるのである。

柴田さんと村上春樹さんは『翻訳夜話』『サリンジャー戦記』他で実に奥行きの深い翻訳論、文学論を展開されている。

その中で、村上さんが柴田さんにぽろりと語った「うなぎ」説を僕が何度もあちこちで引用させていただいたことはみなさまご案内の通りである。その柴田さんと翻訳と文学について語ろうというのである。

わくわくするではありませんか。

僕が「文学研究者」とか「哲学研究者」と名乗るのはほとんど経歴詐称であるが、「翻訳家」と呼ばれることについては天下に恥じるところがない（誰も呼んでくれないけど）。翻訳が大好きで、大学卒業と同時に、翻訳会社を平川克美くんと起業したくらいである。

技術翻訳や三文ミステリや児童書を鼻歌まじりに訳しとばしていた僕のハッピー・ゴー・ラッキーな翻訳家人生はレヴィナス老師の書物を翻訳したことで一変した。「レヴィナスを訳す」というのがどれほど驚くべき経験であったか、これまできちんと人に話したことがなかった。翻訳という作業を通じて訳者自身の知的ブレークスルーが成就するという驚くべき体験は、たぶん翻訳を一生の仕事としている人にしかなかなか理解してもらえない種類の話である。

それを聴いてもらう相手がいるとしたら、現代日本で柴田元幸さん以上の人はいない。積年の望みはかなえられ、翻訳がもたらす愉悦と驚愕について柴田元幸さんと語り合うという至福の時間を僕は過ごすことができた。

二時間の対談はあっという間に終わってしまった。フロアから面白い質問がどんどん出てこれも面白かった（「ウチダ先生のその根拠のない自信はどこから来るのですか？」とか）。

もっともっと話したいので、柴田さんご夫妻と、ＤＨＣのみなさん、若い英文学者・早稲田の都甲《とこう》幸治さんと慶応の大和田俊之さんと打ち上げ宴会へ雪崩れ込む。都甲、大和田両君は来年の日本英文学会のシンポジウムに私を呼ぶという無謀なアイディアを立て、柴田さん経由で私のところにお申し出をしてきた方々である。柴田さんもごいっしょにシンポジウムで出るというのだから、こちらからお願いしたいくらいの話であるので快諾した。そのご挨拶をかねてである。最初は「やや、どうも」とこちらも神妙な顔つきで名刺交換などしたが、大和田くんが「僕はナイアガラーなんです」と自己紹介した瞬間に目頭が熱くなる。

「握手！」

さらに追い打ちをかけるように「増田聡くんとも古い友だちなんです」。

また「握手！」。

なんだそうか。じゃ、身内じゃないか。さあ、遠慮はいらねえ、お若い方たち、どんどん飲んでくれい（ＤＨＣの払いだけど）。この若いお二人の業界話がまことに面白くて、笑い転げているうちに深更となる。

柴田さんと僕は「大田区蒲田エリア生まれ、日比谷高校、東京大学文学部卒、二人兄弟の次男」というたいへん似た履歴を共有することもこの日に教えていただいた。

僕が柴田さんに感じる親近感はもしかすると、この「多摩川土手っぷち育ち」固有のカジュアルさがもたらすものかもしれない。

——二〇〇六年九月二一日

■柴田元幸＋村上春樹『翻訳夜話』文春新書／二〇〇〇年
『翻訳夜話2　サリンジャー戦記』文春文庫／二〇〇三年

クリシェと割れた言葉

町田康『テースト・オブ・苦虫』

ヴォイスとは端的に言えば「わずかなきっかけで言葉が無限に湧出《ゆうしゅつ》する装置」のことである。入力と出力が一対一〇〇というような異常な比率で作動する言語生成装置のことである。勘違いしてもらっては困るが、それは「同じような話」をエンドレスで垂れ流す言語運動のことではない。

「同じような話」のことを「クリシェ」という。原義は印刷用語で、頻用されるストックフレーズの場合、いちいち活字を拾うのが面倒なので、ストックフレーズを構成する活字群をまとめて紐で縛っておいて植字工が手近の棚に置いておいたものをいう。それが出てくると「ほいよ」とその活字の束を放り込む。

クリシェだけで文章を綴ることは簡単である。かなり長い文章を繰り返し書くこともできる。ただクリシェの難点は、植字工が「ほいよ」と活字を束で扱うように、読者もまたそれが出てくると「ほいよ」と束のまま飛ばして、先へ進んでしまうので、ついに味わって読まれることがないということである。

私たちがクリエイティブ・ライティングの授業を通じて獲得しようとしているのは、そのちょうど反対の事態である。クリシエの比喩をそのまま使わせてもらえば、一個の活字をさらに細かく打ち砕いて、活字の鉛の部分と木部を切り離し、それぞれの材料を分析し、活字に貼り付いているインクの材質を分析し、タイポグラフィの曲線を分析し……という「自分が現に運用している言語そのものの内側へ、細部へと切り込んでゆく」作業である。

ヴォイスとは、「自分が語りつつあるメカニズムそのものを遡及《そきゅう》的に語ることのできる言語」のことである。

といってもどんなものだかなかなかわからないであろうから、学生たちに今日の資料であった町田康の短いエッセイを読んで聴かせる。最初は不思議な顔をして聴いていた学生たちは途中から痙攣的に笑い出し、最後は爆笑のうちに終わった。町田康は「自分がいま書きつつある運動そのもの」を言語化することができるという点においてまごうかたなき天才である。

ご参考のためにその一部を採録する。


だから自分は随筆を書き進めるにあたって没にならないように細心の注意を払わなければならないが、どういうところを気をつければよいかというと、面白くないから没ということはほとんどない。つまり没といわれて、きっと面白くなかったからだ、と気に病む必要はまったくないということである。またその原稿の内容が不正確であったり、錯誤・過誤にみちみちているから没ということもまずない。その場合は誤りを指摘されるだけである。

では没の理由はなにか、というとすなわち、その原稿が人をして厭な気持にさせる、不快な気持にさせる可能性がある、ということが没の理由の九割五分三厘をしめる。すなわち、その原稿の掲載された誌面を見て怒る人が出てくるかも知れない。これが一番困るのである。なぜなら、どんな偉い先生でも、いわれなく人を不愉快にするのはいけないことだからである。

だから順に考えると随筆を書く場合、没にされないように書く必要があり、そのためには他が不快にならないように書く必要があるということであり、これが基本の基本、初歩の初歩、イロハのイ、鉄則中の鉄則なのである。

そういうことを踏まえて、さあ、随筆を書こう。

昨日、パンを買いに行った。家にパンがなくなったからである。

というのは大丈夫だよね？　オッケー？　オッケー？　いいよね？　別に誰も不快になっていないよね。よし大丈夫。じゃ進めよう、ってえぇっと、なんだっけ？　そう、オレはパンを買いに行った、のだけれどもちょっと待てよ。パンを買いに行った、なんてことをこういう公の場所でいう場合、ことによるとパン食を奨励しているように受け取られないだろうか。つまり、読者にパン以外の、米や饂飩《うどん》やパスタ類を食べてはいけない、と言っているふうに誤解されないだろうか。だとしたらその産業にたずさわっている人はきわめて不快な思いをするに違いなく、その可能性があるだけでもやはり問題で、没になる可能性はきわめて大である。書き直そう。

昨日、パンを買いに行った。家にパンがなくなったからである。だからといって米や饂飩やパスタ類が嫌いでパンしか食べぬという主義ではない。というかそういうものは非常に好きなのだ。ただそのときは気分でね、パンを食べたかっただけなのであって、小豆などの雑穀類もそれは買わなきゃなあと、米も饂飩も買わなきゃなあ、と強く強く念じ、絶対に今後一生私は米や饂飩やパスタや雑穀をパンと同じぐらいの比率・割合で食べていくと固く心に誓いながら、そして世の中のみんなもそうあればよいと祈りにも似た気持を抱きながらパンを買いに行ったのである。

　ところでいいだろう。まだ穴があるかも知れないがそれはゲラで直せばよい。

（「そら、気ぃ遣いまっせ」『テースト・オブ・苦虫〈2〉』七五―七七頁）

というふうに延々と続いて、町田康さんはパンを買いに家を出て、商店街に向かい、横断歩道をわたるまでに膨大な紙数を投じるのである。聴いていた学生たちは「固く心に誓いながら」というあたりで歯止めを失って笑い出し、あとはエッセイの最後まで（まだまだこの調子で続くのである）笑い続けていた。

　これが「クリシエ」の反対の「割れた文章」のお手本である。

　言語は内側に割れることによって、無限の愉悦と力を生み出す。クリシエもまたエンドレスで言葉が紡がれているように見えるという点で、一見すると「内側に割れた文章」に似ている。書いた本人も場合によっては「おお、私はついに無窮《むきゅう》のエクリチュールを見出した」と思っているかもしれない。

　けれども、それは「流しの排水穴に繋がった蛇口」のようなものである。

　たしかにそこからは終わりなく言葉があふれてくる。けれどもそれは、すべてその人自身によって、また彼の同類の「クリシェ使い」たちによって、過酷なほどに酷使され、すり減り、手垢にまみれ、汚物がまつわりついた「使い古し」の言葉なのである。
私たちは自分の言葉を割る仕方を学ばなければならない。

——二〇〇八年四月一一日

■町田康『テースト・オブ・苦虫』全八巻／中央公論新社／二〇〇二—一〇年

明治の気性

福沢諭吉『福翁自伝』

大晦日に掛け取りに払うような借財はないが、「文債」なるものがある。今年最後のそれはボヤーリン兄弟の『ディアスポラの力』の書評であり、これが終われば、とりあえず課されたすべての仕事を私は真摯かつ誠実に履行したことになる。

掃除は終わったし、年賀状も投函し終えたし、会いに来る人もいないし、会わねばならぬ人もいない。気楽な年の瀬である。

朝寝をして寝床の中で町田康『おっさんは世界の奴隷か──テースト・オブ・苦虫6』を読む。そのあと、終日『ディアスポラの力』を読み、風呂に入り、一盞《いっさん》を傾けたのち『福翁自伝』の続きを読了。まことに痛快。明治の人の書き物を読んでいるうちに、明治人の「啖呵《たんか》」の気合いに身体がなじんできた。

福沢諭吉という人はなかなかに気性の激しい人で、とにかく不合理なものが嫌い、威張るやつが嫌い、性根の卑しいやつが嫌いで、ばりばり怒ってばかりいる。しかし、だからといって人を低くし自分を高くするというところがないのがまことに爽やかである。

彰義隊《しょうぎたい》のいくさで江戸中が大騒ぎのときも、忠義ぶるでもなく、時流に乗り遅れまいとするでもなく、飄々《ひょうひょう》としている。

なにしろ江戸中が火の海になるかというときに手狭になったからと塾の普請《ふしん》をするのである。八百八町こんなときに普請をする家なんか一軒もない。大工も左官も仕事がなくて困っていたので大喜びで、手間賃もずいぶんと安い。朋友《ほうゆう》が忠告に来て、こんなときに普請なんか止めなさいと言うと諭吉はこう答える。


ソリャそうでない、いま僕が新たに普請するから可笑《おか》しいように見えるけれども、去年普請をしておいたらドウする。いよいよ戦争になって逃げる時に、その家を担いで行かれるものでない。なるほど今戦争になれば焼けるかも知れない、また焼けないかも知れない、仮令《たと》い焼けても去年の家が焼けたと思えば後悔も何もしない、少しも惜しくない。

（一九一頁）


もうすぐ戦争だという騒ぎの中で諭吉が堂々と普請をしているので、近所の人たちはお城詰めで事情に通じている福沢がああしてのんびりしているんだから、きっとこの辺は大丈夫なのだろうと勝手に忖度《そんたく》して、立ち退きを止めたそうである。

そう言いながら、諭吉はちゃんと逃げ支度はしているのである。

弾が飛んできたら、家の庭に穴を掘ろうか、土蔵の縁の下に潜ろうかといろいろ思案した末に、近所の紀州藩の屋敷の庭に手頃な場所を見つける。

「ここが宜《よ》かろう、罷《まか》り間違っていよいよドンドン遣《や》るようにならば、ここへ逃げて来《こ》よう」(一九二頁)と腹を決め、伝馬船《てんません》を五、六日貸し切って、もしものときは一家で船に乗って、海から紀州屋敷の庭に逃げ込もうときちきち段取りをしている。戦争がなんぼのもんじゃやと肚《はら》は据わっているのだが、逃げ支度もきちんと調えておくというあたり合理性は諭吉ならではの味である。

いざ上野で戦闘が始まったときも、別段あわてふためくでもなく、平気で塾をやっている。


明治元年の五月、上野に大戦争が始まって、その前後は江戸市中の芝居も寄席《よせ》も見世物も料理茶屋も皆休んでしまって、八百八町は真の闇、何が何やらわからないほどの混乱なれども、私はその戦争の日も塾の課業を罷《や》めない。上野ではどんどん鉄砲を打っている、けれども上野と新銭座とは二里も離れていて、鉄砲玉の飛んでくる気遣《きづかい》はないというので、丁度あのとき私は英書で経済《エコノミー》の講義をしていました。

(二〇二頁)

戊辰戦争の間も諭吉は平然と塾を続ける。徳川の学校はもちろんつぶれてしまっている。維新政府は戦争に忙しくて学校どころではない。「日本国中いやしくも書を読んでいるところはただ慶応義塾ばかり」(二〇三頁)。

戦乱のさなかに授業をするという「超然」ぶりと、そこで講じているのが「経済」、商売の骨法であるという「リアリスト」ぶりの矛盾のうちに私はよく福沢が体現しえたある種の良質な武士的メンタリティを見るのである。

同じことは諭吉が攘夷家たちから「洋夷《ようい》の学」を講じる人間とみなされて暗殺の対象になっていた時期に一度として夜間の外出をしなかったという細心さからも伺える。

およそ維新前文久二、三年から維新後明治六、七年のころまで、十二、三年の間が最も物騒な世の中で、この間《あいだ》、私は東京に居て夜分は決して外出せず、余儀なく旅行するときは姓名を偽り、荷物にも福沢と記さず、コソコソして往来するその有様は、欠落者《かけおちもの》が人目を忍び、泥坊が逃げてまわるような風で、誠に面白くない。(二一八頁)

しかし、実際に朋友である手塚律蔵、東条礼蔵は洋学者のゆえをもって長州人に斬殺され、国学者塙《はなわ》二郎は不臣なりと首を刎《は》ねられた。洋学者でありかつ公然たる開国論者である諭吉も何度か間一髪のところで暗殺者から逃れているのだから、この警戒は当然のことである。

あまり知られていないが諭吉は居合の心得があった。若いときからずいぶん好きで、大阪の緒方塾のときも熱心に稽古を続けていた。しかし、幕末に人々が急に武張《ぶば》ってきたら、嫌気がさして不意に止めてしまう。「居合刀はすっかり奥にしまい込んで、刀なんぞは生まれてから挟すばかりで抜いたこともなければ抜く法も知らぬというような風をして」（一六二頁）過ごしたのである。

幕末の騒動の頃、学者たちまでが護身のために長い刀を佩《は》くようになった風を見て、諭吉は刀をあらかた売り払ってしまう。佩刀《はいとう》している二本も、長刀は鞘だけ長刀で中身は脇差、脇差の方は鰹節小刀である。その頃、友人の高畠《たかばたけ》五郎を訪れると床の間に長大な刀が飾ってある。そんなものを飾るなばかばかしいと諭吉が言う。第一君には抜けまい。高畠はむろん抜けはしないと答えると、諭吉は庭に出てその四尺ばかりの長刀で居合の形を遣《つか》ってみせてから「抜ける者は疾《と》くに刀を売ってしまったのに、抜けない者が飾っておくとは間違いではないか」（二二八頁）と小言を言うのである。

居合をやったことない人にはぴんと来ないかもしれないが、四尺の刀を抜くというのは半端な武芸ではない。

私の居合刀は二尺五寸五分、本身《ほんみ》の方は江戸時代のものだが、これが二尺四寸。身長一七五センチの私でも二尺六寸となると抜くのにいささか手こずる。三尺を超えたら、私程度の身体能力では、居合の形を遣うどころか鞘から抜き出すことさえできまい。だいたい武道具店のカタログでも、居合刀は二尺六寸までしか載っていないんだから。

当今の居合は抜刀《ばっとう》と剣尖《けんせん》の速度を競う傾向があるので、試合に勝ちたがる人はできるだけ短く軽い刀を選びたがる。長く重い刀を抜く技術の重要性を、私は稽古している間に一度も聴いたことがない。しかし、本来の居合のかんどころは重く長い刀を操ることのできる高度の身体運用にあるのではないか。

勝海舟の父である勝小吉《こきち》には有名な『夢酔独言《むすいどくげん》』の他に『平子龍先生遺事《へいしりゅうせんせいいじ》』という逸文がある。小吉が師事した平山行蔵《こうぞう》という武芸者の言行録である。

小吉がはじめて会ったときはすでに老齢であったが、八尺五寸の木刀を遣い、七貫余の鉞《まさかり》を片手で振り、差料《さしりょう》はどれも三尺八寸。小兵の行蔵が座っている図像が残されているが、刀の柄が腕の長さとほぼ同じ。鐺《こじり》はぴんと跳ね上がったまま紙の外に消えている。

行蔵の道場には看板がかかっていて「他流仕合勝手次第なり。飛道具矢玉にても苦しからず」と大書してあったそうである。

だんだん話が逸脱してゆくが、この人の軍学の師匠が山田茂平という御仁で、「或る時、男は男根あるゆえに女色に溺れ、志を立てざりと、男根を切られけり」というハードコアな人だったそうだから弟子筋に破格な人が輩出するのも納得である。

何の話をしていたのだっけ。

そうそう、長刀を遣うことの困難さについてであった。

その平山行蔵の差料が三尺八寸。福沢諭吉は「四尺ばかり」を抜いたということから諭吉の武術家としての技量のたしかさは推察しうるのである。

閑話休題（というかもともと「話」なんかないのであるが）。

『福翁自伝』を読み終えたら、身体が「明治のリズム」になじんできてしまったので、明治の人の書き物が読みたくてたまらなくなり、そのあとさらに一盞《いっさん》を加えて、成島柳北『読売雑譚集』を書架から取り出す。これは柳北お得意の、人を茶にするようなエッセイ集であり、その風味は町田康の『テースト・オブ・苦虫』に通じるところがある。酔っぱらって読んでいても障りがない。

中に「龍鳳の夜壺」なる一編がある。

柳北はこの手の知っていても何の役にも立たない故事来歴については底なしに博識である。

明に李傑《りけつ》という名臣がいた。その夫人某は美にして賢なれども、少時より遺溺《ねしょうべん》の病があった。

夜中夢に官女二人が現れて龍鳳のかたちをした溺器《しびん》を捧げ持って出てくると必ず失禁した。つねに同一の夢にして少しも異ならず。

李公もこれは困ったと思いつつも、それ以外はたいそうよくできた細君であったので、破《は》鏡《きょう》にもならず仲睦まじく過ごした。

あるとき李公が皇太子の婚礼の儀に夫人とともに参内《さんだい》することになった。宮中にて夫人にわかに便意を催し、顰蹙《ひんしゅく》するのを皇后が見咎めて意を問うた。

夫人已むを得ず、ありのまゝに申されしかば、二個の宮女に命じ、夫人を奥に伴ひ、やがて龍鳳を画きし溺器を出だしたり。其器《そのき》は勿論二人の女も、少き時より毎夜見し夢の中と少しも異ならざりしかば、夫人は痛く心に驚きしが、其れよりは遺溺の病ひは全く失せて、再び夢も見ざりしと。

（一五二頁）

ラカンやユングが知ったらたいそう喜びそうな話ではあるが。

——二〇〇八年一二月三一日

■町田康『おっさんは世界の奴隷か―テースト・オブ・苦虫6』中央公論新社／二〇〇八年

■ジョナサン・ボヤーリン+ダニエル・ボヤーリン『ディアスポラの力―ユダヤ文化の今日性をめぐる試論』赤尾光春+早尾貴紀訳／平凡社／二〇〇八年
■福沢諭吉『新訂 福翁自伝』岩波文庫／一九七八年
■勝小吉『夢酔独言』教育出版／二〇〇三年
「平子龍先生遺事」平凡社ライブラリー版『夢酔独言』所収／二〇〇〇年
■成島柳北『読売雑譚集―明治十四年一月―十七年十一月』ぺりかん社／二〇〇〇年

疾走する文体について

高橋源一郎『「悪」と戦う』／太宰治『晩年』

英文学者の難波江和英さんと同僚として過ごすのもあと一年。

最近は二人とも学務が忙しいし、難波江さんは長くご両親の介護をされているので、昔のようにゆっくり遊んでいる暇がない。そこで、「先生ふたりゼミ」をやることにした。メディア・コミュニケーション副専攻の第四学期の演習科目がそれである。これだと週に一度必ず九〇分間おしゃべりできる。それも主題限定。

言語の問題、それだけである。

際立った言語感覚をもつこの文学研究者から同僚として影響を受けるこれが最後の機会である。

毎週いろいろなテーマで学生を巻き込んで熱く語り合っている。何かを学生に教えるというより、私たちが対話を通じて「発見」していることを学生たちにもリアルタイムで共同経験してもらうというような授業である。

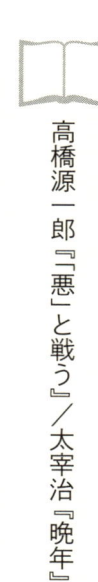

昨日のテーマは「文体は疾走する」。

ドライブする文体と、そうでない文体がある。すぐれた作家は一行目から「ぐい」と読者の襟首をつかんで、一気に物語内的世界に拉致し去る「力業」を使う。

ウェブ上で、National Story Project Japanという企画をやっているので、一般の人たちの書いたショートストーリーを一五〇編ほど読んだ。素材的には面白いものがたくさんあった。文章も上手である。けれども、「一気に読ませる」ものはまれである。数行読めば、わかる。書き手の立ち位置が「遠い」のである。目に見えるし、声も聞こえるのだが、体温がしない。息づかいが伝わってこない。

「一気に読ませるもの」では、一行目でいきなり書き手がもう耳元にいる。え、いつのまに……というくらいみごとに「間合いを切って」いる。つまり、「一行目から話が始まる」のではなく、「もう話は始まっているのだが、それはたまたま私にとっては『一行目』だった」ということである。「ぐい」と物語世界の中に拉致し去るような力というのは、要するに書き手の構築しているストーリーの世界の「堅牢さ」なのだと思う。堅牢で、精緻に作り上げられ、そこにずいぶん長く人が住んでいる構築物に固有の堅牢さである。

そういう建物にはいくらでも入り口がある。正面から入ってもいいし、裏口から入ってもいいし、窓から入ってもいい。読み手がどこにいようと、世界が堅牢であれば、私たちはたちまち物語の中に入り込むことができる。

「ここから以外には入れません。順路通りに進んでください」というような指示がされると、微妙に「つくりもの」くさく感じる。ベニヤ板にペンキを塗ったものを並べたものを見せられているのではないかというような気がしてくる。

疾走感のある文体とはどういうものか。それについて六冊の本の冒頭部分を読んだ。最初は高橋源一郎『「悪」と戦う』。これは週刊現代に書評を書いたばかりである。既発のものだから再録してもいいだろう。


二九〇頁の本ですけど、読み出して一〇数秒後には物語の中に引きずり込まれて、「あれよあれよ」という間に一〇〇頁まで一気読みしてしまいました。さすがにそこまで読んだところで本から顔を上げて、ようやく「ふう」と息をつきました。なんというドライブ感。高橋源一郎にしか書けないタイプの疾走感のある文章です。知り合いの編集者が「太宰治みたい」と読後の印象を語っていたけれど、たしかにその通り。どういう条件が整うと、作家はこれほどまでに「疾走感のある文章」を書けるのか。息継ぎのついでに、先を読むのを止めてそれについて考えました。小説はこんなふうに始まります。

キイちゃんは一歳半になりました。でも、言葉が遅《おそ》い。ことばの発達が遅れている。ああ、この言い方でいいんでしょうか。「ことばが遅い」とか「ことばの発達が遅れている」とか。でも、いいや。間違っていても。それより、キイちゃんのことばの発達のことが心配です。

（三頁）

高橋さんの文体のギヤは「ああ」で二速に入り、「でも」で三速に入り、「それより」で「トップギヤ」に入ります。三行でトップスピード。すごい。太宰の「死なうと思ってゐた」とか「子供より親が大事と思いたい」の「一行目からトップギヤ」というワールドレコードにはちょっと届きませんけど、現代作家たちの「ゼロヨン競走」があったら、間違いなく高橋源一郎がぶっちぎりのチャンピオンでしょう。

ゼロヨン超高速で言葉が紡がれるためには先行的な「プラン」は不要です。「プラン」があれば、まっすぐ目的地に向かえるから、文体は速度を獲得するだろうと考えるのは間違い。この文体の速度は、崖から滑り落ちてゆく人間が手に触れる限りのでっぱりやくぼみや木の根や蔦に指を絡めようとする運動の速さに近いです。どこに落ちてゆくのかわからないまま、必死で崖面を探っている「落下者」の指先は「つかめるもの」と「つかめないもの」を触れた瞬間に判断します。その敏感な指先が選び出した「ホールド」となりうる言葉だけが小説を構成したとしたら、そこには無駄な言葉が一つもない小説が出現することになる。理論的にはそうですね。たぶん高橋さんは「そういう小説」を書こうとしたのだと思います。

そのためには、作家その人を今まさに呑み込もうとしている「メエルシュトレエムの大渦」に飛び込んでみせなければならない。高橋さんが選んだ大渦は「悪」でした。そして、そこに巻き込まれるのは高橋さんの物語的分身ではなく、「子ども」です。経験知の不足している「子ども」の見る「地獄」の風景はたぶん大人が経巡《へめぐ》るときよりもずっと生々しいものになります。その物語の結論から言うと、本作は『ハックルベリー・フィンの冒険』や『キャッチャー・イン・ザ・ライ』の直系につらなるものかも知れません。

「愛」は「悪」を制御することができるか（「勝てるか」とは言いません）。それは高橋源一郎の全作品に伏流する神話的な主題ですが、それがここまで真率《しんそつ》に提示されたものを読むのはひさしぶりのことです。

他に例として挙げたのは、村上龍『69 sixty nine』、織田作之助『夫婦善哉』、中島敦『名人伝』、夏目漱石『草枕』。そして決定版がこれ。

撰《えら》ばれてあることの

恍惚《こうこつ》と不安と
二つわれにあり
ヴェルレエヌ

死のうと思っていた。ことしの正月、よそから着物を一反もらった。お年玉としてである。着物の布地は麻であった。鼠色《ねずみいろ》のこまかい縞目《しまめ》が織りこめられていた。これは夏に着る着物であろう。夏まで生きていようと思った。

ノラもまた考えた。廊下へ出てうしろの扉をばたんとしめたときに考えた。帰ろうかしら。

（太宰治『晩年』七頁）

これは小説の「イントロ」としては近代文学史の達成の一つであろう。（個人的趣味を言わせてもらえば、やはりこれは旧仮名遣いで「死なうと思つてゐた」としたいところだけれど）。授業は『「悪」と戦う』のイントロと太宰治『晩年』のイントロが構造的にきわめて近いという論件から始まった。

どこが似ているのか。それについては各自、もう一度二作を読み比べて（ただし高橋さんの本の方はもう二頁ほど先まで)、お考えいただきたいと思う。
私の考えでは共通点は二つ。
一つは「他人の言葉」がいきなり闖入《ちんにゅう》してくること。
一つは「墜落する」、である。

——二〇一〇年六月四日

■内田樹+高橋源一郎『嘘みたいな本当の話 [日本版] ナショナル・ストーリー・プロジェクト』イースト・プレス/二〇一一年
■高橋源一郎『「悪」と戦う』河出書房新社/二〇一〇年
■マーク・トウェイン『ハックルベリー・フィンの冒険』上下巻/西田実訳/岩波文庫/一九七七年
■J・D・サリンジャー『キャッチャー・イン・ザ・ライ』村上春樹訳/白水社/二〇〇三年
■村上龍『69 sixty nine』集英社文庫/二〇一三年
■織田作之助『夫婦善哉』新潮文庫/一九七四年
■中島敦「名人伝」『李陵・山月記』所収/新潮文庫/二〇〇三年
■夏目漱石『草枕』岩波文庫/一九九〇年
■太宰治『晩年』新潮文庫/二〇〇五年

不思議なアンケート

中里介山『大菩薩峠』（まだ読んでない）

少し前に某誌からアンケートがあった。「人生の中で一度は読みたい未読の本」というものである。

なかなか興味深い趣向である。

「読みたい」と思っていながら、なぜか手にとることや読み通すことに抵抗が働くような種類の書物が存在する。なるほど、そのリストを示すことは、その人の無意識の心的傾向を知る上の重要な手がかりになるに違いない。

私は『大菩薩峠』を選んだ。

白井喬二の『富士に立つ影』と並ぶ「めちゃめちゃ長い時代小説」の双璧であり、主人公の机竜之助《つくえりゅうのすけ》が途中でいなくなって、別の人が主人公になる（らしい。読んだことがないからよく知らないのである）。故・今村仁司先生が激賞されていたので、ぜひいつかは読みたいものだと思っていたので、回答にこんな文章を寄稿した。

「一生に一度は読んでみたいと思いつつ読んでいない本」という企画は、やってみたらあまり個性的なセレクションにならなかったのではないかと思う（編集者はちょっとがっかりしただろうけれど）。たぶん『失われた時を求めて』と『ユリシーズ』と『源氏物語』がトップ10にランクインしていると思う。もちろん『大菩薩峠』も。これは何も私自身未読でいつか読まないとなあと思っている本なのである。理由は「長い」というだけではなく、「一度読み始めたが、読み続けられなくて途中で断念した」という事実がトラウマ的経験としてあるからである。

いずれについても、途中下車した個人的に一番大きな理由は「焦点的人物に感情移入できない」ということではないかと思う。机竜之助について言えば、これほど共感できない主人公は珍しい（『悪霊』のスタヴローギンの方がまだましである）。どうしてかというと、なんか「悪い」だけじゃなくて、「狭量《きょうりょう》」な感じがしたのである。もしかすると巻が進むと「正邪一如《せいじゃいちにょ》」的なスケールの人物に成長するのかもしれないけれど、そこにたどりつく以前に机くんに興味をなくしてしまった。私の器がもう少し大きくなって、「悪くて狭量」な主人公でも愛せるようになったら再度挑戦してみたい。

毒にも薬にもならないような文章であるが、他の人たちはどんな本の前で足踏みをしているのであるのかに興味があったので、本が出るのを楽しみに待っていた。

その雑誌が届いて、頁をめくってびっくりした。タイトルが「死ぬまでに絶対読みたい本読書家五二人生涯の一冊」となっていたからである。

アンケートを見ると、ほとんどの方が「オールタイムベストワン」の本をご推奨されているのである。「読んでない本」を回答している人はほとんどいない。え、まさかオレひとり……と顔面蒼白となったが、よくよく読むと、私の他にも「まだ読み終えていない本」を挙げている人が中野翠さん、ねじめ正一さん、土屋賢二さんなど数人いた（ああ、よかった……）。

ほとんどの方はアンケート文面の「未読の」という形容詞を見落とされたようで、結果的にその集計は「私の座右の一冊」と「座右にない一冊」が混在する不思議なアンケートになった。アンケートの解説も「限りある人生で、もう一度読み直したい本は？　死ぬまでにいつか読みたいと願いつづけた一冊とは？」に変更されていた。

だが、「もう一度読み直したい本」と「未読だけれど読みたい本」というのはふつう同一のカテゴリーには含まれまい。「すでに読んだ本」の定性的な吟味をする仕事と、「まだ読んでいない本」の中身を妄想する仕事では、脳内の使用部位が違うからである。「まだ読んでいない本」のリストを作るというのは、言い換えれば、「自分の知らないこと」について考えるということである。「自分の無知」や「自分の短見」や「自分の無学」についての自己評価を内外に開示するということである。

つねづね申し上げているように、「自分の賢さ」をショウオフすることよりも、「自分の愚かさ」の成り立ちを公開することの方が、世界の成り立ちや人間のありようを知る上ではずっと有用だと私は思っている。だから、この「未読書アンケート」の趣旨をすぐれた着眼のものと思ったのである。

しかし、残念ながら、「五二人の読書家」のほとんどはアンケートの「未読の」という限定条件を（故意か無意識にか）見落とした。

編集会議では、これらの回答者に対して「アンケートの趣旨はそういうことじゃなくて……」と書き換えを求めるべきかどうかについて苦しい議論がなされたはずである。でも、結果的に「自分の無知」の様態について回答してしまった数名に「ここは、泣いてもらう」ということに話は落ち着いたのである（想像ですけど）。

もちろん、私はそんなことに腹を立てるほど狭量な人間ではない（そう誓ったばかりだし）。それに、このアンケートは結果的に日本の読書人の無意識についての興味深いデータを提供してくれていると思うのである。

日本のインテリゲンチャたちの圧倒的多数が「自分の知性の限界や不調を主題化する作業からはほとんど反射的に目をそらす」という事実を開示してくれているという意味では、これは貴重な精神分析的＝民族誌的資料だからである。
もちろん、オールタイムベストの読書ガイドとしても有用ですけどね。

——二〇〇八年一一月一一日

■中里介山『大菩薩峠』全二〇巻／ちくま文庫／一九九五―九六年
■白井喬二『富士に立つ影』全一〇巻／ちくま文庫／一九九八―九九年
■マルセル・プルースト『失われた時を求めて』全五巻／井上究一郎訳／筑摩書房／一九七三―八八年
■ジェームス・ジョイス『ユリシーズ』全四巻／丸谷才一ほか訳／集英社文庫／二〇〇三―〇四年
■『源氏物語』全一〇巻／瀬戸内寂聴訳／講談社文庫／二〇〇七年
■フョードル・ドストエフスキー『悪霊』江川卓訳／新潮文庫／二〇〇四年

「世界の終わり」をイメージさせる作品についてのアンケート

ジョージ・ミラー『マッドマックス2』

Q　「世界の終わり」を描いた作品としてあなたが一つ選ぶとしたら、それは何ですか?

A　『マッドマックス2』

Q　そこに描かれているのはどんな〝終わり〟のイメージでしょうか?

A　『マッドマックス2』は最終戦争のあと、無法化したオーストラリアの荒野が舞台の映画です。全編に救いのない「終末感」が漂うのは、生き残った人々が「自動車」と「ガソリン」を争って殺し合うという物語設定のせいです。原始時代にまで戻ってしまった世界で、もっとも貴重な「生き延びるための道具」がガソリンを垂れ流す大排気量自動車であるという設定そのものが皮肉です。

にもかかわらず、ガソリンの精製も、自動車の製造もメンテナンス技術も部品調達も、すべてがもう不可能になっている。それでもなお細々と「ものをつくる」ノウハウを伝承している人たちがいるのですが、彼らは破壊し奪うことしか知らない盗賊たちにどんどん殺されてゆく。どんなことをしても生き延びようとする人々の必死の努力そのものが「世界の終わり」をますます接近させる。ここまで「希望のない映画」はなかなか例を見ないように思います。

Q　この世界の終わり、あるいはご自身の終わりについて、どのような意識をおもちでしょうか。またそれは、三月一一日の東日本大震災以降、変化したでしょうか。

A　「世界の終わり」というのは、リニアな時間の流れの最後に「エンドマーク」が出るということではなく、時間の流れを考量すること自体が不可能になるような事況に投じられることだと僕は理解しています。つまり、「最初」とか「最後」とか、「前」とか「後」とか、「原因」とか「結果」とか、「前提」とか「結論」といった言葉そのものが無意味になること。私たちが親しんでいる論理形式そのものが機能しない場にいること。

三月一一日の福島原発事故は、まさに「生き延びようとする必死の努力」によって、生き延びる可能性そのものが減じてゆくという「世界の終わり」の話形をなぞったもののように思えました。

　これまで物語の世界でしか知らなかったことが、「これでほんとうに現実になったのだ」というのがそのときの実感でした。

「世界の終わり」をどう論理的かつ倫理的に生きるか、それがすべての「世界の終わりの物語」の主題ですが、それを物語として享受する時代が終わり、私たち自身にとっての切迫した主題になった。そう感じています。

——二〇一一年一二月六日

scan と read

大瀧詠一『ナイアガラ・カレンダー』

読売新聞と近畿大学のジョイントのイベントで、お世話いただいた読売の山内さんと文芸学部の浅野洋・佐藤秀明両先生にご挨拶。

お題は「教養なき時代の読書」。そういうテーマならお話しすることはある。

こういうときに「教養とは何か?」という問いかけから入るのが常道であるが、それをするのはシロート。こういう場合はむしろその語の一義的意味について合意されていると信じられているキーワードについて、「その定義でよろしいのか?」と一段手前から話をし始めるのが批評の骨法である。

だから問いはこう立てられねばならない。

「読書とは何か?」

マンガを読むことは読書と言えるか? 電車の中吊り広告を読むのは読書と言えるか? 海苔の佃煮のラベルを読むのは読書と言えるか? レストランのメニューを見るのは読書と言え

るか？　テレビのヴァラエティ番組で下に出るテロップを読むのは読書と言えるか？　洋画の字幕を読むのは読書と言えるか？　字をまだ知らない子どもが新聞をじっと見つめているのは読書と言えるか？

おそらく多くの人たちはこれらを「読書」とは呼ばぬであろう。

だが、私はこれらはひとしく「読書」と呼ばれねばならないと思うのである。

「読書」は重層的な構造をもっており、さまざまな身体器官がこれに関与している。読書行為に関与するどれかの器官が言語記号の入力に相関して発動するならば、それはすでに「読書」と呼んでよろしいであろう。

大瀧詠一師匠には、「座　読書」という名曲がある。これは読書に随伴する「座って頁をめくる」動作を「ダンス」と解釈したものである。

さあさあ　ダンスのニューモード
座って　踊る
名付けて
座　読書
リズムに　合わせて

ページをめくる
しぐさ　パラパラ
簡単
座　読書

というたいへん軽快にして「前代未聞・空前絶後」のダンスナンバーである。

大瀧師匠はこのとき読書というのが「教養」とか「情報」とか「文化資本」とかとはまったく無関係なものでもありうるということを鋭く指摘されたのである（さすがわがお師匠さまである）。だが、『ナイアガラ・カレンダー』の発売当時、師匠の炯眼《けいがん》に気づいた人はおらなかった（私だって気づかなかった）。

本を開いてぱらぱら頁をめくっていれば、それはすでに「読書」である。というのは、読書には少なくとも二つの形態がありうるということである。

一つは「文字を画像情報として入力する作業」、一つは「入力した画像を意味として解読する作業」である。私たちが因習的に「読書」と呼んでいるのは二番目の工程のことである。

しかし、実際には、画像情報が脳内に入力されていなければ、私たちは文字を読むことができない。

００７が二度死ぬように、私たちは言語記号を二度読んでいる。一度目は画像として、二度目は言語記号として。この工程をそれぞれ、scan と read と言い換えてもよい。

新聞を広げて、「斜め読み」しているのは scan である。ふと気になる文字列が「フック」して、目を戻して、その記事を最初から読むのは read である。

例えば学校における国語教育はもっぱら read に焦点化して、その教育プログラムを編成している。「作者はここで何が言いたいのか」とか「この『それ』は何を指すのか」とか「『魑魅魍魎』のよみを記せ」とか、そういう問いに答える力のことを「国語力」と呼んでいる。

だが、それでよろしいのか。私はいささか懐疑的である。

それより以前に身につけていなければならない scan する力の育成の重要性に日本の国語教育者は気づいておられるであろうか。

scan とは、単純に言えば、「ひたすら文字を見つめる」ということである。タイピストが意味もわからず手書きの原稿をフルスピードでタイピングするように、文字画像をひたすら大量にかつ高速度で脳内入力する。この scan という予備的工程が適切になされていないと、次の read の段階には進めない。

その意味で「朝の読書運動」というのはまことに適切なプログラムだったことがわかる。あれは、本を読んでいるのではない。文字を見ているのである。意味なんかどうだってよい。紙に書かれた文字を画像として取り込むという脳内の神経回路のスピードをただ上げているだけである。それが必要なのは、それこそが私たちの教育プログラムにもっとも欠如していたものだからである。

明治までの国語教育の基本は「四書五経《ししょごきょう》の素読《そどく》」である。素読というのは「ひたすら漢文を音読する」だけである。意味なんかどうだっていいのである。

古人は経験的に、この作業を経由しなければ「言語の意味」を解するという次のレベルには上がれないことを熟知していたのである。

一昨年、大瀧詠一さんを囲む第一回セッション（平川克美くんと石川茂樹くんとごいっしょ）のときに大瀧さんから、成瀬巳喜男《みきお》の『銀座化粧』と『秋立ちぬ』の二作を「まず、見てご覧」と手渡された。

そのときには、それが大瀧さんのあの底知れぬ映画研究のとば口だとは知るよしもなかったのである。どうして大瀧師匠が成瀬巳喜男の映画の画像分析にこれほどまでに踏み込むことになったのか。その「謎」を中心にして、一二〇分にわたってラジオ収録は展開したのであるが、たぶんこの放送を聴いたみなさんは「とってもびっくり」することになると思う。

どういう種類の「びっくり」であるかは聴かないとわからない。

大瀧さんが何をしようとしているのかを既成の言葉で説明することはきわめて困難（ほとんど不可能）である。収録が終わったあと、控え室で大瀧さんが、「まず全体を見なければならない。部分の総和は全体にはならない」という話を巨人軍の宮崎キャンプの話を引いてし始め、そのあとに一音聴いただけで、オーケストラの楽器構成が「わかる」という話をされたときに、今朝ほど新幹線の中で考えていたscanとreadの違いの話との符号に驚嘆したのである。

大瀧さんは間違いなく「scanする人」なのである。

音楽は浴びるように聴き、映画は包み込まれるように観る。その全体をその中に入り込んで経験する。大瀧さんは「観察者」ではない。成瀬巳喜男の映画を観るときには「成瀬巳喜男の映画内空間そのものを生きる」のである。

大瀧さんはおそらく『銀座化粧』や『秋立ちぬ』の登場人物たちに憑依して、映画の空間の内側で呼吸することができた。それは現実の築地や新富町ではなく、成瀬巳喜男の幻想の中にだけリアルに存在する築地や新富町である。現実には存在しない街に大瀧さんは入り込むことができる。現に、大瀧さんは映画の撮影された現場に立つと、どれほど景色が変わっていても、映画の風景がありありと浮かんでくると言う。それは現実の築地の風景と映画の中の昭和三〇年代はじめの築地の風景にまだ共通のものが残っているということではない。そうではなくて、それはかつて築地で育ち、そのあとそこを離れて五〇年ほど経ってから戻ってきた人が、すっかり変わり果てた景色を見ているうちに、「ああ、ここは川があったところだ」ということを「思い出す」のと同じような「記憶の再生」を大瀧さん自身が自分の身体を通じて現に経験しているということである。

大瀧さんは「観察している」のではなく、「思い出している」のである。そういうふうに映画を観ることができる能力が存在する（知らなかった）。

三年ほど前、最初に大瀧さんとお会いしたとき、大瀧さんは昭和三〇年代の映画に「凝《こ》っている」と言われた。一日三本くらい映画を観ているという話を聞いて、私は「それでは映画を観たことにはならないのではないか……」と内心訝《いぶか》しく思ったのである。私たちとぜんぜん違う映画の見方があるということが私にはまだわからなかった。

大瀧さんはそのときおそらく高速度で映像をscanしていたのである。

映画は「観る」ものではなくて、その中を「生きる」ものだ。だから、とにかく浴びるように映像にさらされなければならない。その集中的な何千時間かの映像のscanningのあとに、大瀧さんは「映画の中」に入り込んで、その中の出来事を風景をまるで自身の遠い記憶のように「思い出す」という特権的な享受レベルに到達したのである。

かつて「無人島レコード」のアンケートで、大瀧さんは無人島にはレコードではなく「レコード年鑑」を持っていくと答えたことがある。ページを開いて、レコードジャケットを一瞥《いちべつ》した瞬間に曲が鳴り始め、すべての音を脳内で逐一再生できるから、音響装置を外部にもつ必要がないのだ、と。これはまさに「浴びるように」音楽を聴いたことによって、「音楽の内側」に入り込んだ人にしか言えない言葉だろうと思う。

「あまりに強く影響を受けたものは意識にのぼらない」という話を聴いているうちに、『日本辺境論』のもっとも重要なアイディアのいくつかは大瀧さんの「分母分子論」から学んだものだったことに気がついた。今度の本はその意味ではdedicated to Eiichi Otakiと献辞されるべきものだったことに帰りのタクシーの中で気がついた。

師匠はまことに偉大である。

――二〇〇九年一一月一一日

■大瀧詠一『ナイアガラ・カレンダー』ソニーレコード／一九七七年
■「無人島レコード2」レコード・コレクターズ増刊／ミュージックマガジン／二〇〇七年
■内田樹『日本辺境論』新潮新書／二〇〇九年

池谷さんの本を読む

池谷裕二『単純な脳、複雑な「私」』

旅行中ずっと池谷裕二さんの『単純な脳、複雑な「私」』を読んでいた。四〇〇頁を超すけっこうなヴォリュームであるが、一気に読んでしまった。池谷さんからのかわいい（タツノオトシゴの）マンガサイン入りの本で、「今回の本は今までで一番気合いが入っています！」と書いてあった。

池谷さんとは以前、「ＰＨＰ」の企画で対談したことがある。もう二年ほど前のことである。

私は「理系の人」と話をするのが大好きである。養老孟司先生、茂木健一郎さん、福岡伸一先生、どなたも話が明快で、かつ深い批評性を備えている。池谷さんも話していて、その頭脳の機能の高さに驚嘆したのを覚えている。

人間の脳や知性の構造について考察するときには、どこかで「自分の脳の活動を自分の脳の活動が追い越す」というアクロバシーが必要になる。

「私はこのように思う」という判断を下した瞬間に、「どうして、私はこのように思ったのか？

この言明が真であるという根拠を私はどこに見出したのか?」という反省がむくむくと頭をもたげ、ただちに「というような自分の思考そのものに対する問いが有効であるということを予断してよろしいのか?」という「反省の適法性についての反省」がむくむくと頭をもたげ……(以下無限)。

ということは「すごく頭のいい人」においては必ず生じるのであるが、ここで「ああ、わかんなくなっちゃった」という牧伸二的判断保留に落ち込まず、「いや、これでいいんだ」と、この無限後退(池谷さんはこれを「リカージョン」〈recursion〉と呼んでいる)を不毛な繰返しではなく、生産的なものと感知できる人がいる。

真に科学的な知性とはそのような人のことである。

どうして、リカージョンが生産的であるかというと、ご本人にとってそれが「気持ちいい」からである。最終的に思考の深化・過激化のドライブを担保するのは、考えている人自身の「あ、こういうふうにぐいぐい考えていると、気持ちいい」という「気持ちの問題」なのである。

でも、どうして「気持ちいい」ということが「よいこと」であると当人は確信できるのだろう。池谷さんはこう書いている。

人の役に立ったらうれしいし、自分も満足だしということで、だから科学はおもしろいんだ……そんなふうに普通の人は考えているかもしれない。

でも、科学の現場にいる人にとっては、そうじゃない。科学の醍醐味《だいごみ》は、それだけに尽きるのじゃない。むしろ本当におもしろいのは、事実や真実を解明して知ることよりも、解明していくプロセスにある。

仮説を検証して新しい発見が生まれたら、その発見を、過去に蓄積された知識を通じて解釈して、そして、また新しい発見に挑む。高尚《こうしょう》な推理小説を読み進めるようなワクワク感だ。難解なパズルのピースを少しずつ露礁《ろしょう》させていくかのような、この謎解きの創出プロセスが一番おもしろい。（四〇〇頁）

興味深い「喩《たと》え」である。

池谷さんは本質的にリカーシヴなもの（つまり、絶対に「最終的解決」にたどりつかない）である科学の探求を「推理小説を読むワクワク感」と「難解なパズル」に喩えた。

世界を「書物」に喩えるのも、「謎」に喩えるのも、どちらも共通するものがある。それは「書物を書いた人（推理小説の結末を知っている人）」「パズルを設計した人」が存在するということについての満腔の確信である。推理小説を読んでいるときに、「最後まで読んでも、結局犯人はわかりませんでした」という可能性があったら、私たちはそれを読み続ける意欲を維持できないであろう。

パズルを解くときに、「結局解けないこともある」という可能性があっても同じである。ある程度以上持続して知的活動を高止まりさせておくためには、「自分でこの難問が解ける」という確信ではなく、「〈誰か〉がすでに解いた」から「〈誰か〉がいずれ解いてくれる」ということについての確信が絶対に必要である。

その確信さえあれば、推理小説を途中まで読んだところで、あるいはパズルを途中まで解いたところで、昼寝をしたり、ご飯を食べに行ったり、場合によっては息絶えてしまっても、「ああ、楽しかった」という感想はあっても、時間を無駄にしたという気になることがないのである。

この〈誰か〉は、論理的には、「宇宙の設計者」以外にはいない。だから、真に科学的な知性は、その絶頂において、必ず宗教的になるのである。私たちは「私を超えるもの」を仮定することによってしか成長することができない。

これは人間の基本である。

子どもは「子どもには見えないものが見えている人、子どもには理解できない理路がわかっている人」を想定しない限り、子どものレベルから抜け出すことができない。人間のすべての知性はそういう構造になっている。

「自分の知性では理解できないことを理解できている知性」（ラカンはそれをsujet supposé savoir「知っていると想定された主体」と呼んだ）を想定することなしに、人間の知性はその次元を繰り上げることができない。
科学者とは「ふつうの人よりたくさんのことを知っている主体」のことではない。そうではなくて、「知っていると想定された主体」抜きには人間の知性は速度も強度も長くは維持できないという真理を経験的に知っている主体、すなわち「自分の〈生身性〉を痛感している主体」、「身体をもった主体」のことなのである。

——二〇〇九年五月一八日

■池谷裕二『単純な脳、複雑な「私」』朝日出版社／二〇〇九年

池谷さんの講演を聴く

池谷裕二「脳はわたしのことをホントに理解しているのか」（講演）

池谷裕二さんが中之島の朝日カルチャーセンターで講演をすることになったので、ご挨拶にお伺いする。

池谷さんは講演ということをされないのだが、どういうわけか去年の一一月にここで私と対談をしたときに、モリモトさんに籠絡《ろうらく》されて、また講演をすることになってしまったのである。

ふだんは本郷の薬学部の奥まった研究室にこもって、世間に顔を出さない池谷さんを「なま」で見られる機会を得たことを私どもはモリモトさんに感謝せねばならぬ。

例によってものすごいハイスピードで、最新の脳科学の驚くべき知見を乱れ打ち的にご紹介いただく。

面白かったのは、「トム・クルーズ」ニューロンと「ハル・ベリー」ニューロンの話だったけれど、それは面白すぎるので、また今度。

忘れないうちにメモしておこうと思ったのは、スワヒリ語四〇単語を覚えるプログラムの話。

それをご紹介しよう。

スワヒリ語の単語四〇語を学習して、それから覚えたかどうかテストする、という単純な実験である。ただし、四グループにわけて、それぞれ違うやり方をする。

第一グループはテストをして、一つでも間違いがあれば、また四〇単語全部を学習し、四〇単語全部についてテストをする。それを全問正解するまで続ける。いちばん「まじめ」なグループである。

第二グループは、間違いがあれば、間違った単語だけ学習し、四〇単語全部についてテストをする。

第三グループは、間違いがあれば、四〇単語全部を学習し、間違った単語についてだけテストをする。

第四グループは、間違いがあれば、間違った単語だけ学習し、間違った単語についてだけテストをする。これがいちばん「手抜き」なグループである。

全問正解に至るまでの時間はこの四グループに有意な差はなかった。まじめにやっても、ずるこくやっても、どの勉強法をしても、結果は同じなのである。

ところが、それから数週間あいだを置いて、もう一度テストをしたら、劇的な差がついた。

「まじめ」グループの正解率は八一％。「手抜き」グループの正解率は三六％。まあ、これは天網恢恢疎《てんもうかいかいそ》にして漏らさずというやつである。

さて、問題は、第二グループと第三グループはどういうふうになったかである。第二と第三はやったことがよく似ている。勉強に割いた時間も変わらない。にもかかわらず、大きな差がついた。

さて、どちらが正解率が高かったでしょう。一分間考えてね。

第二グループの正解率は八一%（「まじめ」グループと同率）。

第三グループの正解率は三六%（「手抜き」グループと同率）。

これから何がわかるか。

「学習」は脳への入力である。「テスト」は脳からの出力である。

つまり、脳の機能は「出力」を基準にして、そのパフォーマンスが変化するのである。平たく言えば、「いくら詰め込んでも無意味」であり、「使ったもの勝ち」ということである。

書斎にこもって万巻の書を読んでいるがひとことも発しない人と、ろくに本を読まないけれど、なけなしの知識を使い回してうるさくしゃべり回っている人では、後者の方が脳のパフォーマンスは高いということである（生臭い比喩であるが）。

パフォーマンスというのは、端的に「知っている知識を使える」ということである。出力しない人間は、「知っている知識を使えない」。「使えない」なら、実践的には「ない」のと同じである。

学者たちを見ていると、そのことはたしかによくわかる。入力過剰で、出力過少の学者たちは、そのわずかばかりの出力を「私はいかに大量の入力をしたか」「自分がいかに賢いか」ということを誇示するためにほぼ排他的に用いる傾向にある。せっかくの賢さを「私は賢い」ということを証明するために投じてしまうというのは、ずいぶん無駄なことのように思えるが、そのことに気づくほどには賢くないというのがおそらく出力過少の病態なのであろう。

昔、学生院生たちがよく読書会というのをやっていた。彼らはちょっとずつ頁を進めながら、これはいったいどういう意味なのであろうかと話し合い、これはどういう学説史の中に位置づけられるのであろうか、というようなことを論じ合っていた。

あのさ、読むのはいいけれど、使ってみないと、どうしてその人がそんな本を書いたのか、その意味はいつまでもわからないよ、と私は彼らに申し上げたことがある。

自転車に乗るのといっしょである。

みんなで集まって、何日も何週間も自転車の部品をぴかぴかに磨いたり、設計図を眺めたり、「自転車の歴史」という本を読んで、自転車がこのような形態をとるに至った歴史的進化のプロセスを勉強したりしても、自転車が何をするためのものかはわからない。

それよりも「乗る」方が先でしょ。まず飛び乗って、走ってみる。

そのうちにハンドルというのがどういうものか、チェーンというのがどういうものか、ブレーキというのがどういうものかについての理解がすりむいた膝の傷の数といっしょに増えてゆく。どういう自転車がより高機能であるのか、どういうかたちのものが自分の目的に似つかわしいかがだんだんわかってくる。

わかってきたら、それを「自作」すればいい。

学問というのは、そういう生成的なプロセスである。

あらゆる学問は、その学問を「自作」した個人の夢を宿している。

彼はその学問を作り上げることによって「何をしたかったのか?」。それを問うためには、その学問に「乗って、走ってみる」しかない。

自転車を作った人の「夢」は自転車に乗ってみないとわからない。眺めても、わからない。

レヴィナスの本をはじめて読んだときに、意味がぜんぜんわからなかった。でも、頭の中に手を突っ込まれて、ぐるぐると引っかき回されたことはわかった。そのときに、この世には「知識」として習得されるためにではなく、「知識を習得するための装置そのものを改変させるため」に読まれる書物が存在することを知った。

それが書物の「出力」性ということであると私は理解している。

爾来私は書物について「出力性」を基準にその価値を考量することにしている。小説だってそうである。読んだあとに、「腹が減ってパスタが茹でたくなった」とか「ビールが飲みたくなった」とか「便通がよくなった」とか「長いこと会っていない友だちに手紙が書きたくなった」というのは、出力性の高い書物である。

それを基準に書物の良否を論じる人がいないことを久しく不審に思っていたのであるが、池谷さんの話を聴いて、深く腑に落ちたのである。

終わったあと、池谷さんと大阪駅までごいっしょする。わずかな時間のあいだに「身体語彙と脳内部位」の話に夢中になる。

でも、駅でお別れ。

今度お会いするときはゆっくり飲みながら、脳と身体の話をしたいですね。

——二〇一〇年七月一一日

ジュンク堂と沈黙交易

コミック大人買い

ひさしぶりに本屋に来たので、コミックを大量購入。

川原泉『甲子園の空に笑え!』、吉田秋生『夢見る頃をすぎても』、『ラヴァーズ・キス』、森田まさのり『ろくでなしBlues』、西原理恵子『鳥頭紀行』、『アジアパー伝』。

川原泉や吉田秋生は、るんちゃんが洗いざらい東京に持っていってしまったが、ときどき発作的に読みたくなる。川原泉の『銀のロマンティック…わはは』がウチダは好きなのである。

名越先生の『ホムンクルス』を探すが見つからないので、諦めてアマゾンで買うことにする。

そういえば、どうしてインターネット書店が「アマゾン」なんていうネーミングにしたのかについて朝日カルチャーセンターでの講演中に発作的に思いついたので、忘れないうちに書きとめておく。

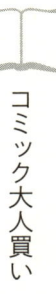

インターネットでお買い物というのは「沈黙交易」の今日的な甦りであるという仮説である。

「沈黙交易」というのは、交易の起源的形態で、ある部族と別の部族の境界線上にぽんとものを置いておくと、いつのまにかそれがなくなって代わりに別のものが置いてある……という、交易相手の姿も見えず、言葉も交わさない交換のことである。ウチダの考えでは、この沈黙交易こそが交換の本質的・絶対的形態であり、これ以外の交換はすべてそれが堕落したものに他ならない。

交換というのは「私が欲しいものを君が余らせている。君が欲しいものは私が余らせている。おや、ラッキー。じゃあ、交換しましょう」というかたちで始まるものではない。そういうのは「欲望の二重の一致」と言って、「ありえないこと」なのである。

交換においては交換される物品の有用性に着目すると交換の意味がわからなくなる。

交換の目的は「交換すること」それ自体である。

考えてもみたまえ。

どうして大航海時代なんていうものがあって、人々が海図のない旅に乗り出したのか。それはヨーロッパはすべてが「既知」になってしまって、もう「姿も見えず、言葉も交わすことができない交易相手」がいなくなってしまったからである。

そういう交易相手を探して、ヨーロッパ人はアジアやアフリカやアメリカにぞろぞろ押しかけたのである。別に胡椒やら砂糖やら煙草やらお茶やらが「欲しかった」わけではない。そんなものなしでそれまで何千年も気楽にやってきたのである。どうして命がけでそんなものを手に入れる必要があるだろうか。

人間は交易という行為そのものがしたいのであって、交易されている「もの」には副次的な意味しかない。二〇世紀になって、地球上から「暗黒大陸」がなくなって、それと同時に「言葉を交わすことも、姿を見ることもない交易相手」は消滅してしまった。

そこにインターネットが出現して、私たちはふたたび沈黙交易をすることができるようになった。

だから、「アマゾン」なのである。

「マットグロッソ」の森に向けてそっと電磁パルスを打ち込む。しばらくすると宅急便の配達のお兄ちゃんが「ぴんぽん」とチャイムをならして「はい」と本やCDを届けてくれる。

アマゾンさんがどういう会社組織で、どこに本社があって、誰がそれで利益を得ているのか……私たちは知らない。というか知りたくない。知らないからわくわくするのである。

私たちが交換に求めているのは純粋状態のコミュニケーション、すなわち「私の理解も共感も絶した他者と、私はなお交換をなしうる」という事実を確認することなのであり、そのような能力をもつことで人類は類人猿と分岐したのである……という話。

だから携帯メールというのも新手の沈黙交易なんですよね、という話に繋がるのであるが、どういう理路でそうなるのかはみなさん自分で考えてね。

——二〇〇四年四月三日

■川原泉『甲子園の空に笑え！』白泉社文庫／一九九五年
「銀のロマンティック…わはは」『甲子園の空に笑え！』所収
■吉田秋生『夢見る頃をすぎても』小学館文庫／一九九五年
『ラヴァーズ・キス』小学館文庫／一九九九年
■森田まさのり『ろくでなしBlues』全四二巻／集英社／一九九六年
■西原理恵子『鳥頭紀行ぜんぶ』朝日文庫／二〇〇一年
■鴨志田穣＋西原理恵子『アジアパー伝』講談社文庫／二〇〇三年
■山本英夫『ホムンクルス』全一五巻／小学館／二〇〇三―一一年

頭がドライブ

井上雄彦『スラムダンク』／『頭がよいので、気持ちがいい』

下川正謡会の「反省会」とて、リッツカールトンで昼食会。

ゆうべ遅くまで『スラムダンク』を読んでいたので、寝不足。『スラムダンク』はリアルタイムで単行本を途中まで買っていたが、完全版が出たのを機に、全巻買い揃えを企画した。ところが、一三巻までいったところで、何巻まで買ったのかを忘れて、本屋に行くたびに「うう」と迷って買いそびれていたのである。

というのは、それまでに『スラムダンク』で同一巻二度買いを二度も（！）経験したからである（あの本はカバーデザインが各巻そっくりなんだよね）。『バガボンド』でも同一巻二度買いをしたことがあり、どうも井上雄彦氏の高額納税に私は貢献しすぎているようである。

これというのもコミックにシュリンクをかけて中を読ませないようにしているのがいけないのである。一度「同一巻二度買い」の苦渋を経験すると、多くの消費者は「買い控え」に走る。結果的には立ち読み防止が総需要そのものを抑制しているというのはコピーガードのCDの場合とよく似ている。

おとといの夜に寝苦しくて、つい『スラムダンク』を一巻から読み出したら止まらなくなって、一四巻からあとが読みたくて仕方がない。昨日三宮まで行って、一四巻から二〇巻までまとめ買いをする（全二四巻なのだが、重くて持てない）。ついでに名越先生原作の『ホムンクルス』二巻も買っておく。

山のようなマンガを『ジェイソンX』を観たあとに読み出したのが災いして、気がついたら午前三時。

ふらふら起き出して、朦朧《もうろう》としたまま反省会へ行き、社中のおばさま方、〝不眠日記〟のオガワくん、飯田先生たちと下川先生を囲んで昼酒を酌みつつ歓談。下川先生と「教え方」の要諦についてお話ししているうちに興味深いことに気づいた。

私も合気道を教えているのでよくわかるけれど、身体操法を教えるのは、ある意味で「簡単」である。どれほど呑み込みの悪い人でも、どれほど動きの鈍い人でも、どうやったらうまくなるかという道筋は教えている方にはよく見えるからである（下川先生はきっぱりと「私の言うことを聴いていれば、誰でもうまくなれる」と断言されていた）。

おっしゃる通り、どんな人でも、身体運用については師匠の指導に従っていれば、いずれ必ずうまくなる。あるレベルまで達するのが早いか遅いかの違いはあるが、それは単なる時間の問題にすぎない。

こういう稽古をすれば必ずうまくなる、ということを教える側はきっぱりと断言することができるし、教わる側はその言葉を信じることができる。

なぜそういうことができるかというと、身体運用の場合は「うまくいった」ときの快感というのが強烈な身体記憶として、教える側にも教わる側にも個人的経験として共有されているからである。

前受け身がなかなかできないような人が結果的に高段者にまでゆくということはよくある。それは、他の人が何の努力もなしにできる前受け身を数ヶ月かかってようやく「できた！」というときには、その達成がもたらす身体的快感が強烈に記憶されるからである。その種の快感をそれまで経験したことがない人は、それを求めて熱狂的に稽古するようになる。

けれども、大学の専門の授業の場合は、それに類することはまず起こらない。

例えば、私が教えている現代思想のような科目の場合、学生さんがその科目を一年間毎週受講した結果、何かが「できた！」というような強烈な知的達成感を味わうということは、まずない。

学問に人間を向かわせる動機づけになる強烈な身体的快感とは、強いて言うと「脳が加速する感じ」なのであるが、これは経験したことのない人間にはどうやっても説明することができないし、そもそもこの世にそのような快感があるということさえ学生たちは知らない。でも、武道も哲学も集中的な修行や、それがもたらすブレークスルーを可能にするのは、ある段階で経験した強烈な快感の記憶であることに変わりはない。

身体運用を動機づけるのが「私の身体にはこんな動きができる潜在能力があったのか！」という発見の快感であるのと同じように、知性の運用を動機づけるのは、「私の脳にはこんなことを思考できる潜在能力があったのか！」という発見の快感である。

身体的な達成感を獲得する方途については多くの経験的データとそれに基づく適切な指導方法が存在するけれども、「脳が加速するときの快感」、鼻の奥が「つん」と焦げ臭くなり、思考に「アクセル」がかかる感じについては、書かれたものも語られたものもほとんど存在しない。もちろん、どうやったら「アクセルがかかるか」について書かれたものも存在しない。

世の中には死ぬほど頭のいい人がいくらもいる。

けれど、そういう人たちも「私は頭がいいのでたいへんハッピーです（金も入るし、ちやほやされるし、うふ）」というようなことは絶対に口にしない。

たぶん、『頭がよいので、気持ちがいい』というような題名の本を書いたら、ほとんどの人が題名を見ただけで作者に殺意を抱くからであろう。

――二〇〇四年六月一四日

■井上雄彦『スラムダンク』全三一巻／集英社／一九九一—九六年
『バガボンド』一—三三巻、以下続刊／講談社／一九九九年—
■山本英夫『ホムンクルス』全一五巻／小学館／二〇〇三—一一年

京都で養老先生と暴走

竹宮惠子『風と木の詩』

「ＡＥＲＡ」のお仕事で、京都へ。

京都国際マンガミュージアムで館長の養老孟司先生とおしゃべりをする。

京都国際マンガミュージアムに来るのははじめてである。烏丸御池《からすまおいけ》の町中の小学校の跡地を改装したところと伺っていたので、「そういう感じ」の建物かと思っていたら、レトロ趣味ではあるけれど、これはまたずいぶん立派なものであった。

たくさんの人々が笑顔でマンガに読み耽っている。入館料さえ払えば、あとは閉館時間まで「マンガ立ち読み」し放題なわけであるから、私が小学生くらいのときにこのような空間に投じられたら、歓喜のあまり失禁したことであろう。

館長室（たぶん小学校時代の校長室）で養老先生とおしゃべり。

日本とコスタリカとブータンの観光立国比較論から始まって、「オサマ・ビン・ラディンはＣＩＡの替え玉説」（論拠は『プラネット・テラー』）など、養老先生と暴走トーク。

当日は京都精華大学芸術学部マンガ学科の新入生のオリエンテーションをミュージアムでやっていたので、新入生にご挨拶ということで養老先生がいったん中座して戻られたあと、芸術学部長がお礼のご挨拶に館長室においでになる。

精華大学芸術学部マンガ学科といえば……

そう、竹宮惠子である。

『風と木の詩』の『私を月まで連れてって！』の『地球《テラ》へ…』の、あの竹宮惠子である。

私はなま竹宮惠子と会って名刺交換してしまったのである。

竹宮さんは名刺交換した相手の某女子大教師を名乗る身体（と態度）のでかい男が「わお……」とうめいていたことの意味をよくは解しておられぬようであった（私の年齢の男性で青年期に竹宮惠子を耽読したというものはきわめて少ないのである）。

マンガミュージアム館長は、停年退職後に私が「やってみたいな」と思っている唯一の公職であるので、養老先生に「跡目継がせてください」とお願いしてみる。仕事は月に一度出勤して一日中マンガを読んでいればよいのだそうである（ほんとかしら）。

そのことを橋本麻里さんにしゃべったのが活字になって、それをちゃんとミュージアムの事務局の方が読んでいて、「ミュージアムの方の企画にもどうぞよろしくご協力ください」とお願いされる。

おやすいご用である。

百万遍《ひゃくまんべん》の割烹で晩ご飯を食べながらさらに暴走トークは続き、気がつけば養老先生と五時間半しゃべり続けであった。

養老先生とおしゃべりをしていると、頭の中を涼風が吹き抜けるように爽快になる。激されると「ふざけちゃいけねえってんだよ」的巻き舌になるのがまことにチャーミングである。

——二〇〇八年四月二日

■竹宮惠子『風と木の詩』全一〇巻／白泉社文庫／一九九五年
『私を月まで連れてって！』全四巻／小学館文庫／一九九五年
『地球《テラ》へ…』全三巻／中公文庫／一九九五年

最後のマンガ展

井上雄彦「最後のマンガ展」

天保山のサントリーミュージアムに井上雄彦「最後のマンガ展・重版・大阪編」を見に行く。三回目。今日が最終日。

上野、熊本、天保山とまわって、次の仙台で終わり。

家から車で天保山までは二〇分。海岸線に沿って阪神高速を走るとすぐ。大学より近い。でも駐車場はいっぱい（当然ですね）。はるか突堤《とってい》の先の方のパーキングスペースにかろうじて停める。駐車している車のナンバーを見ると名古屋や岐阜や岡山からも来ている。

絵を見る環境を整えるために、一日あたりの入館者を二六〇〇人に制限しているので、一四時に着いたときはもう本日のチケットはソールドアウト（当然ですね）。小学館の川口さん（『街場のマンガ論』の担当編集者で、高校の先輩クスミさんの姪御さん。もちろんヘビー・リーダーである）と講談社の加藤さんがごいっしょ。チケットは手配済みだったので、無事入館して、展示を拝見。

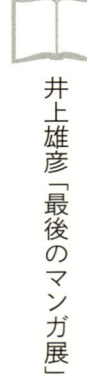

それから別室にて井上雄彦さんとお会いする。『現代霊性論』の装幀をお願いしたお礼のためである。日本でいちばん忙しいマンガ家に貴重な時間を割いていただいた作品である。画法についてお訊ねしてみる。

あれは和紙に墨を塗って、濃淡をつけて、胡粉《ごふん》で「にょろにょろ」を描いたのだそうである。井上さんもマンガではまだこの手法を使ったことがない。

「はじめての試みだったので、やれて楽しかったです」と言ってくださった（気配りの行き届いた井上さんである）。

温顔に接して、すっかり楽しくなって、この展覧会の企図の話、『バガボンド』の話、『スラムダンク』とその社会的影響について、ちょっとつんのめり気味にいろいろお訊ねする。この展覧会については当然海外からオファーが来てますよねとお訊ねすると、「いろいろ来てます」というお答え。

やるならパリのポンピドゥーセンターかニューヨークの近代美術館でしょうねと私が言うと、井上さんも深く頷いて、「僕もやるならその二つかなと思ってます」。

というふうに気の合う二人なのである（ニューヨークの近代美術館なんか私は行ったことなくて、映画で見たことしかないんだけど）。

展覧会の構成とそのもろもろの効果についてもお訊ねする。

暗い部屋（例えば「父」の部屋）では微妙に室温が下がり、明るい部屋（「母」の部屋や「小次郎」の部屋）では室温が上がる。これは偶然空調の関係でそうなったらしい。ライティングのせいもあるけれど、結果的に視覚だけでなく、皮膚感覚も動員して「マンガを読む」ということになった。

最後の「砂」もそうで、これも「踏む触覚」と、じゃりじゃりという人が砂を「踏むのを聴く聴覚」が動員される。あの砂は「いい音」を出すために、珊瑚《さんご》の砂を敷き詰めたのだそうである。

ほとんどすべてのアイディア（木刀とか棘とか壁にじか描きにょろにょろとか）は井上さん自身の発案（「砂」は別の人の案で、はじめは「どうかな～」と思っていたけど、やってみたらけっこうよかったとのこと）。

「空間の中を歩きながら、五感を動員して、マンガを読む」というアイディアは私の知る限り、井上雄彦以外に思いついた人はいなかったと思う。

これまでもマンガをアニメ化したり、ノベライズしたり、実写版の映画にしたり、原画を絵画的に展示したり画集にしたりということは多くのマンガ家がやっているけれど、「ジオラマ」で読むというのは井上さんが世界最初だと思う。井上さんはあくまで「マンガを読む」という行為にこだわっている。

マンガはふつうは書籍のかたちになっているけれど、どんなかたちであってもマンガはマンガであり、マンガ・リテラシーのある読者は「あ、これマンガだ」ということがわかり、ただちに読み始めることができる。

校舎の黒板にチョークで描いても、都市の壁にペンキで描いても、道路に蠟石《ろうせき》で描いても、そこに「マンガを描く」という意志があり、読み手にマンガ・リテラシーがあれば、「マンガを読む」という行為は成立する。今回の展覧会では壁に描かれた三センチほどの「にょろにょろ」から、現代美術館エントランスに置かれた七メートルの武蔵まで、素材も画法もサイズも違うけれど、すべては一篇の「マンガ」に収まる。

もちろんマンガが原理的にそういうふうに自由闊達なジャンルであるということは技法に意識的なマンガ家たちにはわかっていただろうけれど、それを実際に殺人的なスケジュールの中で「やろう」と思って、「やってしまった」マンガ家は井上雄彦の前にはいなかった（そして、たぶん当分後続する人も出てこないだろう）。

「最後のマンガ展」というネーミングにはその自負が少しだけ透けて見えるような気がする。

どちらにしても、井上さんのこの仕事によって、マンガというジャンルの奥行きと可能性についての私たちの理解は格段に深まった。井上雄彦はこのプロジェクトによって、マンガ史（日本の、にとどまらず、世界のマンガ史）に巨大な足跡を残したと私は思う。

そのことは私がこんなところで言葉をつらねるより、展覧会に来た若者たちの食い入るようなまなざしと、深いため息から実感されるのである。

今、このような真率《しんそつ》なレスペクトを若者たちから向けられる大人がどれだけ存在するであろう。同年代に井上雄彦のようなクリエイターを得たことを私は幸運だと思う。

——二〇一〇年三月一五日

■内田樹『街場のマンガ論』小学館／二〇一〇年
■内田樹＋釈徹宗『現代霊性論』講談社／二〇一〇年
■井上雄彦『スラムダンク』全三一巻／集英社／一九九一—九六年
『バガボンド』一—三三巻、以下続刊／講談社／一九九九年—

第二章

人文棚

非人情三人男

夏目漱石『草枕』

「非人情」というのは夏目漱石の造語であることを寝床の中で思い出した。『草枕』という小説は全編「非人情」とは何かをめぐる哲学的考察である。序盤のよく知られた文章を採録する。

苦しんだり、怒つたり、騒いだり、泣いたりは人の世につきものだ。余も三十年の間それをし通して、飽々《あきあき》した。飽き飽きした上に芝居や小説で同じ刺激を繰り返しては大変だ。余が欲する詩はそんな世間的の人情を鼓舞するようなものではない。俗念を放棄して、しばらくでも塵界《じんかい》を離れた心持ちになれる詩である。いくら傑作でも人情を離れた芝居はない、理非を絶した小説は少かろう。どこまでも世間を出る事が出来ぬのが彼等の特色である。ことに西洋の詩になると、人事が根本になるからいわゆる詩歌《しいか》の純粋なるものもこの境《きょう》を解脱する事を知らぬ。どこまでも同情だとか、愛だとか、正義だとか、自由だとか、浮世の勧工場《かんこうば》にあるものだけで用を弁じている。（……）うれしい事に東洋の詩歌にはそこを解脱したのがある。採菊東籬下、《きくをとるとうりのもと》悠然見南山。《ゆうぜんとしてなんざんをみる》ただそれぎりの裏《うち》に暑苦しい世の中をまるで忘れた光景が出てくる。垣《かき》の向うに隣りの娘が覗《のぞ》いてる訳でもなければ、南山に親友が奉職している次第でもない。超然と出世間的《しゅっせけんてき》に利害損得の汗を流し去つた心持ちになれる。独坐幽篁裏、《ひとりゆうこうのうちにざし》弾琴復長嘯、《きんをだんじてまたちょうしょうす》深林人不知、《しんりんひとしらず》明月来相照。《めいげつきたりてあいてらす》ただ二十字のうちに優に別乾坤を建立している。この乾坤の功徳は『不如帰《ほととぎす》』や『金色夜叉《こんじきやしゃ》』の功徳ではない。汽船、汽車、権利、義務、道徳、礼儀で疲れ果てた後《のち》、凡《すべ》てを忘却してぐっすりと寐込むような功徳である。（一三―一四頁）

こんな文章を国語の教科書に載せて、中学生に読ませるというのもどうかと思うが、私は中学生のときにこの文章を読んで「浮世の勧工場」というワンワードについと胸を衝かれたことを覚えている。私が中学生の終わり頃から漢詩好きになったのはおそらくこの一文の影響なのであろう。

『草枕』の語り手である「余」は絵の具箱を抱えて、ふらふらと山間の湯治場にでかける。その趣向はこうである。

しばらくこの旅中に起《おこ》る出来事と、旅中に出逢う人間を能の仕組と能役者の所作《しょさ》に見立てたらどうだろう。まるで人情を棄《す》てる訳には行くまいが、根が詩的に出来た旅だから、非人情のやりついでに、なるべく節倹してそこまでは漕《こ》ぎ付けたいものだ。（……）余もこれから逢う人物を――百姓も、町人も、村役場の書記も、爺《じい》さんも婆《ばあ》さんも――悉く大自然の点景として描き出されたものと仮定して取こなしてみよう。尤《もっと》も画中の人物と違って、彼らはおのがじし勝手な真似《まね》をするだろう。しかし普通の小説家のようにその勝手な真似の根本を探ぐって、心理作用に立ち入ったり、人事葛藤《かっとう》の詮議《せんぎ》立《だ》てをしては俗になる。動いても構わない。画中の人物が動くと見れば差《さ》し支《つかえ》ない。（一六頁）

漱石の非人情は言い換えれば、「美的生活」ということだが、そのときの「美的」ということを「浮世の勧工場」のものさしで計っては俗になる。「美的」というのは、ここでは「超然」ということである。漱石は『草枕』を書き始める前に『楚辞《そじ》』を耽読したそうである。だから、『草枕』に横溢する無数の漢語的詩句の多くは『楚辞』由来のものなのである。漱石は日露戦争のさなかの明治の日本の風景を叙するに紀元前四世紀の文人の語法をまず学んだ。この「距離感」がおそらく漱石の「美的」の骨法である。

クロード・レヴィ＝ストロースは論文を書く前にマルクスの『ルイ・ボナパルトのブリュメ

ール18日』を繙読《はんどく》することを習慣としていたとご本人がどこかで書いている。この選書のセンスに私は深い共感を覚える。というのは、マルクスの全著作のうちで、『ブリュメール18日』がおそらくはもっとも（漱石的な意味で）「非人情」なテクストだからである。

マルクスがマルクスになったのは、自分の国であるドイツの階級闘争について熱く論じているときではなく、英国に流れて、大英図書館の薄暗い閲覧室で、隣国フランスの階級闘争にクールな分析を加えたことによってである。ドーバー海峡の向こう岸で殺し合いをしているフランス人たちを「画中の人物と見れば差し支えない」と非人情に徹したときに、マルクスの政治的理説は完成を見たのである。

漱石が『楚辞』を読み、レヴィ＝ストロースが『ブリュメール18日』を読んだということは、非人情はどうやら「文体」を通じて感得せらるるもののようである。

なるほど。

「非人情」に徹するためには、「非人情本」を読むに越したことはないのであるが、「非人情」とは畢竟《ひっきょう》「距離感」のことであるから、手近な同時代人や同じようなメディア業界人の「非人情本」ではまるで用を為さない。やはり遠い異国の物故者のうちにお手本を求めるのが筋目なのであろう。

と思っていた折りも折り、たまたま手にとったシビル・ラカンの『ある父親』に、ジャック・ラカンがどれほど非人情（彼の場合はプラス不人情）な父親であったか活写してあった。

まことに学ぶことの多いラカン老師である。

ジャック・ラカンはご存じのようにマリー＝ルイーズ・ブロンダンとの間に三人の子どもがいた。また、ジョルジュ・バタイユの妻であったシルビアとも内縁関係にあって、ジュディットという娘がいた。シビル・ラカンとジュディット・バタイユはほぼ同じ頃に生まれている。

このころ、ラカンはパリの正妻とマルセイユの内縁の妻の間を（ということはナチ統治下のフランスとヴィシーのフランスの「国境線」を越えて）毎週シトロエンで行き来していたのである。

パリではオテル・ムーリス（ゲシュタポの本部があったところ）に出入りし、マルセイユでは警察署に乗り込んで、シルビアがユダヤ人であることを示す書類を勝手に持ち出して破り棄てたりしている。

いろいろな意味でタフな男である。

ラカンのシビルに対する非人情ぶりを表すエピソードを一つご紹介しておこう。

ある晩シビルは父とレストランで食事をした。夕食後、シビルの運転するオースチンで娘は父親をリール通りの家まで送った。

別れ際に父は言った。

「じゃ、気をつけて帰るんだよ。家に着いたら必ず電話しなさい」

（六八頁）


シビルは父親のめずらしい気づかいに驚くが（ラカンは「そういうこと」を決して言わないタイプの男なのだ）、話を合わせて、家に着いたら電話すると約束する。


寝ている父を起こすことになると悪いので、家に着くと一刻をあらそうように電話をかけた。

「もしもし。えっ。だれだい。ああ、お前か。どうした」

父はわたしの声に驚き、わたしは先ほどの約束を思い出してもらうまで説明しなくてはならなかった。

（六九頁）


シビルは卵巣の手術で入院することになる。ジャック・ラカンが花束をもって見舞いに来た。病人に対するお約束の挨拶を終えたあと、ジャック・ラカンはベッドの足元にひざまずいて、敬虔《けいけん》なカトリック信者だけがするような不自然な祈りの姿勢に入った。シビルはもちろんそれが何を意味するか知っていた。ラカンは「セミネールの準備」をしていたのである。

ラカンは超人的な集中力の持ち主で、仕事中はまわりで何が起きてもまったく無関心であった。

イタリアでバカンスを過ごした夏、シビルと父親はモーターボートで海に出た。すばらしい風景が拡がっていた。だが、夏の光と海の風と歓喜する娘とボートの震動をまったく無視してラカンは「鉱物のように」硬直したままプラトンを読み続けていて、ついに一度も本から目を上げなかった。

シビルは父親が泣いたところを二度しか見ていないと書いている。

一度は長女のカロリーヌが死んだとき、もう一度はモーリス・メルロー＝ポンティが死んだときだそうである。

ラカンの非人情もメルロー＝ポンティを失うことの欠落感には耐えられなかったのである。

非人情にまつわる佳話《かわ》である。

——二〇〇六年四月二五日

■夏目漱石『草枕』岩波文庫／一九二九年
■星川清孝『楚辞』鈴木かおり編／明治書院／二〇〇四年

■カール・マルクス『ルイ・ボナパルトのブリュメール18日―初版』植村邦彦訳／平凡社／二〇〇八年
■シビル・ラカン『ある父親 puzzle』永田千奈訳／晶文社／一九九八年

マルクスを読む

カール・マルクス『資本論』

財務省の広報誌に巻頭言の寄稿を頼まれたという話を少し前に書いた。総選挙について、政権交代の意味について私見を記して送稿したところ「使えない」という返答があった。

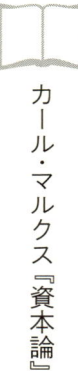

「大変残念ではございますが、財務省広報誌という性格上、政治の現状について直接言及するものは、従来より掲載を控えております。本来であれば予め原稿をお願いする際にお断りをすべきところ、失念しておりました失礼をお詫び申し上げるとともに、掲載が難しいと申し上げざるを得ないことを併せて深くお詫び申し上げます。」

ということであった。

あ、そうですか。

書いたものが没になることは珍しくないから、別に憤慨するわけではないが、驚いたのは「財務省広報誌という性格上、政治の現状について直接言及するものは、従来より掲載を控えております」という一文に接したことである。

「政治の現状」という以上はそこには外交内政全般のトピックが含まれる。およそこの世の出来事で「政治の現状」にかかわりのないものはない。教育を論じれば教育行政に言及せざるを得ないし、医療を語れば医療政策に触れずに済ますわけにはゆかない。私は今回別に特定の党派的立場を支持したり、批判したわけではなく、総選挙の結果について、「日本の政治プロセスが成熟（というより老衰）したこと」と論じただけである。ふだんブログに書いていることをそのまま書いた。

これが没になるということから推論される事態のうちでいちばん蓋然性が高いのは、「私に寄稿を頼んできた人物は私の書いたものを実は読んでいない」ということである。寄稿を頼まれたとき、どうして私なんかに頼むのか意味不明だったが、没にされて腑に落ちた。

当然ですよね。

終日、「マルクス書簡」を書く。今回は『経済学・哲学草稿』（以下、『経哲草稿』）である。「疎外された労働」のところを何十年ぶりかで読み返す。

マルクスは熱い。

あらゆるテクストはそれが書かれたリアルタイムに想像的に身を置いて読まねばならないと

私は思っている。

『経哲草稿』は一八四四年に書かれた。エンゲルスの『イギリスにおける労働者階級の現状』は一八四五年に書かれた。この二人を労働問題に引き寄せたのは、産業革命後の資本家たちによる恐るべき労働者の収奪である。以下は『資本論』から。

一八三六年六月初頭、デューズブリ（ヨークシャー）の治安判事のもとに告発状が届いた。それによるとバトリー近郊の八大工場の経営者が工場法に違反したという。これら紳士たちの一部が告訴されたのは、彼らが一二歳から一五歳までの五人の少年を金曜日の朝六時から翌日の土曜日午後四時まで、食事時間および深夜**一時間の睡眠時間**以外にはまったく休息を与えずに働きつづけさせたからだという。しかも少年たちは「くず穴」と呼ばれる洞窟のような場所で休息なしに三〇時間労働をこなさねばならない。そこでは毛くずの除去作業がおこなわれるが、空中には埃や毛くずが充満し、成人の労働者でさえ肺を守るためにたえず口にハンカチを結びつけておかねばならない。（三五四頁）

この経営者たちにはそれぞれ二ポンドの罰金が科されただけであった。

夜中の二時、三時、四時に、九歳から一〇歳の子供たちが汚いベッドのなかからたたき起こされ、ただ露命をつなぐためだけに夜の一〇時、一一時、一二時までむりやり働かされる。彼らの手足はやせ細り、体軀は縮み、顔の表情は鈍磨し、その人格はまったく石のような無感覚のなかで硬直し、見るも無残な様相を呈している。（三五七頁）

あるマッチ製造業における調査では、聴き取りを行った労働者のうち、「二七〇人が一八歳未満、四〇人が一〇歳未満、そのうち一〇人はわずか八歳、五人はわずか六歳だった」（三六一頁）。宮廷用の婦人服の製造工場で死んだ少女の検死報告には「他の六〇人の少女たちとともに二六時間半休みなく働いた。三〇人ずつ、必要な空気量の三分の一も供給されない一部屋におしこまれ、夜は夜で二人ずつ**一つの**ベッドに入れられる。しかもベッドがおかれているのは**一つの**寝室をさまざまな板壁で所せましと仕切った息の詰まる穴ぐらのような場所だった」（三七三頁）とある。

マルクスが「疎外された労働」という言葉で言おうとしていたのは、こういう現実である。

「労働者が骨身を削って働けば働くほど、彼が自分の向こうがわにつくりだす疎遠な対象的世界がそれだけ強大になり、彼自身つまり彼の内的世界はいっそう貧しくなり、彼に属するものがいっそう乏しくなる」（『経哲草稿』三一〇頁）というのは単なるレトリックではない。

先ほどの婦人服工場の少女が死ぬまで働かされたのは、「外国から迎え入れたばかりのイギリス皇太子妃のもとで催される舞踏会のために、貴婦人たちの衣装を魔法使いさながらに瞬時に仕立てあげなければならなかった」（『資本論（上）』三七二―三七三頁）からである。瘦せこけた少女たちが詰め込まれた不衛生きわまりない縫製工場で作られた生産物がそのまま宮廷の舞踏会で貴婦人たちを飾ったのである。その現実を想像した上で次のようなマルクスの言葉は読まれなければならないだろう。

> 労働者はみずからの生命を対象に注ぎこむ。しかし、対象に注ぎこまれた生命はもはや彼のものではなく、対象のものである。（……）労働者がみずからの生産物において**外化する**ということは、彼の労働がひとつの対象に、ひとつの**外的な**現実存在になるというだけではなく、彼の労働が**彼の外に**、彼から独立したかたちで存在し、彼にたいして自立した力になり、彼が対象に付与した生命が彼にたいして敵対的かつ疎遠に対立するという意味をもつのである。（三一〇頁、傍点は引用者）

労働は「宮殿をつくるが、労働者には穴蔵をつくり出す。それは美をつくるが、労働者には奇形をつくり出す」という言葉における「穴蔵」や「奇形」はレトリックではなく、マルクスの時代においては生々しい現実だったのである。だから、マルクスは「科学」や「教条」ではなく、むしろ「文学」として読まれるべきだろうと私は思っている。

それは「絵空事」としてということではむろんない。逆である。

教条や社会科学は「汎通性」を要求する。あらゆる歴史的状況について普遍的に妥当する「真理」であることを要求する。だが、その代償として失うものが多すぎる。マルクスの理論が普遍的に妥当すると主張してしまうと、なぜ他ならぬマルクスが、このときに、この場所で、このような文章を書き、このような思想を鍛え上げたのか、という状況の一回性は軽視される。だが、マルクスが生きた時代、マルクスが見たもの、触れたもの、それを想像的に再構成することなしに、マルクスの「熱さ」を理解することはできないのではないか。

それは科学というよりむしろ文学の仕事だと私は思うのである。

――二〇〇九年九月九日

■カール・マルクス『経済学・哲学草稿』城塚登＋田中吉六訳／岩波文庫／一九六四年
『資本論』上下巻／今村仁司ほか訳／筑摩書房／二〇〇五年

■フリードリヒ・エンゲルス『イギリスにおける労働者階級の状態』上下巻／新日本出版社／二〇〇〇年

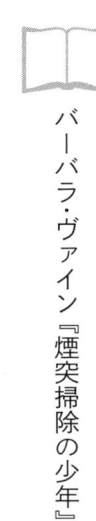

恐怖のシンクロニシティ

バーバラ・ヴァイン『煙突掃除の少年』

鈴木晶先生がブログでたいへん興味深いことを書かれていた。ゲームとルールをめぐる考察である。少し長いけれど、引用させていただくことにする。ある小説に出てくる「I Pass the Scissors」（はさみを渡す）というゲームの話である。

ハサミを使う。数人が輪になってすわり、ハサミを次々に隣の人にわたす、というだけのゲームである。ハサミを受け取った人は、ハサミを開いて、あるいは閉じて、次の人に渡す。そのときに「私はハサミを開いて渡す（これを「クロス」と呼ぶ。ハサミを開くと十字架の形になるからだ）」あるいは「閉じて渡す」と宣言する。問題は、その「開いて」と「閉じて」は、ハサミが開いているか閉じているかとは関係がないということだ。初心者はルールを知らないから、ハサミを開いて隣りに渡し、「私はハサミを開いて渡す」と宣言し、まわりから「まちがい！」と指摘されるのである。つまり、初心者は、何が「開いて」であり何が「閉じて」であるかについてのルールを発見しなければならないのである。

ネタバレになるが、ハサミが開いているか閉じているかは重要ではなく、ハサミを渡すときに脚を開いているか閉じているかによるのだ。

小説の最後のほうで、このルールをすぐに見抜いてしまう青年が出てくるが、それまでは、新たにこのゲームに加わった人は残らず、最後までルールがわからない。

本来、ゲームというのは参加者全員がルールを知っていることを前提にしているのであるから、この「ハサミを渡す」というゲームは、本来のゲームではない。ルールを知っている者たちが、ルールを知らない者をからかうための遊びである。好意的にいえば、ルールを知らない者がいかにそのルールを発見できるかを見守る遊びである。

だからこのゲームは、その場にいるほとんど全員がルールを知っていて、それよりも少数の人がルールを知らない場合にのみおこなわれる。全員がルールを知っていたら、意味がないし、反対に、ひとりだけルールを知っている場合は、ゲームができないわけではないが、そのルールを知っているひとりがみんなからの敵意の的になる。

すでにおわかりのように、これはある小さな共同体が侵入者をからかい、屈辱感を与え、排除するためのゲームである。

「メンソレータム」というのも、これとまったく同じ意図にもとづくゲームだった。ひとりが「タム・タム・タム・タム・メンソレー・タム」と言いながら、右手の人差し指で、開いた左手の指先を、小指から順番にさわっていき、「メンソレー」の部分で、人差し指と親指の谷間をなぞり、最後に親指の先にさわって、「タム」で閉める。そして相手に「やってごらん」と言い、相手（初心者）に反復させる。相手は忠実に反復するのだが、「だめ」と言われてしまう。何度やっても、「だめ」と言われる。そこで「親」が、別の誰かにやってみさせる。その別の誰かはルールを知っているので、ちゃんとできる。初心者は、どうして自分のがだめで、別の誰かのが合っているのか、その理由がわからない。

詳しくは覚えていないが、たしか、「タム」と言った後に、腕を組んで「やってごらん」と言えば、「正解」なのだった。

つまり、どちらのゲームも、「ゲームの範囲」がどこまでかをめぐるトリックなのである。

初心者は必死に規則を見つけ出そうとする。だが「正解」は、その規則が適用される範囲、つまりゲームの範囲の外にある。ルールを知っている者は、ゲームの範囲に関して、初心者にまず誤解を与える。前者であればハサミ、後者であれば指でなぞるという行為が「ゲームの範囲」であると思い込ませる。だから、そのゲームの範囲の外に、本来のゲームの範囲があることを発見すれば、初心者の勝ちなのである。

これはスラヴォイ・ジジェクが挙げている例に似ている。ジジェクは最新著『ラカンはこう読め！』の中で、こんな例を挙げている。

「窃盗を疑われている労働者をめぐる古い小話を思いだそう。毎夕、工場から帰るとき、警備員たちは彼が押している手押し車を丹念に調べたが、何も見つからなかった。手押し車はいつでも空だった。ついに警備員たちは突き止めた。彼が盗んでいたのは手押し車だったのだ」

ジジェクがこの例を挙げたのは、コミュニケーションの再帰的機能について説明するためである。「これはコミュニケーションですよ」というためのコミュニケーションのことである。ヤコブソンのいう「交感的言語使用」である。「いい天気だねえ」「そうですねえ」

ゲームに話を戻すと、先に、このゲームは共同体から侵入者を排除するためのものだと述べた。先に触れたように、ヴァインの『煙突掃除の少年』では、このルールをすぐに見抜いてしまう青年が登場する。ルールを見抜いた「初心者」は、その共同体に喜んで迎えられるのだろうか。ルールがばれた時点で、そのルールのくだらなさ、というか

「悪意」があらわになる。要するに、ルールが適用される範囲をめぐる一種のトリックだったのだということがばれる。知力をふりしぼってルールの規則を解明しようとしていた「侵入者」は、拍子抜けして、あるいは、ばかばかしさに激高して、その共同体を見捨てることになるであろう。いや、すんなりとその共同体に加わり、新たな「餌物」を探すのかもしれない。（……）

じつは、「場の空気が読めない」という最近流行の表現をきいて、このゲームのことを思い出したのである。

ＫＹが「空気が読めない」の意味だと知ったのは一年ほど前。教えてくれたのは学生だったが、彼らは「最近の高校生はこんな略字を使うんだって。もうついていけないね」と話していた。

「場の空気を読む」という、本来は「おとな」の言葉が、高校生の間で流行しているという事実にまず驚いた。というか、気持ちがわるかった。

次に、ＫＹが「空気を読む」とか「空気を読め」という意味ではなく、「空気が読めない」という否定形の略だということに、いやな気がした。本来、この表現は「空気を読め」という「心得」であろう。それに対して、「空気が読めない」というのは、「排除」の表現である。排除の対象にたいするレッテルである。

いうまでもないが、本来、場の空気を読むというのはひじょうに重要なことである。空気の読めない人は「困ったもん」である。

だが、その「空気」の中身がひじょうに下らないものだとしたら？　先に挙げたゲームのように、下らない中身によって、たんに侵入者を排除しようとしているだけだとしたら？

といったことを考えると、高校生がこんな表現を多用していると聞いて、いい気はしない。

空気が読めないのは困るが、ちゃんと空気を読み取ったうえで、あえてその空気に亀裂を入れることも、時として必要になる。いや、あまりに素朴で純真なために空気が読めないということも多い。が、そういう空気の読めない素朴な視点が、その空気の邪悪さ、あるいはくだらなさを暴露することがある。アンデルセンの「はだかの王様」を思い出してみればいい。「空気が読めない」というレッテルは、いじめの道具としか思えないのである。

以上が鈴木先生からの引用。実に面白い話だと思いませんか？　奇《く》しくも、少し前に平川克美くんも違う文脈だけれど「空気が読めない」というもの言いの排他性について言及していた。

これも引用しておく。

　KYなる言葉が流行しているらしい。「空気が読めない」の頭文字だそうである。夜《や》郎自大《ろうじだい》な政治家を揶揄《やゆ》する場合にも使われるし、仲間うちの飲み会などでも使われる。仲間内で使われるときは、異分子排斥の合言葉のような棘《とげ》のある意地の悪いニュアンスを伴っている。（確かに世界は自分のためにあると思っている場の読めないやつはいる）。しかし、これが流行語になるということに対して、私は違和感を持つ。

　文明批評をするつもりはないが、私はこの流行語には、少なからず当今の批評精神の劣化を感じる。そこには「空気」という言葉で表現される「仲間意識」そのものが持つ脆弱《ぜいじゃく》性への批評がすっぽりと欠落しているからである。別の言葉で言えば付和雷同と、他罰的な言葉遣いが、若い人たちの間に瀰漫《びまん》してきている。自分がKYの同類でないことを証明するために、彼／彼女らはますます仲間内の背後から石を投げる。

　いや、こんなしゃっちょこばった話をしたいわけではなかった。先日、神田茜の講談をまとめて聞いた。そのときに、ああ、これは「空気」を読みたくて焦れば焦るほど「空気」を乱してしまう女の話なんだと思ったのである。さらに言えば、彼女の十八番である「切ないおんなの嘆き節」とは、「空気が読める」「読めない」といった風潮そのものを相対化し、笑いの中に溶解させてしまう不思議な薬効を持っている。そう、神田茜とは、全国のＫＹたちに向かって、市井の片隅からエールを送り続けてきたのである。

まいったな。こんな固い話をしたいわけじゃない。しかし、彼女が意識的にか、無意識的にか加担している「だめなおんな」「からまわりなやつ」「引っ込み思案」「口べた」たちをひとつの時代がどのように遇してきたのかということについて語ろうとすると、どうしても批評的な語り口になってしまう。つまり、彼女が照準している世界は、正面切って論ずれば、結構ヘヴィな社会的な課題でもあるということである。

神田茜は、もっとずっとうまくやっている。憤怒もなければ、韜晦《とうかい》もない。ただ、自分こそが、そのＫＹのひとりであり、ＫＹだって存在する意味があり、けっこう愛おしい生き物であることを物語の形式で語る。もちろん、その物語は、大声よりはつぶやき、怒りよりは笑い、論理よりは心持ちといった微細な繊維で編まれている。彼女の処女小説『フェロモン』には、そんなせつないおんなが、ふとした街角や、仕事場、家庭の団《だん》欒《らん》、学校の教室に姿を現す。彼女たちは、世知辛い渡世を、目立たぬように、ひっそりと渡っているが、それでも時々我知らず表舞台に引きずり出されてしまう。小説家、神田茜は、彼女たちの違和は、本当は誰もが持っていたけれど、誰もが忘れ去ってしまった根源的な恥じらいや、優しさや、慎み深さであることを、彼女たちに代わって告げている。ＫＹという言葉には、味方なしというニュアンスが含まれているが、神田茜は、せつないおんなたちの味方として、いつも泪の半歩手前の場所で踏みとどまって耐えている。そこに、何がある？　たぶん、「すこしばかりほろ苦いが、結構しぶとい笑いのツボがある」と彼女は言っている。

というのが平川くんのＫＹ論である。渋いです。

さらに話は続く。ちょっと切り口が違うけれど、今日読んだ町山智浩さんのブログにはこんなことが書いてあった。ルース・レンデルの『ロウフィールド館の惨劇』という小説について言及した文章である。

この本は、ミステリであるにもかかわらず、いきなり書き出しでこんなふうに犯人と動機を割っていることで有名だ。
「ユーニス・パーチマンがカヴァディール一家を殺したのは、読み書きができなかったためである。」
主人公ユーニスは中年過ぎた家政婦さんで、金持ちのカヴァディール家に雇われるが、文盲であることを隠していた。

そして彼女は、必死の努力と知恵で、文字が読めるようにふるまうのだ。

「そこまで苦労するなら読み書き習えばいいじゃん！」と思ってしまうが、コンプレックスと裏腹に妙なプライドがあるユーニスは無学である事実をひたすら隠し、カンニング的方法で切り抜けることばかり巧みになっている。

ところが、そんな綱渡りにも破局が訪れる。

ユーニスは主人が書いたメモが理解できずに蘭の花を枯らしてしまったり、いくつかの失敗を重ね、それをごまかしていくうちにホコロビは雪だるま式に大きくなり、とうとう家族のひとりに文盲であることを知られてしまう。それがカヴァディール家皆殺しへと発展していく……。

町山さんの話はここまで。

これも「怖いKY論」として読むことができる（とりあえず私はそうやって読んだ）。

ところで私がこの三人のブログから引用したのは、他でもない、この三人のブログ（と小田嶋隆さんのブログ）が私の「日参ブログ」だからなのであるが、それより何よりびっくりしたのは、鈴木先生が紹介していた「ある小説」がバーバラ・ヴァインの『煙突掃除の少年』（*The Chimney Sweeper's Boy*）だったからなのである。

この方々はいったい「どんな空気」を読んでいらっしゃるのであろう……。

――二〇〇八年一月五日

■スラヴォイ・ジジェク『ラカンはこう読め！』鈴木晶訳／紀伊國屋書店／二〇〇八年
■神田茜『フェロモン』ポプラ社／二〇〇七年
■バーバラ・ヴァイン『煙突掃除の少年』富永和子訳／ハヤカワ・ポケット・ミステリ／二〇〇二年
■ルース・レンデル『ロウフィールド館の惨劇』小尾芙佐訳／角川文庫／一九八四年

※編集部注　バーバラ・ヴァインはルース・レンデルの別名義

現実への覚醒

吉川宏志『風景と実感』／スラヴォイ・ジジェク『ラカンはこう読め！』

吉川宏志さんという若い歌人の書いた『風景と実感』という本が届く。帯文を頼まれたので、ゲラを読んで、暮れに短い推薦の言葉を書いた。知らない人の書いた本の帯文を書くということはあまりしない。ゲラを読んでみて断ることの方が多い。これは読んでみたら例外的に面白かった。

吉川さんの本は歌論である。歌学について私はまったくの門外漢であるが、この本が面白かったのは、吉川さんは「どんな歌になまなましさを感じるか」ということを論じているからである。「なぜそのようななまなましい感触が生まれてくるのかを説明することは非常に難しい」（一〇頁）。歌において「リアリティ」や「実感」が出来《しゅったい》するのはどういうことかという、あまりに根源的で、それゆえ回答しがたい問いに吉川さんはさまざまな事例を挙げて、まっすぐに取り組んでいる。

私はこの姿勢を高く買うのである。

真率《しんそつ》ということを美徳に挙げる習慣は廃れて久しいけれど、私は若い書き手についていちばん評価するのはこの「まっすぐ感」である。

勘違いしてほしくないが、真率それ自体に価値があるわけではない。

真率である人間は自分の誤りに気づく可能性がそうでない場合よりはるかに高いからである。気取った文体で飾る若い人に注意しておきたい。若いときはそれで通るけれど、それを続けていると、中年期にさしかかる頃には、自分の誤謬と愚鈍さを吟味する自己点検の回路が機能しなくなる。

一〇代の頃にはたしかに「オーラ」があったのに三〇過ぎる頃にそれがあとかたもなく消えてしまう早熟な少年たちを私はたくさん見てきた。彼らは知的に洗練されていたせいで、「私はどうしてこのことを知らないのか？」「私はどうしてこのことをうまく説明できないのか？」「私の無知と無能はどのように構造化されているのか？」という種類の問いを立てることを嫌う。それよりは「自分がどれほど賢く有能なのか」をショウオフすることの方に知的リリースを投じたがる。そして、ある日気がつくと狷介《けんかい》で孤独な中年男になっている。

真率というのは、そのピットフォール（落とし穴）を避けるためのたいせつな気構えである。

大学からの帰り道に鈴木晶先生から送ってもらったジジェクの『ラカンはこう読め！』を読

む。ラカンとジジェクをともに熟知している鈴木先生の訳文は実に読みやすい。すらすらと読んでいるうちにあっというまに読み終わってしまった。

読み終えて、私自身がいかにラカンとジジェクに影響されてきているのか、よくわかった。物語をラカン的に解釈するというアイディアは、そういえばジジェクの真似をして始めたのである。

最初にトライしたのがカミュの『カリギュラ』のラカン的解釈で、これは面白いほどうまく行った。そのあと『エイリアン』にラカン的解釈を施して、これまたツボにはまったので、五回近くあれこれの本で使い回ししたのはご案内の通りである。

その『エイリアン』についてもこの本でジジェクは書いているが、「なるほど」と唸る。「ラメラ」とラカンが術語化したものについての記述である。ジジェクはラカンの『精神分析の四基本概念』で「ラメラ」について述べられた次のような箇所を引く。


何か特別に薄いもので、アメーバのように移動します。ただしアメーバよりはもう少し複雑です。しかしそれはどこにでも入っていきます。そしてそれは性的な生物がその性において失ってしまったものと関係がある何物かです。(……)それはアメーバが性的な生物に比べてそうであるように不死のものです。なぜなら、それはどんな分裂においても生き残り、いかなる分裂増殖的な出来事があっても存続するからです。そしてそれは走り回ります。

ところでこれは危険がないものではありません。あなたが静かに眠っている間にこいつがやって来て顔を覆うと想像してみてください。

こんな性質をもったものと、われわれがどうしたら戦わないですむのかよく解りませんが、もし戦うようなことになったら、それはおそらく尋常な戦いではないでしょう。

このラメラ、(……)それはリビドーです。(一〇八―一〇九頁)

ジジェクはラカンを承《う》けてこう書く。

この映画に出てくる怪物エイリアンはラカンのラメラにあまりによく似ているので、ラカンはこの映画ができる前にこの映画を観たのではないかとさえ思えてくる。この映画には、ラカンが述べていることが全部出てくる。(一一二頁)

エイリアン=リビドーという公式は私も「エイリアン・フェミニズム」で採用した。ラカンを説明するときには『エイリアン』が最良の素材なのである。『アイズ・ワイド・シャット』

についてもジジェクは驚くべき分析をしている（この映画については「貨幣＝糞」というアイディアを軸にした分析を私もしたことがある）。

私たちが「現実」として認識しているものはさまざまな「幻想」によって構造化されている。凡庸な哲学者たちは、この「幻想」を引き剝がして、「真正な対象」と向き合う方法を探る。けれども、もしかするとこの「幻想」は「われわれを守っている遮蔽《しゃへい》膜」であるのかも知れない。私たちが間違って「現実」と呼んでいるものは、「〈現実界〉との遭遇からの逃避として機能しているのかもしれない」（二〇一頁）。

ジジェクはこう続ける。

> 夢と現実の対立において、幻想は現実の側にあり、われわれは夢の中で外傷的な〈現実界〉と遭遇する。つまり、現実に耐えられない人たちのために夢があるのではなく、自分の夢（その中にあらわれる〈現実界〉）に耐えられない人のために現実があるのだ。
>
> （二〇一頁）

これがジジェクの本の中でピンポイントで私に「来た」箇所である。いや、ほんと、その通りだと思う。

ジジェクはフロイトの『夢判断』に出てくるよく知られた「息子の棺《ひつぎ》のかたわらで通夜していうちに眠ってしまった父親の見た夢」の例を引く。

夢の中で息子が現れて父親にこう告げる。

「お父さん、ぼくが燃えているのが見えないの？」

父親が目を覚ますと、ロウソクが倒れて、棺を覆っている布に火がついていた。

通常の夢解釈であれば、「まず」ロウソクの転倒という事実があり、そこから発する臭気や熱で父親の睡眠が妨げられるのだが、夢は欲望充足のために、それらを取り込んだ物語を編成して、睡眠の継続をはかる、という説明がつく。だが、ラカンはさらに興味深い解釈を施す。

「何が目覚めさせるのか？」という問いをラカンは立てる。


目覚めさせるもの、それは夢「という形での」もう一つの現実にほかなりません。「子どもが彼のベッドのそばに立って、彼の手を摑み、非難するような調子で呟いた——ねえ、お父さん、解らないの？　僕が燃えているのが？」

このメッセージには、この父親が隣室で起きている出来事を知った物音よりも多くの現実が含まれているのではないでしょうか。この言葉の中に、その子の死の原因となった出会い損なわれた現実が込められるのではないでしょうか。

（一〇二頁）

このラカンの言葉をジジェクはこう引き取る。「彼が夢の中で遭遇したのは、現実よりもずっと強い、（息子の死に対する自分の責任感という）外傷だった。そこで彼は〈現実界〉から逃れるために、現実へと覚醒したのである」（一〇三頁、傍点は引用者）。

なんと。

ブレヒトの「異化効果」は、「幻覚的な見世物」の中に突然「現実的なもの」が闖入《ちんにゅう》することで（例えば、俳優同士の内輪の話を台詞の間に挟むとか――こちらの方は歌舞伎でも宝塚でもやるけれど、観客席に水をかけるとか――これはテント劇場ではよくあった）夢の中に安らいでいるブルジョワ的な観客たちを「現実に覚醒させる」政治的効果をねらったものだが、ジジェクはこれをきっぱりと否定する。話は逆なのだ。

> 彼らのやっていることは、彼らの主張とは裏腹に、〈現実界〉からの逃避であり、幻覚そのものの〈現実界〉から逃げようとする必死の企てにすぎない。〈現実界〉は幻覚的な見世物の姿をとって出現するのである。
>
> （一〇四頁）

現実への覚醒は夢の中で遭遇する〈現実界〉からの逃避である。あまりに恐ろしい夢を見たときに、私たちはそこに蠢《うごめ》くあまりにおぞましいものから逃れるために覚醒する。夢から逃避するのだ。現実では夢の中で遭遇するような「おぞましいもの」に遭遇する可能性はほとんどないからである。だから、『エルム街の悪夢』というのはラカン的にはまことによくできた映画だったということになる。あの映画では夢の中でフレディが表象する〈現実界〉に遭遇すると人は死ぬ。だから、主人公たちは繰り返し現実に覚醒することで夢から逃避しようとする。人間存在の根源を脅かす外傷的経験はつねに「幻覚的な見世物」のかたちをとって出現する。

吉川宏志は塚本邦雄のこんな歌を引いている。

醫師は安樂死を語れども逆光の自轉車屋の宙吊りの自轉車　（「果実埋葬」、『緑色研究』所収）

それについてこう書いている。

医師から、患者の苦しみを長びかせるより安楽死させたほうがよい、というような話を聞いた。その後ぼんやりと町を歩いていると、暗い自転車屋の中にぶらさがっている自転車が見えた。その金属製のフォルムが妙に黒くつやめいていて、無生物のもつ実在感の強さに圧迫されるように感じられた――。
　そのような場面を読み取ればいいのであろうか。生きているものよりも、生命のない物体のほうがなまなましく感じられることは、私たちの日常の中でもしばしば起こる。おそらくこの歌はそんな一瞬の感覚をとらえているのだろう。　（一五―一六頁）

「安樂死」という「現実」よりも、「逆光の自轉車屋の宙吊りの自轉車」という「幻覚的な見世物」の方がより深く、回復不能なまでに外傷的であるような「一瞬の感覚」があることを歌人は知っている。

――二〇〇八年一月三一日

■吉川宏志『風景と実感』青磁社／二〇〇八年
■アルベール・カミュ『カリギュラ』岩切正一郎訳／ハヤカワ演劇文庫／二〇〇八年
■ジャック・ラカン『精神分析の四基本概念』ジャック＝アラン・ミレール編／小出浩之ほか訳／岩波書店／二〇〇〇年
■ジークムント・フロイト『夢判断』上下巻／高橋義孝訳／新潮文庫／一九六九年
■塚本邦雄『緑色研究―塚本邦雄第五歌集』白玉書房／一九六五年

おでかけの日々

ジークムント・フロイト『トーテムとタブー』

「内なる他者とは何であるか」という問題について長い時間をかけて文章を書いて、おでかけの時間になったのでそのままセーブして立ち上がったつもりだったが……家に帰ってきたら暗い部屋にＰＣだけが点灯していたので、なにげなく電源を切ってしまった。

朝起きたら原稿が全部消えていた。しくしく。

泣くことはないだろう。また書けばいいじゃないか。どうせ自分が書いたものなんだから。

そうおっしゃるかもしれない。

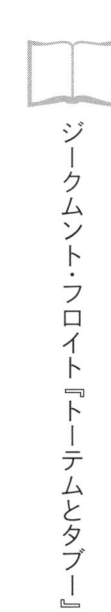

でも、私がものを書いているとき、書いているのは半分かた「別人」なのである。この「別人ウチダ」が憑依しているときに書いたものは、ふだんの私によっては再現できない。

パソコンの横には、「ユリイカ」の二〇〇五年四月号が開いてある。何かの文章をそこから引用している途中で時間になって立ち上がったのである。たぶんこの文章らしいというところまでは思い出せるのだが、どういう文脈でその文章を引用しようと思い立ったのかは思い出せない。

文章を書いているときは、「まだ書いていないこと」について漠然とした見通しがあって書いている。その「まだ書いていないこと」が書いているときには非常にクリアーなヴィジョンなのに、少し時間をおいて机に戻ると思い出せないことがある。

そういうときは書いたものをはじめから読む。

読んでいるうちに、自分が書いた文章に身体がなじんできて、「ああそうだ、あっちにゆくつもりだったんだ」ということがわかってくる。

立ち上がって台所に来てから「あれ？　何しに台所に来たんだっけ？」というときは（そういうこと最近多いです）、もう一度動作の出発点まで戻ると、「台所へ行く」必然性を思い出すのと同じである。

今回は全部消えちゃったので、話の出発点が思い出せない。

たしか「文章を書くときの基準」とは、「二〇年前の自分、二〇年後の自分」が読んでも理解できるものであること……というような文言を書き付けていた記憶があるが、定かではない。

もういいや。忘れよう。

「ラリっているときに知り合った人とはラリっているときにしか出会えない」ラリハイの法則（@山下洋輔）と同じで、「憑依しているときに浮かんだアイディアには、また憑依したときにしか出会えない」のである。

若手たちは微妙に「切れすぎる」という感じがする。「切れすぎる刀」は抜き身では持ち歩けない。だから、「鞘」をそれぞれに工夫されることになる。

「ごりごりの学術性」というのがいちばんオーソドックスな「鞘」で、これにくるんでいると、ふつうの人には切れ味がわからない。「上の空」とか「専門バカ」というのは、そのような「鞘」のかたちである。もう少しアグレッシヴな人は別の「鞘」を見つけ出す。「脱力」とか「笑い」というのがそれである。最後に（笑）をつければ、どれほど本筋のことを言い切っても、とりあえず「鞘」には収まる。切られた方も切られたことがわからずに、いっしょに笑っていたりする。

でも、いちばんよい鞘は「愛」である。

「学術性」や「笑い」によって切れ味が「増す」ということは起こらない。

「愛」はそうではない。

知性の切れ味というのは、平たく言えば、「誰かを知的に殺す武器としての性能の高さ」のことである。でも、その性能は、「知的にも、霊的にも、物理的にも、人を損なってはならない」という禁戒とともにあるときに爆発的に向上するのである。

そういうものなのである。

愛は憎悪と対になり、それと葛藤するときに深くなる。憎悪は愛と葛藤するときに深くなる。知性と愛の関係もそれと変わらない。

学術性とは愛の深さのことだ。

甲野善紀先生の「斬り」は刀を垂直に下ろす力と水平に切り裂く力を同時に刀にかけることで成立しているそうである。この斬りは重くて受け止めることができない。

フロイトは『トーテムとタブー』で、身近な人が死んだとき、残された遺族は「強迫自責」に苛まれると書いている。もっと孝養を尽くすことができたのではないか、もっと愛情を注ぐべきだったのではないか……というとりかえしのつかない思いに遺されたものは苦しむ。

フロイトによれば、それは彼らが無意識のうちに愛する人の死を願っていたからだ。

自分が愛する人の死を願っていたという心的過程をもちこたえるほど人間はタフではないので、その殺意は「悪魔」というかたちで外部に投射される。そうやって「死霊の来訪」という心的現象が構成されるのである。

だが、私はこのフロイトの説明には「裏の読み筋」があると思う。

自分の愛する親や子や配偶者の死を願っているという心的過程は「事実」としてあるのではない。死者に対する愛情が深いときにだけ強迫自責は起こる。死者に対する殺意などつゆほどもありそうもない関係に限って強迫自責は起こる。

たぶんこういうことではないかと思う。

愛する人が死んだとき、私たちは「もっと愛したい」と思う。「もっと愛しておけばよかった」という過去への悔悟はそのまま「もっとこの先も愛し続けたい」という未来への投企に読み替えられる。

そして、愛情を亢進させるもっとも効率のよい方法は、愛情と葛藤するものを呼び寄せることなのである。

「私には死者にたいする無意識の殺意があった」という自責は私の死者にたいする愛情と非妥協的に葛藤する。この自責に耐えるためには、私の死者に対する愛情をさらに高めるしかない。私はこんなにもあの人を愛していたし、現にこんなふうに愛したし、死んだあとも愛し続ける……と「殺意」を否定するために、大量の心的エネルギーが「愛」に備給される。奇妙な話だが、私たちは誰かに対する自分の愛情を高めるために、それと葛藤する心的過程（憎悪や嫉妬や殺意）を呼び寄せてしまうのである。

それと同じことが逆の行程でも起きる。殺意は愛情を亢進させる。

学術性とは愛の深さのことだというのは「そういうこと」である。

人間の人間性を基礎づける戒律が「神を愛しなさい」と「あなた自身を愛するように隣人を

愛しなさい」の二つであることと同じである。愛だけが人間のパフォーマンスを爆発的に向上させる。

むしろ、人類の始祖は知性と霊力と体力を爆発的に向上させるために「愛」という概念を発明したのかもしれない。ことの順序としてはその方が「ありそうな話」である。

――二〇〇六年四月八日

■「ユリイカ」二〇〇五年四月号／青土社（特集は「ブログ作法」）

■ジークムント・フロイト『フロイト全集12　1912―1913年―トーテムとタブー』岩波書店／二〇〇九年

ローレンス・トーブさんから本が届いた

ローレンス・トーブ『3つの原理』その一

　ローレンス・トーブさんから *The Spiritual Imperative: Sex, Age and the last Caste* という本が届く。さっそく開く。表紙裏にトーブさんからの献辞が記してある。

「内田教授。本書をお送りできるのは私の欣快とするところであります。本書があなたの目的に役立つことを期待し、またあなたのフィードバックを期待しております。」

　ご丁寧な方である。

　さくさくと読み進む。

　おおお、こ、これは摩訶不思議な書物だ。

「大きな物語」に知識人たちがオサラバしたのは今を去る二〇年ほど前、ジャン＝フランソワ・リオタールが『ポストモダンの条件』で grand narrative の弔辞を読み上げた頃のこと。

「ポストモダン」という言葉にまだそれほど手垢がついていない時代のことである。トーブさんはその一度は死亡を宣告された grand narrative にもう一度呼び出しをかけている。

歴史はランダムであり無意味であり、未来は予測不能だというのは、やっぱり言い過ぎでしょう。（……）big-pictureというのは、常識的な経験から考えても「あり」です。たしかに人間が生まれる前に、その人がその後の人生でどのような心身の経験をするのかを予見することはできません。その人の身体の中に入って、その人の意思を生きることなんかできませんからね。でも、どんな身体を持っているかくらいは「予測可能」でしょう？　男性か女性かどちらかに生まれ、心は一つ、眼は二つ、耳は二つ、頭は一つ、尻尾はついてない……くらいのことは予見可能ですよね。心身複合体として生まれることの不可避性、この深層構造は既決事項であり、予見可能である、そう申し上げてよろしいかと思います。

(pp. 18-19)

というふうに噛んで含めるようにお話は始まる。

トーブさんが言う「大きな物語」というのは、人間がどんな歴史的状況においても、決して変わらない条件のことである。それは、「男性または女性であること」と「必ず加齢すること」と「何らかの社会集団（カースト）に帰属すること」である。例えば、人間は幼児から青年期を経て壮年になり、やがて老いる。この流れは不可逆である。老人として生まれてきて、だんだん幼児化する人間というのは存在しない。そして、老人であるときと少年であるときは、ものの考え方も感じ方も変わる。必ず変わる。

「変わる」ということは「変わらない」。

人類の歴史もそのようにある種の「流れ」の中にある。人類史の発達モデルと個人の成熟モデルは同一のものである。トーブさんはそう考えている。

人類はある種の霊的階梯《かいてい》をゆっくり昇っている。それはキリスト教が教えるような「最後の審判」に至る直線的時間ではないし、ヘーゲルがいうような絶対精神の顕現過程でもないし、「歴史の終焉」や「文明の衝突」のような無時間モデルでもない。幼児が老人になるような粛々とした霊的成熟の過程である。幼児には届かない「霊的召命」を成人は聴き取ることができる。

ほとんど同じ言葉をレヴィナス老師も『困難な自由』の冒頭で語っていた。

「大人になれ」。

私は人類史が予定調和の成熟の階梯をたどっていることについてトーブさんのような深い確信を共有することはまだできない（三〇頁しか読んでないから）。けれども、どのような説明の仕方であれ、「大人になれ」という遂行的なメッセージをそれが発信する限り、私はその言説に耳を傾ける用意がある。

明日も一日読書だ。

——二〇〇五年五月三日

■Lawrence Taub, *The Spiritual Imperative: Sex, Age and the last Caste*, Clear Glass Press, 2002.
〈邦訳〉ローレンス・トーブ『3つの原理―セックス・年齢・社会階層が未来を突き動かす』神田昌典監訳／ダイヤモンド社／二〇〇七年

■ジャン＝フランソワ・リオタール『ポストモダンの条件―知・社会・言語ゲーム』水声社／一九八九年

■エマニュエル・レヴィナス『困難な自由』小林康夫訳／水声社／一九八九年

ついにローレンス・トーブさんに会う

ローレンス・トーブ『3つの原理』その二

朝から新潮クラブで「考える人」のためにローレンス・トーブさんと対談。トーブさんのことはこれまでこのブログに何度か書いたけれど、*The Spiritual Imperative: Sex, Age and the last Caste*（邦題『3つの原理』）というまことに面白い本を書かれた未来学者である。世界史は「霊的＝宗教的段階」（バラモン）「戦士的段階」（クシャトリヤ）「商人的段階」（ヴァイシャ）「労働者的段階」（シュードラ）のヒンドゥー的カーストの四段階を経由して進むという「あっ」と驚くBig pictureである。

とにかくトーブさんは話が面白い。現代社会についての質問にも「それはそもそも……」と古代から語り起こして、いつのまにかちゃんと答えてくれる。「視野の広い人」という言い方をするけれど、トーブさんほど視野の広い人は珍しい。博覧強記《はくらんきょうき》というのとはちょっと違う。トーブさんが挙げる事例の多くは「言われてみれば、私も知っていること」である。ただ、それを関連づける手際がみごとなのである。その問題を論じるときに私なら「視野の外」に置

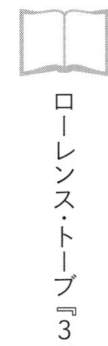

いてしまう事例まで「視野の中」に取り込んでしまう。大瀧詠一さんにも通じる「関連性を発見すること」へのひとかたならぬ熱情がトーブさんの知性を駆動している。

五時間にわたって延々とおしゃべりする。トーブさんは英語でしゃべり、私は日本語でしゃべる。

トーブさんの英語はとてもわかりやすいので、ヒアリングはノー・プロブレムであるが、私は「口から先に生まれた男」であり、その饒舌を英語で繰り出すだけの英語力はないので、通訳の齋藤聡子さんのお世話になる。

自分のしゃべっていることをこれほどみごとな英語にしてもらったことがないので、びっくり。「ああそうか、そういえばいいんだ!」と司会の足立真穂さんと何度も顔を見合わせる。

途中から合気道の話やユダヤ人の話になる。『私家版・ユダヤ文化論』をトーブさんはお読みになっているのだけれど、日本語を読むのは苦手なので、ずいぶん前に読み始めたけれど、まだ読み終わらないそうである。

トーブさんはユダヤ人である。

あの本をユダヤ人の読者が読んだらどう思うかとても興味があったので、「こういう内容のことが書いてあるんですよ」と解説をする。「へええ、そんなこと考えたこともなかったなあ……でも、そうかもしれない。う~ん、そうか……」とトーブさんは面白そうに聞いてくれた。

――二〇〇七年二月二〇日

■ローレンス・トーブ『3つの原理―セックス・年齢・社会階層が未来を突き動かす』神田昌典監訳／ダイヤモンド社／二〇〇七年
■内田樹『私家版・ユダヤ文化論』文春新書／二〇〇六年

福音主義と靖国の祭神

リチャード・ホーフスタッター『アメリカの反知性主義』

リチャード・ホーフスタッターの『アメリカの反知性主義』第三章「福音主義の精神」は、アメリカにおけるプロテスタント諸派の独特な宣教活動について貴重なことを教えてくれる。高校の世界史ではぜんぜん習わなかったことなので、諸賢のために、ここに概略を記す。

アメリカン・ピューリタンの第一世代には多くの知識人が含まれていた。彼らは切り開いた開拓地のはずれでまだ狼の遠吠えが消えないうちから、すでに大学を作り、アリストテレスやホラティウスやヘブライ語を教え始めた。

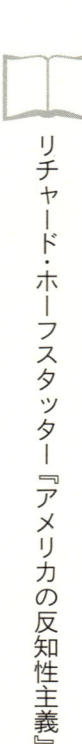

ハーヴァード大学の初期の卒業生の五〇%はそのまま牧師になった。しかし、一七二〇年に「大覚醒運動」が起こり、「学識ある牧師」に代わって、無学だが宗教的熱情に駆られた人々が宣教の前衛となる。

ウィリアム・テネントという長老派の牧師は熱情的に開拓地を遍歴して、ほとんど文化的な要素のない生活をしている開拓民たちに魂の救済を熱狂的に説いた。テネントは説教のときに絶叫し、野獣のような怒声を上げ、夜の雪の中を発作的にのたうちまわり、それを見に集まった数千の会衆たちは狂乱状態のうちに「霊的再生」を経験したのである。

こうしてピューリタンの時代が終わり、福音主義の時代が始まる。

大覚醒運動は南部西部のフロンティアにおいて、「より原始的で感情的な、『恍惚感』を強調するものに変質していった。学識のない説教師が増え、回心の手段として肉体的反応をあまり抑制しなくなった。つまり平伏する、けいれんする、吠えるといった動作がひんぱんにみられるようになる」（六六頁）。

彼らは「ますます増えていく、教会をもたない非宗教的な人びと、教会で聖化されない『結婚』と節度のない生活、過度の飲酒、野蛮な喧嘩」（七〇頁）と戦い、開拓民の魂を浄化する必要があったのだから、ある程度フィジカルにインパクトがある説教態度をとったことはやむをえない。

巡回説教師たちがいなければ開拓時代の「流動性の高い会衆を回心させること」は不可能だった（だから『ペイルライダー』のクリント・イーストウッドが牧師なのに気楽に銃をぶっぱなして悪漢たちを殺してしまうのは、福音主義の宣教師の伝統からすれば、それほど異常なことではなかったのだ）。

福音主義の宣教師に求められたのは、何よりも会衆を惹きつける話術とパフォーマンスだった。「スター説教師」たちが続々と生まれる。チャールズ・フィニー、ドワイト・L・ムーディ、ビリー・サンディ、ビリー・グラハムと続く系譜がそれである。

フィニーは一八二〇―三〇年代に活躍した説教師だが、その武器は「するどく見すえられるとしびれるような、強烈で狂気をおびた予言者の目」(八〇頁)であった。会衆たちは彼の説教を聴くと、椅子からくずおれ、慈悲を求めて叫び、ひざまずき、ひれ伏した。

もっとも活動的だったのは初期メソディストの巡回牧師たちであった(すさまじい嵐の夜には「こんな夜に外にいるのは鴉《からす》かメソディストの説教師くらいだ」という言い方があるくらいに彼らは不撓不屈《ふとうふくつ》であった)。

一七七五年に三〇〇〇人だったメソディストはその八〇年後に信徒一五〇万の大会派になったが、その成功をもたらしたのは何千人もの無学だが宗教的熱情あふれる牧師たちの献身的な布教活動だった。「だが、そのうち一般的な英語教育以上の教育を受けている者は、おそらく五〇人もいないだろう。その教育すら受けていない者も多い。まして神学校や聖書研究所で訓練を受けた者などひとりもいまい」とあるメソディストの牧師は誇らかに語っている(八八頁)。

このあとにドワイト・L・ムーディが登場する。

靴の卸業者として成功したあと、ビジネスから宣教活動にシフトしたこの人物は一八七三年にイギリスで活動を行い二五〇万人を動員し、帰国と同時に名声の絶頂を迎えた。彼は無学で

「彼の説教を批判する者たちがずっと言いつづけてきたように、文法すら知らなかった」（九三頁）。しかし、一分間に二二〇語を語るそのすさまじい早口と大音量の説教で、巨大な会堂の聴衆を一挙に救済に導く技術においてこの時代最高のパフォーマーであった。

ムーディは「聖書以外には一冊の本も読まない」と広言してはばからなかった。学問は霊の人の敵であり、「知識なき情熱は情熱なき知識にまさる」というのがムーディの一貫した立場だった。

けれどムーディはもうテネントのように転げ回ったり咆哮したりはしなかった。彼はぱりっとしたスーツで登壇し、まるで有能なビジネスマンのようにまくしたてたのである。

ムーディに続くのが一九世紀末から一九三五年にかけて圧倒的なポピュラリティを獲得した（一九一四年に「アメリカン・マガジン」で「アメリカでもっとも偉大な人物」投票で第八位になった）ビリー・サンディである。

彼はジャズバンドを引き連れ、ストライプのスーツ、ダイヤのタイピン、ぴかぴかのスパッツで登場して、低俗なレトリックと曲芸ありの音楽ありのステージパフォーマンスで会衆を魅了した。彼の説教はあまりに人が集まったので、既存の教会では対応できず、しばしば「大講堂」が彼の説教のために建設されたほどである。

そうやって大量に回心させた信者からひとりあたり「回心料」二ドルを徴収して、ビリー・

サンディは大富豪になった……。

ホーフスタッターの本から福音主義の歴史をながながと採録してきたのはもちろん理由がある。

「トリビアル」な知識を披瀝したいからではない。私は「関連性のあること」にしか興味がない（@大瀧詠一）。この記述が二箇所で私の「記憶の琴線」に触れたからである。

記憶の片隅を「つんつん」とつつかれるのは、ドワイト・L・ムーディが一八八六年にシカゴに設立した「ムーディ聖書研究所」で学んだひとりの日本人のことを思い出したからである。

中田重治《じゅうじ》（一八七〇―一九三九）が一八九七年から九八年にかけて、ここで学んでいる。

中田は日本でメソディストの教育を受けたのち渡米し、この聖書研究所でアメリカのコアな福音主義に触れて「回心」を遂げる。帰国したあと、メソディストを離れ、一九一七年、四六の教会を擁する「東京宣教会ホーリネス教会」を設立する。そして連続講演「聖書より見たる日本」を通じて「キリスト再臨と日本とユダヤ人の間には特殊な関係があることを発見」し、聖書中に「日いずる国」とか「東」とあるのはすべて「日本」のことであり、日本こそはキリストの再臨とユダヤ民族の回復の鍵を握る「選ばれた民族」であるという理説を発表し、日本における「日猶同祖説《にちゆどうそ》」イデオロギーの最初の一歩を踏み出すのである。

「日猶同祖論」といってもみなさんはたぶんご存じないだろうが、「日本人とユダヤ人は同じ歴史的使命をもつ」（極端な場合は、「同じ祖先から由来する」）と説き、大正年間から第二次世界大戦まで、日本の福音主義派のキリスト者、陸海の軍人、外交官、極右の一部に隠然《いんぜん》たる勢力をもって伏流していたオカルト・イデオロギーである。

中田重治（中野重治じゃないから、間違えないでね）は日本民族の使命は、世界に散在するディアスポラのユダヤ人を糾合《きゅうごう》し、彼らをしてパレスチナの故地に帰還せしめ、そのようにして神の摂理を成就することにあると考えた。

東より起こる人は向こうところ敵なき勢いで諸国を征服するとあり、東から西へ西へと、大陸に向かってグングン伸びて行くことを預言している。（……）大陸に向かって武力をもって発展して行くのである。そして最後ににせキリストに組みする王たちを押えつけるのである。私はいたずらに日本の大陸政策を謳歌するのでもなければ、軍部にこびるものでもない。これも聖書の光であるから、かく言うのである。肉の考えから日本が偉いとしていうのではない。神の摂理の中にかくなっているというのである。神はこの民族をして、その使命を果たさしめようとして、過去二千五百年間、外敵の侮りを受けることのないようにしたもうた。これみな摂理の中にあったことで、全能の神がこの日いずる国をして大陸にその手を伸ばさしめんがために、深いみこころの中にかくなしたもうたことであると信じている。

（中田重治「聖書より見たる日本」、デイヴィッド・グッドマン＋宮澤正典『ユダヤ人陰謀説』一二五頁）

このようなオカルト・イデオロギーがなぜそれなりの社会的影響力を持ち得たのかを論じ始めると本を一冊書かないといけないので、ここでは触れないが、結果的に日本の帝国主義的領土拡大と悲惨な戦争を招来することになった軍国主義イデオロギーの生成に、アメリカの福音主義の「スター説教師」が間接的にではあれ一枚嚙んでいたということは記憶しておいてよい歴史的事実であるように思われる。

思い出したもう一つの話も、だいぶ「遠いところ」の出来事だ。

ビリー・サンディは説教のあと「回心した」会衆たちを「審問室」に出頭させ、その「霊的状態」をチェックし、「霊的再生」が果たされたことが確認されると「決心カード」というものを発行した。回心した諸君がそのあとどんな使命に従事したのか、ホーフスタッターの本には書いていない。

でも、私は回心者の「末路」を別の本で読んだような気がする。

ナンビクラワ族と暮らし始めたレヴィ＝ストロースは、彼が来る五年前に同じナンビクラワ族と接したプロテスタントの宣教師たちの話を聞く。彼らはインディアンと険悪な関係になり、投与したアスピリンでひとりのインディアンが死んだあと、ナンビクラワ族の男たちはそれを毒殺されたと思い込んで、復讐を果たした。六人の伝道団が虐殺されたのである。

レヴィ＝ストロースはこの虐殺の加害者であるインディアンたちが「この襲撃の模様を楽しそうに語る」のを聞かされる。レヴィ＝ストロースの証言をそのまま引用しよう。

私はたくさんの宣教師を知っており、その多くの者が果たした人間的な、あるいは科学的な役割を尊敬している。しかし、一九三〇年ころに、中部マト・グロッソにはいりこんでいったアメリカのプロテスタントの宣教団は、特異な種類に属していた。これらの宣教団の人たちは、ネブラスカ州や南北ダコタ州の農家の出であるが、そこで若者は、文字どおり、地獄と、油の煮えたぎる釜《かま》への信仰のなかで、育てられるのである。ある者は、保険の契約でもするようなつもりで、宣教師になった。こうして、自分たちの魂の救済については安心してしまった彼らは、それに値するために、もうなにもしなくてよいと考えたのである。職務に従事して出あったさまざまな出来事において、彼らは、反逆的な冷酷さと非人間性とを示した。

（『悲しき熱帯』五三八頁）

手元に原文が見当たらないのだが、川田順造さんが「反逆的な冷酷さ」と訳されたのはもしかすると cruauté révoltane ではないかと推察される。だとすれば、révoltant は「反逆的」ではなく「胸がむかつくような」である。よほどひどいことをしたのであろう。

レヴィ＝ストロースは虐殺の加害者を「とがめる気にはなれなかった」と書いている。時代を勘案すると、この宣教団がブラジルの奥地にまで入り込み、そこで「回心」しようとしない原住民に対して「胸のむかつくような残酷さと非人間性」を示して、ついには彼らの憎しみを買って虐殺されるに至った歴程のどこかで、ビリー・サンディが何らかの役割を演じていたと推論することは、それほど当を失してはいないように思われる。

世界の歴史は不思議な「結び目」で繫がっている。

——二〇〇四年六月二九日

■リチャード・ホーフスタッター『アメリカの反知性主義』田村哲夫訳／みすず書房／二〇〇三年
■デイヴィッド・グッドマン＋宮澤正典『ユダヤ人陰謀説—日本の中の反ユダヤと親ユダヤ』藤本和子訳／講談社／一九九九年
■クロード・レヴィ＝ストロース「悲しき熱帯」泉靖一責任編集『世界の名著71 マリノフスキー レヴィ＝ストロース』所収／中央公論社／一九八〇年（現在は中公クラシックス版『悲しき熱帯』全二巻／川田順造訳／二〇〇一年 で読むことができる）

『株式会社という病』を読む

平川克美『株式会社という病』

平川くんの『株式会社という病』のゲラが届いたので、東京へ向かう新幹線の車中で読み始める。

平川くんはブログ日記で、この本を書くのにずいぶん苦労したと書いていた。彼が「苦労する」というのはどういうことだろう。

言いたいことを早々と書ききってしまったので、残りの紙数を埋めるのに苦労するということは学生のレポートのような場合にはよくあることである。だが、平川くんのような書き手の場合に「書くネタが尽きる」ということはありえない。ということは、彼がこの本で「手馴れた道具」では論じることの困難な種類の主題を扱っているということである。

平川くんをして困惑せしめる主題とは何であろう。一読して、その困惑が少しだけわかったような気がしたので、そのことについて書きたい。

彼は久《く》が原《はら》の町工場の長男として育った。その少年時代の親たちの働きぶりや、彼のまわりにいた工員たちの姿を活写するときの彼の筆致はのびやかで、ほとんどパセティックでさえある。例えばこんなふうだ。

当時、わが零細工場労働者たちは、自らの賃金を、大企業のそれと比較して、羨訴の感情に訴えるということはあまりなかったように思う。妙な言い方かも知れないが、ここには「安定した格差」があったのである。

かれらにとって、あちらはあちらであった。こちらの世界（＝零細企業）とあちらの世界（＝大企業）は、別の原理で動いており、それらを繋ぐようなものはどこにも見出すことはできなかった。

町工場の工員たちは、働き場所を中心とした半径一キロメートルの世界の中で、家計を営み、映画を見、パチンコをして遊んでいたように見える。この頃、わが家の近隣の工場には、なぜかどこにも卓球台があった。工員たちは暇さえあればよく、ピンポンをして歓声を上げていた。確かに、生活は貧しいが、矩を越えずといった安定的な貧しさの中に、多くのひとたちが安住していたのである。

もちろん、これを今風に、因習的な旧弊だとか、格差の固定化などと批判することはできる。しかし、当時の零細企業の経営者や労働者たちが、奴隷のような負け犬根性で、隷属意識から抜け出せなかったなどと言って批判するとすれば、それはまったく的外れな批判になるだろう。かれらは、今日のような自己実現の夢を育もうとはしなかったかもしれないし、格差社会を意識するといったことはなかったかもしれないが、それ以上に、かれらの世界には安定した倫理観と、生活上の慰安があったというべきだろう。

（七五―七六頁）

よい文章である。

平川くんが「平川精密の人々」を回顧的に描くときの文章が僕は好きだ。「労働者」というのはヒラカワ少年にとって概念ではなく、実際にその体温と手触りと歓声を含んで身体化されたものだからである。今の日本の書き手の中で「零細企業の工場労働者のエートス」について、実感の裏づけのある文章を書ける人はほとんどいないだろう。

けれども、彼の文章が「いい文章」であるのは、単に彼が自分の書いている対象を熟知しているからだけではない。

彼が一九五〇年代の大田区の町工場の経営者や労働者の風貌を描くときの筆づかいは「ややパセティック」になる。それは、彼が少年時代においてすでに「社長の坊ちゃん」として、高等教育を受けて、この圏域から脱出することを期待され、義務づけられていたからだと僕は思う。

一〇歳のヒラカワ少年は彼が愛するその町工場をあとにして、「あちらの世界」に進まねばならないことをもう感じ取っていた。彼が工場のグラインダーや裁断機を使って遊ぶことを好んだのは、やがてそれを扱うことが彼自身の職業になるだろうと思っていたからではなく、それとは無縁の世界にいずれ押し出されてゆくだろうということを予感していたからである。町工場から出て行き「あちらの世界」に参入することは、彼の選択ではなく、「彼らの希望」であったから、それに「ノー」ということは考えられないことだった。

それが、彼が「下町」や零細企業労働者や、総じて『芝浜』的なるものを記述するときに、決して平板で浮薄《ふはく》な「貧乏自慢」に堕すことのない理由であると僕は思う。彼は心のどこかであの労働者たちを「安定した格差」の中に取り残して「国際派ビジネスマン」になってしまった自分自身に「疚《やま》しさ」を感じている。

もちろん、彼は少しも「疚しいこと」などしてはいない。けれども、「疚しさ」を感じることは止められない。

だから、この本で彼はグローバリズムの時代の経営者の視野《しや》狭窄《きょうさく》を論難し、「未来はバラ色」的なビジネス進化論を一蹴するけれど、「逝きし日の労働者の生活倫理へ還れ」というような対案を提示することはしない。

そんなことは彼にはできない。問題はもっと複雑なのだ。

僕自身はパートナーとして零細企業経営者としての平川くんを身近に見る機会に恵まれていたので、彼の経営者としての野心を知っている。それは「町工場のおやじ」的なスタンスがどれほどビジネスシーンで有効であるかを、文字通り身体を張って論証しようとしていたことにある。

僕たちの作った会社には間違いなく濃密に「町工場」的雰囲気が漂っていた。僕たちは「精度の高い廉価な商品」をてきぱきと提供することで大企業のシステムの末端にビルトインされていたけれど、生活上の慰安は売り上げの増加や賃金の上昇以外のところにあった。

僕たちは革ジャンにバイクで商品のデリバリーにでかけ、終業後には連れ立って映画やコンサートに行き、休日には多摩川で野球をしたり、ツーリングに行ったり、麻雀をした。

会社というのは、休み時間に人々が「ピンポンで歓声を上げる」ような場所でなければならない、というのがヒラカワ社長の変わることのない信念であった。

けれども、「町工場」的エートスは会社がある程度の規模になり、ある程度の売り上げに達すると、いつのまにか消えた。一流大学を出て、一流のキャリアをもつ人々が入ってきて、てきぱきと仕事を片付けて、売り上げを立てて、シビアな人事考課をしているうちに会社は誰も「歓声」を上げない場所になった。

それは僕も見てきたからよく知っている。

平川くんは自分の作った会社が「歓声の上がらない場所」になると、急速に「やる気」をなくして、新しい会社を興して、そこに「理想の町工場」を実現しようとして……ということをこれまでに何度か繰り返してきた。

それは「何度か繰り返した」という歴史的事実が示すように、成功することの困難な企てであった。

この本を書くことに彼が困難を感じたのは、そのせいだろうと僕は思う。

彼は「平川精密的なもの」が国際的なスケールのビジネスにおいても汎通的に実現可能であることをこれまでも望んできたし、たぶんこれからもそれは変わらないだろう。それがどれほどむずかしいことか彼はもちろん熟知している。

僕がこの本には「パセティック」なところがある、と書いたのはそういう意味である。

——二〇〇七年四月三〇日

■平川克美『株式会社という病』NTT出版／二〇〇七年（現在は文春文庫／二〇一一年）

移行期的混乱

平川克美『移行期的混乱―経済成長神話の終わり』

平川克美くんの近著、『移行期的混乱』のゲラを読む。

文明史的なひろびろとした展望の中で、現代日本の景況・雇用問題・少子化・高齢化・格差といった「困った問題」をわしづかみにする豪快な議論を展開している。

平川くんによると、今日本の経済学者や政治家たちはリーマンショック以後の経済危機を「システム運用上の失敗」にすぎないととらえている。だから、効果的な経済的政策さえ実施すれば「再度新たな経済成長が期待できるはずである」という見通しを語る。

それがうまくゆかないのは個別的な政策の当否や為政者の賢愚という正誤問題に過ぎず、正しい政策、賢明な政治家に取り替えれば、問題は解決する、というのが彼ら政治家やメディア知識人たちの見立てである。

現在わたしたちが抱えている諸問題、たとえば環境破壊や格差拡大、人口減少社会の到来、長期的なデフレーションなどは技術のイノベーションによって解決され、やがては市場が回復し、経済は成長の軌道へ戻される。今は、持続的な経済発展のプロセスの中での過渡的な挫折であり、大きな生産、交易、分配のシステムはこれ以後も変化することはないと考えている（……）。

（二七―二八頁）

これに対して、平川くんは、これらはどれも巨大な、地殻変動的な「移行期的な混乱のなかの一つの兆候」に他ならず、個別的な弥縫《びほう》策によって対処しうるものではないだろうと考える。

経団連をはじめとする財界が「政府に成長戦略がないのが問題」といい、自民党が「民主党には成長戦略がない」といい、民主党が「わが党の成長戦略」というように口を揃えるが、成長戦略がないことが日本の喫緊の問題かどうかを吟味する発言はない。

「日本には成長戦略がないのが問題」ということに対して、わたしはこう言いたいと思う。

問題なのは、成長戦略がないことではない、成長しなくてもやっていけるための戦略がないことが問題なのだと。

（一四〇―一四一頁）

日本における歴史上始まって以来の総人口減少という事態は、なにか直接的な原因があってそうなったというよりは、それまでの日本人の歴史（民主化の進展）そのものが、まったく新たなフェーズに入ったと考える方が自然なことに思える。

この歴史的事実は、経済成長戦略というような短期的、対処的なタームでは説明もできなければ、問題を乗り越えることもできない。

（一四四頁）


私はこの「成長しなくてもやっていけるための戦略」という問題の立て方をすぐれたものだと思う。私たちの国は明らかに長期にわたる社会的諸活動の停滞期に入っている。私たちはこれまで人口増、右肩上がりの経済成長、社会的流動性の絶えざる上昇というスキームの中でしか社会問題を考えたことがない。

木を見て森を見ず。個別的な政策的「失着」を論じる人たちは、私たちの社会がまるごと「別のスキーム」に移行しつつあることを見ようとしない。人口が減少し、高齢化が劇的に進行し、生産活動が停滞し、社会的流動性が失われてゆく社会において、なお健康で文化的で、（平川くんが愛用する形容詞を借りれば）「向日的《こうじつ》」な市民的生活を営むためには、どのように制度設計を書き換えるべきか、それが喫緊《きっきん》の問題だろうと私も思っている。

私たちの世代には「東京オリンピックの前の日本」という帰趨《きすう》的に参照すべき原点がある。

もちろん、今の日本をそのまま時計の針を戻すように、半世紀前に戻すことはできない。何より総人口の年齢構成がまったく違う。一九五〇年代の日本には子どもたちがあふれかえっており、それが社会の活気と未来への期待を担保していたからである。

けれども、人々が貧しく、行政に十分な力がなかった時代には、相互扶助・相互支援のためのゆるやかな中間共同体がいくつもあって、それが貧しく弱い個体を社会的孤立から守っていたことは事実である。

かつて一度できたことをもう一度甦らせることは、これまで誰もできなかった理想を実現するよりも、少なくとも心理的には、容易である。

私たちに必要なのは、「ダウンサイジングの戦略」であるという平川くんの提言を私も支持する。

かつてギリシャもイタリアもスペインもポルトガルもオランダもイギリスも世界に覇《は》を唱えた。私たちが「小国」だと思っているデンマークでさえ、かつては北欧全域とグレートブリテン島とグリーンランドを領する巨大な北海帝国の主であった。

どの国も、版図を世界に拡げた帝国から小国に劇的に「ダウンサイジング」した。そして、長い低迷と退嬰《たいえい》のときをやり過ごして、安定し、成熟した体制を整えることに成功した。今、国際社会のフルメンバーとして堂々とその役割を果たしている。

これらの国々に、一度は栄華を極めた祖国がこのような「弱国」になったことを天に呪う国民がいるという話を私は聴いたことがない。かつての栄光に固着して、機会あらばふたたび隣国を斬り従えて世界に君臨することを夢見ることがそれらの国々で国民の「常識」であるとも思わない。

私たちは「ダウンサイジングして、かつ生き延びた国」の先行事例をいくつももっている。けれども、その事例からなにごとかを学ぶことができるし、学ぶべきだと言う人に私はまだ会ったことがない。

たぶん平川くんのこの本は、そのような議論を始めるきっかけになるのではないかと私は期待している。

——二〇一〇年七月二一日

■平川克美『移行期的混乱——経済成長神話の終わり』筑摩書房／二〇一〇年

追悼レヴィ＝ストロース

クロード・レヴィ＝ストロース『野生の思考』

二〇世紀フランスを代表する思想家で社会人類学者のクロード・レヴィ＝ストロースが一〇月三〇日、死去した。一〇〇歳。

第二次大戦中に亡命した米国で、ローマン・ヤコブソンに学んだ構造言語学のアイディアを人類学に導入した。それがのちに集合的に「構造主義」と呼ばれ思想群の方法的基礎となった。「未開社会」と呼ばれる社会にも固有の秩序やきわめて合理的なコスモロジーが見出せることを発見し、西洋の自民族中心主義を鋭く批判したことで知られる。

サルコジ大統領も「あらゆる時代を通じてもっとも偉大な民族学者であり、疲れを知らない人文主義者だった」と哀悼の意を表した。

一九〇八年一一月二八日、ブリュッセルのユダヤ人家庭に生まれた。パリ大学で法学、哲学を学び、高校教師を務めたあと、三五年から三年間、サンパウロ大学教授としてインディオ社会を調査。四一～四四年にナチスの迫害を逃れて米国に亡命、四九年の論文「親族の基本構造」

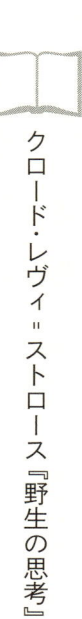

で構造人類学を確立。紀行『悲しき熱帯』（五五年）で筆名を高め、『構造人類学』（五八年）と『野生の思考』（六二年）で構造主義を学的に基礎づけた。その後、『神話論理』（六四—七一年）四部作を発表。七三年、アカデミー・フランセーズ会員に選出。二〇〇八年一一月の一〇〇歳の誕生日にはさまざまな記念行事が催された。

新聞記事では「レビストロース」と表記してあったけれど、やはりこれは「レヴィ＝ストロース」と書いていただかないと、格好がつかない。

Lévi-Strauss は英語読みでは「リーヴァイ・ストラウス」。おそらくご同族の方がアメリカで労働着メーカーとして成功されたのであろう。それゆえ、学生時代の親友、故・久保山裕司くんは「リーヴァイスを穿いてレヴィ＝ストロースを読もう」という名コピーを遺したのである。

レヴィ＝ストロースとともにフランスの知性が世界に君臨していた時代が完全に終わった。同世代の知識人たちはもうみんな亡くなっている。

アルベール・カミュ、ジャン＝ポール・サルトル、シモーヌ・ド・ボーヴォワール、モーリス・メルロー＝ポンティ、モーリス・ブランショ、ジョルジュ・バタイユ、ジャック・ラカン、ミシェル・フーコー、ロラン・バルト、レイモン・アロン、エマニュエル・レヴィナス……。

この人たちがほんとうに狭い知的サークルにひしめいていたのである。

ナチスの占領下のパリでパブロ・ピカソの戯曲『尻尾をつかまれた欲望』の上演会がミシェル・レリスの家で行われたことがあった。演出はカミュ。ボーヴォワール、ドラ・マールらが出演したこの豪華な文士劇の上演後、ピカソとカミュを囲んで俳優と観客たち（サルトル、ジャン＝ルイ・バロー、シルヴィア・バタイユ、ジャック・ラカンら）が記念写真に収まっている。

彼らはその場にいた知的・芸術的エリートたちがそれぞれどんな仕事をしているのかよくは知らなかった（カミュはレジスタンスだったし、ラカンはゲシュタポに通じているという噂があったから、彼らが占領下のパリで個人的意見を胸襟《きょうきん》を開いて語るということはありえなかった）。けれども、彼らが共通して了解していたことが一つだけあった。それは自分たちがナチス占領下のフランスに残された「最後の知性的・倫理的希望」だということである。

そのような知性的・倫理的な被負託《ふたく》感というものを私たちはうまく想像することができない。私たちの国にはそういう意味での「エリート」というものが存在しないからである。

もちろん権力や威信や文化資本を潤沢に享受している人々はいる。才能のある人々もいる。努力して高い社会的地位を得た人もいる。けれども、彼らは単におのれの相対的優越を喜ぶだけで、その卓越性を「世界を知性的・倫理的に領導する責務」として重く受け止めるというようなことは思いもしない。

二〇世紀フランスの知的エリートたちは「自分たちがフランスの知性の精髄」だという自覚

をもっていた。自分の個人的な営為の成果がそのままフランスの知的威信と、フランスが世界に差し出す「知的贈り物」のクオリティに直結するということを自覚していた。「私」自身の知的達成がそのままフランスの知性の最高水準を決するのだという壮絶な自負と緊張感をもって彼らはそれぞれの仕事をしていたのである。すごいですね。

ボーヴォワールとメルロー＝ポンティとレヴィ＝ストロースはアグレガシオン（哲学教授試験）の同期だった（サルトルは一回落ちたので、一年後輩）。「アグレガシオンの同期」というのがどういう感じなのか、これもまた私には想像もつかないけれど、お互いの知的ポテンシャルについては、きわめて正確な相互評価を下していたはずである。

そのアグレガシオンの試験のとき、ボーヴォワールとメルロー＝ポンティとサルトルは「つるんで」いた。

試験のあいまに近くのカフェでちょっと休憩とかしているときに、「はは、楽勝だったねえ、さっきの試験」「オレ、時間あまっちゃったから、裏まで書いちゃったよ」などと声高に語って、まわりの受験生たちを怯えさせていた（そんなにせこくないか）。

でも、パリ大学出（ということは二流大学出ということである）レヴィ＝ストロースはこのエコール・ノルマル（高等師範学校）組からある種の排他性と威圧感を感じたはずである。

「世界でいちばん頭がいいのは僕だろう」という内心の自負をもっていたレヴィ＝ストロース青年にとって、パリのブルジョワたちのこのノンシャランスは許しがたいものに映ったに違いない。

カフェの片隅でまずいコーヒーを啜《すす》りながら、レヴィ＝ストロース青年は冷たいまなざしをサルトルたちに向けて、こう低く独語したのである。「おう、今のうちに笑いたいだけ笑っとけや。そのうち、その坊ちゃん嬢ちゃん面にたっぷり泣きみせたるけんのう」と（すべて私の妄想ですけど）。そんな気がする。

とにかく、アグレガシオンの試験が一九三〇年前後で、レヴィ＝ストロースがサルトルの世界的覇権に引導を渡したのが一九六二年『野生の思考』においてのことであったから、ざっと三〇年かけて、レヴィ＝ストロースは「そのとき」の試験会場で高笑いしていたパリのブルジョワ秀才たちに壮絶な報復を果たしたのであった。

すごい話である（想像ですよ）。

ともあれ、自己史がそのまま哲学史であるような一種の幸福な自己肥大の中に生きた青年たち。このような知的エリートを生み出す社会的基盤はもう存在しない。フランスにも、アメリカにも、どこにも存在しない。

そういう意味でも、一つの時代が終わったのだ。

――二〇〇九年一一月四日

■クロード・レヴィ＝ストロース『親族の基本構造』福井和美訳／青弓社／二〇〇一年
『悲しき熱帯』全二巻／川田順造訳／中公クラシックス／二〇〇一年
『構造人類学』荒川幾男ほか訳／みすず書房／一九七二年
『野生の思考』大橋保夫訳／みすず書房／一九七六年
『神話論理』四部作（全五冊）／早水洋太郎ほか訳／みすず書房／二〇〇六―一〇年

公共性と瘠我慢について

福沢諭吉『瘠《やせ》我《が》慢《まん》の説《せつ》』

高橋源一郎さんの「午前0時の小説ラジオ」が復活して、今朝は「公的」と「私的」という論件が採り上げられた。重要なトピックである。僕も高橋さんに追随してこれについては申し上げたいことがある。

まず、高橋さんの「ラジオ」から全文を引用（読みやすいように適当に改行しました。高橋さん、文章に触ってごめんね）。

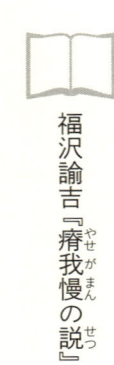

「尖閣諸島」問題（中国にとっては「釣魚島」問題）でマスコミに「売国」の文字が躍った。「尖閣諸島はわが国固有の領土」といってる首相が「売国奴」と呼ばれるのだから、「中国のいってることにも理はある」といったらどう呼ばれるのだろう？　非国民？

「尖閣」諸島はもともと台湾に付属する島々で、日清戦争後のどさくさに紛れて、下関条約で割譲されることになった台湾の傍だからと、日本が勝手に領有を宣言した、ということになっている。だとするなら、台湾を返却したなら、「尖閣」も返却するのが筋、というのも無茶な理屈じゃない。

というか、領土問題は「国民国家」につきまとう「不治の病」だ。日本も中国も、同じ病気なのだ。国家は病気（狂気）でいることがふつうの状態なのである。国民は、頭のイカレた国家に従う必要はない。正気でいればいいのだ。だが、今日したいのはその話ではない。関係はあるけれど。

「尖閣」問題のような、あるいは、「愛国」や「売国」というような言葉が飛び交う問題が出てくると、ぼくは、いつも「公と私」はどう区別すればいいのだろうか、とよく思う。「公共」というような言葉を使う時にも、自分で意味がわかっているんだろうかと思う。そのことを考えてみたい。

この問題について、おそらくもっとも優れたヒントになる一節が、カントの『啓蒙とは何か』という、短いパンフレットの中にある。それは「理性の公的な利用と私的な利用」という部分で、カントはこんなふうに書いている。

「どこでも自由は制約されている。しかし啓蒙を妨げているのはどのような制約だろうか。そしてどのような制約であれば、啓蒙を妨げることなく、むしろ促進することができるのだろうか。

この問いにはこう答えよう。

人間の理性の公的な利用はつねに自由でなければならない。理性の公的な利用だけが、人間に啓蒙をもたらすことができるのである。これに対して理性の私的な利用はきわめて厳しく制約されることもあるが、これを制約しても啓蒙の進展がとくに妨げられるわけではない。

さて、理性の公的な利用とはどのようなものだろうか。

それはある人が学者として、読者であるすべての公衆の前で、みずからの理性を行使することである。そして理性の私的な利用とは、ある人が市民としての地位または官職についている者として、理性を行使することである。

公的な利害がかかわる多くの業務では、公務員がひたすら受動的にふるまう仕組みが必要なことが多い。それは政府のうちに人為的に意見を一致させて公共の目的を推進するか、少なくともこうした公共の目的の実現が妨げられないようにする必要があるからだ。この場合にはもちろん議論することは許されず、服従しなければならない。」

ここでカントはおそろしく変なことをいっている。カントが書いたものの中でも批判されることがもっとも多い箇所だ。

要するに、カントによれば、「役人や政治家が語っている公的な事柄」は「私的」であり、学者が「私的」に書いている論文こそ「公的」だというのである。

ぼくも変だと思う。

実はこの夏、しばらく、ぼくはこのことをずっと考えていた。そして、結局、カントはものすごく原理的なことをいおうとしたのではないかと思うようになったのだ。たとえば、こういうことだ。

日本の首相（菅さん）が「尖閣諸島は日本固有の領土だ」という。その場合、首相（菅さん）は、ほんとうにそう思ってしゃべったのだろうか。あるいは、真剣に「自分の頭」で考えて、そうしゃべったのだろうか。

そうではないことは明白だ。

首相は「その役職」あるいは「日本の首相」にふさわしい発言をしただけなのである。自民党や民主党や共産党や公明党やみんなの党の議員が、政治的な問題について発言する。それが「問題」になって謝ったりする。その時、基準になるのは、彼らの個人的な意見ではない。「党の見解」「党員の立場」だ。それらを指して、カントは「私的」と呼んだのである。

国家や戦争について話をするから自動的に「公的」や「公共的」になるわけではない。しかし、それを「私的」と呼ぶのはなぜなのだろう。それは、その政治家たちの考えが一つの「枠組み」から出られないからだ。そして、その「枠組み」はきわめて恣意的なのである。

「尖閣」問題を、日本でも中国でもない第三国の人間が見たらどう思うだろう。「そんなことどうでもいい」と思うだろう。国家を失った難民が見たらどう思うだろう。「そんなくだらないことで罵りあって、馬鹿みたい」と思うだろう。「私的な争い」としか彼らには見えないはずだ。(……)

では「私的」ではない考えなどあるのだろうか。なにかを考える時、「枠組み」は必要ではないだろうか。カントの真骨頂はここからだ。「公的」であるとは、「枠組み」などなく考えることだ。そして、一つだけ「公的」である「枠組み」が存在している。それは「人間」であることだ。

『啓蒙とは何か』の冒頭にはこう書いてある。

「啓蒙とは何か。それは、人間がみずから招いた未成年の状態から抜けでることだ。未成年の状態とは、他人の指示を仰がなければ自分の理性を使うことができないということである。人間が未成年の状態にあるのは、理性がないからではなく他人の指示を仰がないと、自分の理性を使う決意も勇気ももてないからなのだ。だから、人間はみずからの責任において、未成年の状態にとどまっていることになる。」

「自分の頭で」「いかなる枠組みからも自由に」考えることの反対に「他人の指示を仰ぐ」ことがある。カントは別の箇所で「考えるという面倒な仕事は、他人が引き受けてくれる」とも書いた。それは、既成の「枠組み」に従って考えることだ。それが「公的」と「私的」との違いなのである。

国家や政治や戦争について考えるから「公的」なのではない、実はその逆だ。それが典型的に現れるのが領土問題なのである。「日本人だから尖閣諸島は日本の領土だと考えろ」と「枠組み」は指示する。同じように「中国人だから釣魚島は中国領だと考えろ」と別の枠組みも指示する。

もちろん、ぼくたちは、思考の「枠組み」から自由ではないだろうし、いつも「人間」という原理に立ち戻れるわけでもないだろう。知らず知らずのうちに、なんらかの「私的」な「枠組み」で考えている自分に気づくはずなのだ。「公」に至る道は決して広くはないのである。

最後に少し前に出会ったエピソードを一つ。深夜、酒場で友人と小さな声で領土問題について話していた。あんなものいらないよ、と。すると、からんできた男がいた。男はぼくにいった。「おまえは愛国心がないのか。中国が攻めてきた時、おまえはどうする。おれは命を捨てる覚悟がある。」だからぼくはこう答えた。

「ぼくには、家族のために投げだす命はあるが、国のために投げ出す命なんかないよ。あんたは、領土問題が出てきて、急にどこかと戦う気になったようだが、ぼくは、ずっと家族を守るために戦ってる。あんたもぼくも『私的』になにかを大切に思っているだけだ。あんたとぼくの違いは、ぼくは、ぼくの『私的』な好みを他人に押しつけようとは思わないことだ。あんた、愛国心が好きみたいなようだが、自分の趣味を他人に押しつけるなよ。うざいぜ。」

ぼくも酔っぱらうとこういうことをいうんだなと思いました。訂正はしません。以上です。ご清聴ありがとう。

ぱちぱち。

高橋さんの素敵なスピーチをご紹介しました。

僕がこれを引用したのは、カントとずいぶん近いことを（まったく違う文脈で）述べた人が日本にもいたことを思い出したからである。

時代的には一〇〇年ほど後になるが、福沢諭吉である。以前にブログでも紹介したが、その『瘠我慢《やせがまん》の説《せつ》』の冒頭に福沢はこう書いている。

立国《りっこく》は私《わたくし》なり、公《おおやけ》に非《あら》ざるなり。（五〇頁）

国民国家をつくるのはそれぞれのローカルな集団の「私」的な事情である。だから、国家というのは、本質的に「私的なもの」だ。福沢はそう言い切る。

なんぞ必ずしも区々たる人為《じんい》の国を分《わかち》て人為の境界を定むることを須《もち》いんや。いわんやその国を分《わかち》て隣国と境界を争うにおいてをや。（五〇頁）

国境線を適当に引いて、「こっちからこっちはうちの領土だ、入ってくるな」とか言うのは所詮「私事」だと言っているのである。

いわんや隣《となり》の不幸を顧《かえり》みずして自《みず》から利せんとするにおいてをや。いわんやその国に一個の首領《しゅりょう》を立て、これを君として仰《あお》ぎこれを主として事《つか》え、その君主のために衆人《しゅうじん》の生命財産を空《むなし》うするがごときにおいてをや。いわんや一国中になお幾多の小区域を分ち、毎区の人民おのおの一個の長者を戴《いただ》きてこれに服従するのみか、つねに隣区と競争して利害を殊《こと》にするにおいてをや。（五〇—五一頁）

国境だの国土などというものは、人間が勝手にこしらえあげた、ただの「アイディア」だと福沢は言い放つ。

すでに一国の名を成すときは人民ますますこれに固着《こちゃく》して自他の分《ぶん》を明《あきらか》にし、他国他政府に対しては恰《あたか》も痛痒相感《つうようあいかん》ぜざるがごとくなるのみならず、陰陽《いんよう》表裏《ひょうり》共に自家の利益栄誉《えきえいよ》を主張してほとんど至らざるところなく、そのこれを主張することいよいよ盛なる者に附するに忠君愛国《ちゅうくんあいこく》等の名を以てして、国民最上の美徳と称するこそ不思議なれ。

(五一頁)

だが、福沢のラディカリズムの背骨が太いのは、話が「ここで終わる」のではなく、「ここから始まる」からである。

国民国家というのは単なる私念にすぎない。だが、困ったことに、私念にも固有のリアリティはある。

すべてこれ人間の私情に生じたることにして天然の公道にあらずといえども、開闢《かいびゃく》以来今日に至るまで世界中の事相《じそう》を観《み》るに、各種の人民相分《あいわか》れて一群を成し、その一群中に言語文字を共にし、歴史口碑《こうひ》を共にし、婚姻《こんいん》相通じ、交際相親しみ、飲食衣服の物、すべてその趣《おもむき》を同《おなじ》うして、自ら苦楽《くらく》を共にするときは、復《ま》た離散《りさん》すること能わず。

（五〇頁）

想像の共同体とはいいながら、起居寝食を共にしているうちに「情が移る」ということはある。それもまた人性の自然である。

福沢は気合いの入ったリアリストであるから、そこでぐいっと膝を乗り出してこう言うのである。

国民国家なんてのはただの擬制《ぎせい》だよ。だがね、人間というのは弱いもので、そういうものにすがらなけりゃ生きていけやしねえ。その必死さを俺は可憐だと思うのさ。

忠君愛国の文字は哲学流に解すれば純乎《じゅんこ》たる人類の私情《しじょう》なれども、今日までの世界の事情においてはこれを称して美徳といわざるを得ず。すなわち哲学の私情は立国の公道《こうどう》にして、（……）外に対するのわたくしを以て内のためにするの公道と認めざるはなし。

（五一頁）

立国立政府はカテゴリカルにはローカルでプライベートなことがらであるが、「当今の世界の事相」を鑑《かんが》みるに、これをあたかも「公」であるかに偽称せざるを得ない、と。論理的には私事だが、現実的には公事である。国家は私的幻想にすぎない。しかし、これをあたかも公道であるかのように見立てることが私たちが生き延びるためには必要だ。

私はこのような構えのことをその語の本来の意味における「リアリズム」と呼びたいと思う。

福沢はこう続ける。

別に国運が隆盛で、平和と繁栄を豊かに享受しているようなときには、そんなことを考える必要はない。けれども、国勢が衰え、中央政府のハードパワーが低下し、国民的統合が崩れかけたようなときには、「国家なんか所詮は私的幻想ですから」というような「正しいシニスム」は許されない。

そういうときは、「間違った瘠我慢」が要求される。

時勢《じせい》の変遷《へんせん》に従《したがっ》て国の盛衰《せいすい》なきを得ず。その衰勢《すいせい》に及んではとても自家の地歩を維持するに足らず、廃滅《はいめつ》の数すでに明《あきらか》なりといえども、なお万一の僥倖《ぎょうこう》を期して屈することを為《な》さず、実際に力尽《つ》きて然《しか》る後に斃《たお》るるはこれまた人情の然《しか》らしむるところにして、その趣を喩《たと》えていへば、父母の大病に回復の望なしとは知りながらも、実際の臨終に至るまで医薬の手当を怠《おこた》らざるがごとし。（……）左《さ》れば自国の衰頽《すいたい》に際し、敵に対して固《もと》より勝算《しょうさん》なき場合にても、千辛万苦《せんしんばんく》、力のあらん限りを尽《つく》し、いよいよ勝敗の極《きょく》に至りて始めて和を議ずるか、もしくは死を決するは立国の公道にして、国民が国に報ずるの義務と称すべきものなり。すなわち俗にいう瘠我慢《やせがまん》なれども、強弱相対《あいたい》していやしくも弱者の地位を保つものは、単《ひとえ》にこの瘠我慢に依《よ》らざるはなし。啻《ただ》に戦争の勝敗のみに限らず、平生の国交際においても瘠我慢の一義は決してこれを忘るべからず。（……）我慢《がまんよ》能く国の栄誉《えいよ》を保つものというべし。（五二―五三頁）

立国は私情である。瘠我慢はさらに私情である。けれども、これ抜きでは頽勢《たいせい》にある国家は支えきれない。

瘠我慢の一主義は固《もと》より人の私情に出《いず》ることにして、冷淡《れいたん》なる数理より論ずるときはほとんど児戯《じぎ》に等しといわるるも弁解《べんかい》に辞《じ》なきがごとくなれども、世界古今の実際において、所謂《いわゆる》国家なるものを目的に定めてこれを維持保存《いじほぞん》せんとする者は、この主義に由《よ》らざるはなし。（五四頁）

「私事」を「公共」に変成するのは、私情としての「瘠我慢」なのだ。福沢はそう言う。なるほど、と腕組みした方もいるだろう。ところが話はこれでは終わらない。福沢のこのときの文脈を見落としてはいけない。福沢は一般論を語っているからではないからである。この論考に「宛て先」があるからである。

この文の宛て先は一般国民ではない。勝海舟と榎本武揚という二人の旧幕臣だからである。これは「私信」なのである。

この二人の傑物が、幕臣でありながら、旧恩を忘れて新政府に出仕し顕官《けんかん》貴紳《きしん》に列されたことを難じて福沢はこの一文を草したのである。

勝や榎本のような人間は「シニカルな正論」を吐いてはならない。「無茶な瘠我慢」をしてみせて、以て百年国民の範となる義務がある。

ロールモデルというのがなきゃ共同体は保てないんだよ、と福沢は言っているのである。

そういう仕事は凡人にはできない。でも、あんたたちならできたはずだ。人間の桁が違うんだから。

繰り返し言うが、発生的に国家は私事にすぎない。

だが、誰かが「治国平天下」のために生きるということをおのれの規矩《きく》として引き受けるとき、その個人の実存によって、「私事としての国家」に一抹の公共性が点灯する。

国家というのは成立したはじめから公共的であるのではなく、その存続のために「瘠我慢」をする人間が出てきたときにはじめて公共的なものに「繰り上がる」。国家は即自的に公共的であるのではない。私事としての国家のために、身銭を切る個人が出てきたときに公共的なものになるのである。

公共性を構築するのは個人の主体的な参与なのだ。

誤解してほしくないが、「だからみんな国家のために滅私奉公しろ」というような偏差値の低い結論を導くために私はこんなことを書いているのではない。

「だからみんな……」というような恫喝をする人間は「国家が本質的には私事である」という福沢の前提をまったく理解できていない。彼らは自分が何の関与もしなくても、公共物としての国家は存在し、存在し続けると思っている。だが、国家は「私」が自分の手持ちのクレジットを吐き出して、公共のために供与することによってしか動き出さないのである。

そのような「瘠我慢」は純粋に自発的な、主体的な参与によってしか果たされない。

瘠我慢というのは、徹底的に個人的なものである。そして、そのような「瘠我慢」を担いうるのは例外的な傑物だけである。凡人にはそんな困難な仕事は要求してはならない。というのは、凡人に我慢をさせるためには強制によるしかないからだ。政治的恫喝であれ、イデオロギー的洗脳であれ、そのような外的強制によってしか凡人に我慢をさせることはできない。

けれども、そのような「強いられた我慢」には公共的には何の価値もない。そのような不純なものによって「私事としての国家」が公共性を獲得するということはありえないからである。「こんなこと、ほんとうはしたくないのだけれど、やらないと罰されるからやる」というのはただの「我慢」である。それは何も価値あるものを生み出さない。

「こんなこと、ほんとうはしたくないのだが、俺がやらないと誰もやらないようだから、俺がやるしかないか」という理由でしぶしぶやるのが「瘠我慢」である。それは「選ばれた人間」だけが引き受けることのできる公共的責務である。

高橋さんに向かって「俺は国のために死ねる」とうそぶいた酔漢は「そういうことを言わないと罰される」という恐怖によってそのような大言壮語を口にしている。彼の大言壮語の動機は（本人は気づいていないが）処罰への恐怖なのである。自分が「我慢して公共的なふりをしないと罰される」という恐怖を実感しているからこそ、同じ言葉が見知らぬ隣の客にも効果的な恫喝をもたらすだろうと信じているのである。

「瘠我慢」している人間は決してそのような言葉を他人には告げない。瘠我慢するのは「俺たち」だけでいいと思っているからである。「俺たち」だけが瘠我慢してそれで何とかなるなら、みなさんはのんきにやってくださって結構だよと思っているからである。

意外かもしれないけれど、瘠我慢を駆動しているのは隣人への「愛」なのである。

——二〇一〇年一〇月一一日

■イマヌエル・カント『啓蒙とは何か 他四篇』篠田英雄訳／岩波文庫／一九七四年
■福沢諭吉『明治十年丁丑《ていちゅう》公論《こうろん》・瘠《やせ》我慢《がまん》の説《せつ》』講談社学術文庫／一九八五年

エネルギー政策

フレドリック・ブラウン『電獣ヴァヴェリ』

先週、中津川市加子母《かしも》というところを訪れた。凱風館の工事をお任せしている木造建築専門の中島工務店の中島紀于《のりお》社長にお招きいただいたのである。

中島工務店は「知る人ぞ知る」木造建築技術のフロントランナーであるが、私はもちろんそういうことをまるで知らない人なので、光嶋《こうしま》裕介くんから「こういう業者もありますけど」と紹介してもらってはじめて名を知ったのである。

そのとき、中島工務店がこれまで作ってきた建築物のカタログを見せてもらって、「おおお、ここだ」と内心勝手に決めてしまった。

どこがどう「来た」のかを言うのはむずかしい。

あえて言えば中島工務店の作る建物には「もどかしさ」があったのである。

何かひどく「言いたいこと」があるのだが、与えられた条件ではそれがうまく言えないので、じたばたと地団駄踏んでいる……というような感じがしたのである。

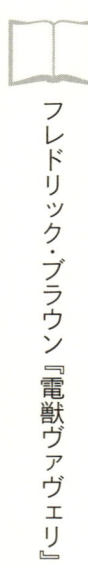

われわれが外国語で話すときに、言いたいことがうまく言えないで、もどかしい思いをしているときの、あの「思い余って言葉足らず」感が中島工務店の作った建物に常ならぬ「生命感」を与えていた。

これらの建物は「言葉」を必要としているように私には思われた。

この場合の「言葉」とは、「そこに住む人間」のことである。そこに住む人間が「参加」して、家と対話を始め、家そのものがそれまでもっていなかった語彙や音韻をそこに響かせると、それに呼応してはじめて建物が生き始める。そういう感じがしたのである。

それは申し訳ないけれど、大手の住宅会社が作る既製品的な住宅には感じることのできないものだ。それらの建物は人間が住み始める前に、商品としてすでに完結している。そこにリアルな身体をもつ人間が住み、手垢のついた家具が置かれることで、家はむしろその完成度を損なわれる。だから、住宅雑誌のカメラマンが家の撮影をするときには、そこから住民の生活感を意識させるものは組織的に排除される。住宅雑誌のグラビアの中に「焼きそばU.F.O.」とか「ビッグコミック」とか「さつま白波」とかが写り込んでいるのを見ることができないのはそのせいである。

でも、中島工務店の建てる建物は逆に「そういうもの」が参加しないと成り立たないような「マイナスワン」感を私にもたらした。

でも、そのことは今日の本題とは直接の関係がない。

その中島工務店の中島紀于社長に招かれて加子母に行ったのである。加子母は人口三三〇〇人。そのうち中島工務店の従業員が二〇〇人以上。家族を含めると、たぶん人口の三分の一くらいが中島工務店の関係者である。社長が村の中のどこを歩いても知らない人がいない。それが私に老子の「小国寡民《しょうこくかみん》」の理想郷のことを考えさせた。

老子は「小国寡民」についてこう書いている。

其の食《しょく》を甘《うま》しとし、其の服を美とし、其の居《きょ》に安んじ、其の俗を楽しましむ。隣国相い望み、鶏犬《けいけん》の声相い聞こえて、民　老死《ろうし》に至るまで、相い往来せず。

(『世界古典文学全集17　老子・荘子』八八頁)

「相い往来せず」どころか、中島工務店は全国展開している。でも、それは資本主義企業の「右肩上がりの経済成長」とは目指すところが違う。中島社長は加子母における「自給自足」的な共同体実践を全国に「布教」するためにその企業活動を行っているように私には見えたからである。

加子母の奥の渡合《どあい》温泉の宿のランプの灯りの下で、中島社長は岩魚の骨酒を呷《あお》りながら、「もう電気は要らない」と呟いたからである。

私は岩魚の刺身と岩魚の煮付けと岩魚の塩焼きを貪り喰いながら、社長のその言葉を聞いて、半世紀ほど前に読んだフレドリック・ブラウンの「電獣ヴァヴェリ」を思い出した（「電獣ヴァヴェリ」は「ＳＦマガジン」掲載時のタイトルで、『天使と宇宙船』に収録されたタイトルは「ウァアヴェリ地球を征服す」）。今読み返してみても（昨夜読み返した）、すばらしく面白い。

「ヴァヴェリ」は、宇宙から飛来した「電気を主食とする生物」のせいで地球上から電気がなくなってしまうという話である。ラジオのＣＭ作家であった主人公のニューヨーカーは失業したので、しかたなく田舎の村に家を買い、一九世紀の人々のように、蒸気機関で工作し、馬で移動し、牛で土地を耕し、活字を組んで印刷し、夜になると楽器を手に集まってきて室内楽を楽しむ生活をしている。それだけの話。

でも、正直に告白するが、最初に読んでから四五年間、私は「ヴァヴェリ」のことを一度として忘れたことがない。フレドリック・ブラウンが描いた「電気のない生活」に私は激しく惹きつけられたのである。私はある意味では「精神的なラダイト」だったのかもしれない。だから、きっと中島社長の「もう電気は要らない」発言に「びびび」と来たのである。

誤解を避けるためにあらかじめお断りしておくけれど、中島社長のいう「電気は要らない」

は電力の大量生産・大量消費システムを廃し、生活に必要な電気は自給自足する方がよいという考え方のことであって、それほど過激なことを言われているわけではない（現に、工務店の工場には電動工具がひしめいている）。

それにしても、現役の会社経営者の口から「もう電気は要らない」という言葉を聞いたのは衝撃であった。自分がいかにエネルギー政策について、既存の思考枠組みにとらえられていたのかを思い知らされたからである。ことの当否や実現可能性や根拠の有無はわきへ置いて、「そういう発想」がなかったおのれの思考の不自由を恥じたのである。

そのあと少し調べているうちに、現在のエネルギー政策がどれほど「時代遅れ」なものであるかがしだいにわかってきた。

コンピュータの場合は、ＩＢＭ的な中央集権型コンピュータシステムから、一九七〇年代にアップルの離散型・ネットワーク型コンピュータ・システムへの「コペルニクス的転回」があった。

あらゆる情報をいったん中枢的なコンピュータに集積し、それを管理者がオンデマンドで商品として配達して、独占的に設定された代価を徴収する。そういう情報処理モデルが時代遅れとなった。今、情報はネットワーク上に非中枢的に置かれて、誰でも「パーソナル」な端末から自由にアップロード・ダウンロードできる。「中枢型・商品頒布型」モデルから「離散型・

非所有型」モデルへの移行、これは広く私たちの世界の「基本モデル」そのものの転換を意味している。

ＩＢＭモデルからアップルモデルへの移行は「情報」そのものの根本的な定義変更を含んでいたからだ。

ＩＢＭモデルでは情報は「商品」だった。だから、退蔵《たいぞう》し、欲望や欠乏を作り出し、価格を操作し、高額で売り抜けるべき「もの」としてやりとりされた。だが、アップルモデルでは情報はもう商品ではない。それは誰によっても占有されるべきものではなく、値札をつけて売り買いするものでもなくなった。

情報はそれが世界の成り立ちと人間のありようについて有用な知見を含んだものである限り、無償で、無条件で、すべての人のアクセスに対して開かれているべきである、というのが離散型・非中枢型・ネットワーク型のコンピュータモデルの採用した新しい情報概念である。そうした方が、情報を商品として市場で売り買いするよりも、人間たちの世界は住みやすいものになる可能性が高いという見通しにイノヴェーターたちは同意したのである。

この基本的趨勢《すうせい》はもう変えることができないだろうと私は思う。

たぶん、エネルギーもそうなるべきなのだ。

エネルギーもまた本来は商品として売り買いされるべきものではなかった。「共同体の存立に不可欠のもの」である以上、電力もまた社会的共通資本として、道路や鉄道や上下水道や通信網と同じように、政治ともビジネスとも関係なく、専門家の専門的判断に基づいてクールにリアルに非情緒的に管理され、そのつどの最先端的なテクノロジーを取り込んで刷新されるべきものだったのである。

けれども、電力を管理したのは実質的には政治家と官僚とビジネスマンたちであった。

彼らは「共同体の存立と集団成員の幸福」というものを「自分たちの威信が高まり、権力が強化され、金が儲かる」という条件を満たす範囲内でしか認めなかった。

テクノロジーの進化は、当然電力においても、パーソナルなパワープラントとその自由なネットワーキングを可能にした。環境負荷の少ない、低コストの発電メカニズムの多様で自由なコンビネーションによって、「電気は自分が要るだけ、自分で調達する」という新しいエネルギーコンセプトが採用されるべき時期は熟していたのである。電力においてもIBMモデルからアップルモデルへの、中枢型から離散型へ、商品から非商品へのシフトの技術的な基盤はもう完成していたのである。

そのシフトが果たされなかった。旧来のビジネスモデルから受益している人々が既得権益の逸失を嫌ったからである。

原発は彼らの「切り札」であった。

国家的なプロジェクトとして、膨大な資金と人員と設備がなければ開発し維持運営できないものに電力を依存するという選択は、コストの問題でも、安全性の問題でもなく、発電が原発中心である限り、離散型・ネットワーク型のエネルギーシステムへのシフトが決して起こらないがゆえに採用されたのである。

もうこの先何も変わらない、変わらせないために、彼らは原発依存のエネルギー政策を採用したのである。というのは、人々はうっかり忘れているが、原発というのは「イノヴェーションがもう絶対に起こらないテクノロジー」だからである。

原子炉の恐ろしいほどシンプルな設計図からもわかるように、あれはもう原理的には完成していて、（老朽化と故障と人為的ミスと天変地異とテロが招来するカタストロフ以外には）改善の余地のないメカニズムなのである。人々が原発に群がったのは、それが最新のメカニズムだからではなく、（ミシンや自転車と同じく）「進化の袋小路に入り込んでしまったメカニズム」だったからである。

私たちは原発事故でそのことを学んだ。

私たちは「最新のテクノロジーの成果を享受している」という偽りのアナウンスメントを聞かされることで、「エネルギー・システムでもまた中枢型から離散型へのシフトがありうる」という（コンピュータを見れば誰でもわかるはずの）ことから目をそらしてきた。

今回の原発事故で「節電」ということを電力会社が言い出したことで、多くの市民は「どうして発電送電を民間事業者が独占していなければいけないのか?」という当たり前の疑問を抱いた。

どうして、自家発電してはいけないのか?

サイズも、形式も多様なパワープラントがゆるやかに自由にネットワークしているシステムの方が、単独の事業者がすべてを抱え込んでいるよりも、リスクヘッジ面でもコスト面でもテクノロジーのイノヴェーション面でも圧倒的に有利ではないのか?

そういう問いを発したときにはじめて、私たちがこの問題についてきわめて不自由な思考を強いられてきたことに気づいたのである。

Twitter上でいくつか紹介したが、すでにさまざまの離散型のパワープラントの開発は三〇年前から(つまりコンピュータにおけるアップル革命の時点から)始まっていた。技術的にはもう完成している。その実用化を「古いビジネスモデルから受益している人たち」が全力を尽くして阻害してきたのである。

原発事故はこの人々が退場すべきときが来たことを意味している。

原発については、さまざまな意見が語られているが、「モデルそのもの」の刷新についての吟味が必要だということを言い出す人はまだいない。

私のような門外漢がこういうことを言わなければいけないという事実そのものが、この論点についての抑圧がどれほど強いものであるかをはしなくも露呈しているように私には思われるのである。

——二〇一一年六月一六日

■フレドリック・ブラウン「ウァヴェリ地球を征服す」『天使と宇宙船』所収／小西宏訳／創元SF文庫／一九六五年

■『世界古典文学全集17　老子・荘子』福永光司＋興膳宏訳／筑摩書房／二〇〇四年

歩哨的資質について

『ヨブ記』

毎日新聞社が高野山金剛《こんごう》峯《ぶ》寺《じ》で開いているセミナーで一席おうかがいしてきた。「公共性の再構築」という演題だったのだが、それは三・一一以前に出したものなので、もう少し踏み込んで「社会制度の作りなおし」というテーマで七〇分お話しする。このところ繰り返し述べている「存在しないもの」と「存在するもの」のフロントラインにおけるふるまいということをまた申し上げる。

私たちの世界は「存在しないもの」に囲《い》繞《にょう》されている。

宇宙の起源を私たちは知らないし、宇宙の果てに何があるか（というより「何がないか」）も知らない。時の始まりを知らず、時の終わりを知らない。

『ヨブ記』で主はヨブにこう問う。

　わたしはあなたに尋ねる。わたしに示せ。

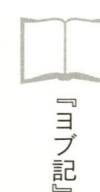

わたしが地の基を定めたとき、あなたはどこにいたのか。
あなたに悟ることができるなら、告げてみよ。
あなたは知っているか。
だれがその大きさを定め、
だれが測りなわをその上に張ったかを。
その台座は何の上にはめこまれたか。
その隅の石はだれが据えたか。
（……）
あなたは海の源まで行ったことがあるのか。
深い淵の奥底を歩き回ったことがあるのか。
死の門があなたの前に現れたことがあるのか。
あなたは死の陰の門を見たことがあるのか。
あなたは地の広さを見きわめたことがあるのか。
そのすべてを知っているなら、告げてみよ。

（『ヨブ記』三八・三―一八）

ヨブはこの問いの前に絶句する。

私たちは私たちの生きているこの世界の「外部」についてはほとんど何も知らない。私たちは私たちの手持ちの度量衡《どりょうこう》では考量できないもの、手持ちの言語では記述できないものに取り囲まれている。

私たちが理解できる世界と、理解を超えた世界の間には、目に見えない境界線がある。「存在するもの」と「存在しないもの」の間には目に見えない、手で触れることもできない境界線がある。けれども、その境界線を守護するのは、私たちが「人間の世界」で生きてゆくために必須の仕事なのである。

誰かが境界線を守護しなければならない。

『ヨブ記』においては主がその仕事を担っている。主はこう言う。

> 海がふき出て、胎内から流れ出たとき、
> だれが戸でこれを閉じ込めたか。
> （……）わたしはこれをくぎって境を定め、
> かんぬきと戸を設けて、言った。
> 「ここまでは来てもよい。
> しかし、これ以上はいけない。

あなたの高ぶる波はここでとどまれ」と。

（『ヨブ記』三八・八―一一）

「存在しないもの」に向けて「ここまでは来てもよい。しかし、これ以上はいけない」と宣告する境界線がある。

高野山の奥の院に足を踏み入れたときにも「フロントライン」に近づいた感覚がした。弘法大師がそこでとどめた「高ぶる波」の微かな波動が感知された。

聖域というのは、そこで完結している場所ではなく、何かとの「境」なのだ。機能的には「かんぬきと戸」なのだ。髑髏《どくろ》島の原住民たちがコングの人間界への侵襲を防ぐために建設した、あの巨大な「門」を想像してもらえればよろしいかと思う。

「かんぬきと戸」がしっかり機能している場所だと、私たちは「高ぶる波」のすぐ近くまで行くことができる。

聖人とは、「境を定め、かんぬきと戸をもって高ぶる波をおしとどめる」人のことである。

私たち全員がそのような仕事をしなければならないというわけではない。けれども、ときどき、聖人が登場して、「かんぬきと戸」の点検をすることは私たちが人間的秩序のうちで生きてゆくためには必須のことなのである。

私はそのような仕事をする人のことを「歩哨《センチネル》」(sentinel)と呼んだことがある。私たちの社会制度のさまざまな箇所で「ほころび」が生じて、「何か」がそこから滲入《しんにゅう》してきそうな気配がすると、歩哨はそこに駆けつけて、「かんぬき」をかけ、「戸」を閉める。

私たちの社会の制度疲労、制度崩壊は「歩哨」の絶対数が減って、しだいに「ほころび」を取り繕う仕事に手がまわらなくなったからではないかと私は考えている。

福島の原発事故は「恐るべき力」を制御するための「かんぬきと戸」の整備と点検の仕事がほとんど配慮されていなかったことを示した。そこには会社の収益や、マニュアル通りの業務や、自身の組織内の立場を優先的に配慮する人間たちはいたが、「あなたの高ぶる波はここでとどまれ」と告げる「歩哨の仕事」を自分に託された召命《しょうめい》だと思っている人間はいなかった。

「境を守る」ことを本務とする人間を「戸」の近くに配備しなければならないという人類学的な「常識」を私たちはだいぶ前に忘れてしまった。戦争もテロも飢餓も恐慌もない、豊かで安全な生活が半世紀続いただけで、日本人はその常識を忘れてしまった。私たちの生きているこの狭く、脆い世界は「境を守るもの」たちの無言の、日常的な、献身的な努力によってかろうじて支えられているのだということを忘れてしまった。

境界線における歩哨にはジョブ・デスクリプションがない。マニュアルもガイドラインもない。歩哨の資質について一般的な「傾向」は知られているが(それは神話や恐怖譚として繰り返し語られている）、それでも「存在しないもの」の侵襲《しんしゅう》がどのようなかたちをとるのかを私たちは誰も正確には予測できない。

だから、歩哨たちには「どうふるまってよいかわからないときに、どうふるまえばよいかがわかる」能力が必要なのである。

その「センサー」を研ぎ澄ますために経験的に効果的な方法が存在する。人類はそのような方法を洗練し、体系化するために少なからぬ努力を払ってきた。宗教の修行や武道の稽古は本来そのためのものである。

現に、そういうセンサーがきちんと機能している人がいる。

ＷＴＣへのテロのとき、「なんとなく外に出た方がいいような気がして」ビルを出て難を避けた人たちがいた。その日に限って、「ふだんと違う行動をとって生き延びた人」がどれくらいの数いたのか、誰かが統計をとり、その人たちに共通する「生き方の傾向」を吟味するというのは興味深い研究主題だと私は思うが、たぶん「非科学的」として一蹴されることだろう。

でも、「わかる人はわかる」というのはほんとうである。

先日、こんな記事を読んだ。

大阪京都両府警の捜査官が広域事件について打ち合わせしたとき、京都府警の刑事が「こういう事件もあるんです」と、ある空き巣事件の容疑者の写真を大阪の刑事に示した。打ち合わせが終わって外へ出て一〇分後に大阪府警の刑事は近くの競艇場外発売所近くでその容疑者を発見した。

この捜査員は雑踏の中から指名手配犯などを見つける「見当たり捜査」の専門家だったそうである。

「そういうものだ」と思う。彼らは警察官の視野から逃れようとする人々が発する微細なオーラを感知する能力を備えている。

「挙動不審」というのは、網羅的なチェックリストがあって、目に入る全員についてそれを行い、スコアが高い人について「不審」と判断するというものではない。何百人もの群衆の中に紛れていても、わずかな目の動きや足取りで、「ふつうじゃない人間」だけがぴんと際立って感知されるから「不審」とみなされるのである。そういうふうに、一瞬の視認で数百人の中から「不審な人間」だけを際立たせる能力をもっている人がいる。そういう人が警察官になるべきだと私は思う。

警察という制度は本来そのような人間的能力を勘定に入れて制度設計されたものだからである。

私たちは刑事ドラマを見ているときに、刑事たちがあまりにも容易に挙動不審な容疑者と遭遇するのを「ご都合主義」だと思うことがあるけれども、たぶん警察の捜査というのは、もともと「そういうもの」なのである。

だが、挙動不審な人間を感知する能力や嘘をついている人間とほんとうのことを言っている人間を直感的に見分ける能力などは、その有無や良否をエビデンスによって示すことができない。本来は捜査員の採用のときには、「そのようなエビデンスをもっては示すことのできない能力」の有無を基準に採否を決すべきなのであるのだが、エビデンスをもっては示すことのできない能力の有無の判定にはエビデンスがないので（当たり前だが）、現在の公務員採用規定ではこれを適用できない。

そのせいで、わが国の司法システムは劣化してきたのではないかと私は思っている。冤罪事件が多発するのは、もしかすると司法システムが「嘘をついている人間と真実を述べている人間を直感的に識別できる能力」を備えた司法官が一定数存在することを前提に制度設計されているからではないのか。

「裁判官の心証形成」という不思議な法律用語があるが、これは裁判官が「複数の解釈可能性のうち、ある解釈を優先的に採択したくなる気分」のことである。「気分」に一定の法律的な力が認められているのは、司法官（の少なくとも一部）には、「証言の真偽を直感的に判定する力が備わっている」ということが司法界では広く信じられていたからだと私は思う。

そのような能力を備えた人間が一定数つねに存在することを前提にしてつくられた制度が、

まったくそのような能力をもたない人間ばかりによって運用された場合、当然のことながら冤罪事件が多発することになるであろう。

シャーロック・ホームズのモデルになったエジンバラ大学医学部教授ジョーゼフ・ベルは患者を一瞥《いちべつ》しただけで、出身地や職業や疾病歴を「言い当てる」ことができた。

そういう医師は決して伝説的な例外であるのではなく、実際にはかなりの高率で医療者たちの中に含まれていたのではないかと私は思う。だから、医師の一部は「そのような能力」を有しているということを勘定に入れて医療制度もまた設計されているのである。

教師もそうである。教師にほんとうに必要な資質は、子どもたちのうちに、まわりの誰も（本人さえも）認識できない「埋もれた才能」を感知して、それが開花するまでの長い時間を忍耐強く待ち続けることのできる能力だと私は思っている。

司法や医療や教育は広く社会的共通資本の中の「制度資本」にカテゴライズされる。それは、これらの制度はいずれも「わからないはずのことが、なぜかわかる」という人間の能力を当てにして設計されているからである。

というのも、司法官も治療家も教師も、実はいずれも「存在しないもの」とのフロントラインに位置する「歩哨」の一族だからである。

人間の世界の内部では「存在することが明証的であるものだけが存在する」「存在すること

のエビデンスの示されないものは、存在しない」というルールが適用されている。

「世界内部」はそれでよい。

でも、「存在しないものとのフロントライン」では、そのルールは通用しない。そこはまさに「存在しないはずのもの」が「存在するもの」にかたちを変える、生成の場だからである。

そのような場にどのようにして「歩哨的資質」をもった人々を配することができるか。

若い人々のうちから、そのような「歩哨的資質」を先天的に豊かに備えたものをどうやって発掘し、その能力開発を支援してゆくのか。

これは原理問題ではなく、純粋に技術的な問題である。

——二〇一一年八月七日

第三章

ウチダ本棚

孤剣を撫《ぶ》す

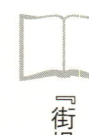

『街場のアメリカ論』その一

朝から晩まで『街場のアメリカ論』を書き続けている。

演習のテープ起こしにブログの関連記事をコピペしたドラフトがワードのデータで届いていて、それをこりこり直しているのである。演習で院生聴講生諸君を相手に「ここだけの話」で飛ばしているネタの多くは口からでまかせであるので、そのままでは使えない。資料に当たって裏をとり、引用の文言を確かめ、理路の混乱をただし……ということをしていると、手間は「書き下ろし」とあまり変わらない。

なまじオリジナルのラインがあるだけ、それに制約されて思考の逸脱ができない。私の場合は、ほとんど逸脱だけで書いているので、逸脱できないとあまり書くことがない。

ようやく八〇%ほど終わったけれど、もう目はしょぼしょぼ肩はばりばりである。適当に書き飛ばして「はいよ」と渡せばよろしいのであろうが、あまりいい加減な仕事をしたくない。

私は意外なことに「手抜き仕事」というのができない人間なのである。私の「まじめな仕事」

がほぼ通常の方の「手抜き仕事」レベルであるので、私が手を抜くと私自身にも判読に耐えないものになってしまうからである。私は自分の書き物の品質評価に対してはかなり寛大な人間であるが、それでも「判読可能」でなければ品質を論じる次元に達しない。

というわけで、裏をとるべく、あれこれのアメリカ論を取り出して飛ばし読みをする。アメリカ論をやることになったときに目につく限りのアメリカ論を買い込んで積んでおいたので数だけは揃っている。積んでおいただけでろくに目を通していないはずだが、本を開いてみると、どの本もあちこちに赤線が引いてある。

私はいつかは知らねど夢遊状態で参考書をこつこつと読破していたらしい。

おいおい睡眠学習か……と笑っているわけにはいかない。

読んだのに忘れているのでは何のために読んだかわからない。忘れているだけならまだよいが、読んだのに読んだことを忘れているということは、自分のオリジナルな意見のつもりでどなたかの知見をまるっとパクっている可能性がある。これは物書き商売の知られざるピットフォールである。

博覧強記《はくらんきょうき》の読書家が、彼のオリジナルな理論にもっとも近い先賢《せんけん》の書名だけを失念しているということはよくあることである。現に学会発表では、「あなたと同じ研究テーマで、あなたと同じ結論をもつ先行研究文献があるのだが、あなたはそれを『読んでいない』と言い張る気か？」というきびしい質問に発表者が絶句するという場面に私は二度立ち会ったことがある。私は発表者が「剽窃《ひょうせつ》」をしたとは思わない（だってすぐばれちゃうんだから）。彼もまた読んだのに読んだことを忘れて、ある日「すばらしいアイディア」が脳裏にひらめいて手の舞い足の踏むところを知らなかったのである。

気の毒である。

私の場合には、自分が前に書いたものをパクってしまうということがままある。これはなにしろ自分で書いたものなので、私の意見にたいへん近い。だから読んだことを忘れてしまうのも怪しむに足りない。

ある主題で、ふと思いついたことをぐいぐいと書いていると、数ヶ月前に書いた自分の本の中にまったく同一の文章を発見して愕然とする、ということがよくある。

中島らもに「同一原稿二度出稿事件」というネタがあり、読んだときにはげらげら笑っていたのであるが、こうなるとひとごとではない。

アメリカ論は実際に演習で一回しゃべっていることなので、既視感があるのは当然だが、実は演習の前やらその後に使い回したネタである場合も考えられる。

最近では、つい一日二日前に仕込んだつもりのネタを「ねえねえ知ってる？」と勢い込んで人に話しても相手があまり感激してくれない場合には「あの……これもう話したっけ？」と訊くことにしている。たいてい相手は悲しそうな顔をして頷《うなず》く。困ったものである。

という話もどこかでしたような気がするが、ブログで前に書いた話かもしれない。

朝から夕方までばりばり書き続けて、午後三時から六時まで居合の稽古会。ドクター佐藤はじめ合気道会の有志諸君と刀の操法について研究する会である。

とりあえず全剣連の制定型を稽古して、今日で三回目。

本身《ほんみ》の刀は三年ほど触っていなかったので、ひさしぶりに取り出したときはどきどきした。呉服山《くれはやま》則利という刀鍛冶《かたなかじ》の作で、江戸時代のものであるが、稽古ではこれでずいぶん手を切った。いちばん深い傷は「抜き打ち」という古流の型をしているときに鞘に切っ先が絡んで鞘引きのタイミングがずれて左手の親指と人差し指の間の「みずかき」部分をばっさり斬ったことがある。

すぐに外科医に行って九針縫ってもらった。

包丁で手を切って九針も縫ったら、痛みで寝られないものだが、この刀傷は手術直後には痛みが消え、翌朝にはもう肉がくっついていた。刀傷は傷口がきれいなので回復が早いのである。刀はこちらが丁寧に扱うとちゃんと応えてくれる。その点では他のどんな道具よりもレスポンスがよい。

刀を撫《ぶ》して飽きないというのは、たぶんある種のコミュニケーションがそこに成立するからであろう。

みんなは模擬刀を使っているけれど、たいせつにするように各自愛刀に名前をつけることを命じる。「どういうふうにつけるんですか?」と訊かれたので、幼名を当てることがあるらしいということをお教えする。

能の『土蜘蛛』に、源頼光が「膝丸」を「蜘蛛切丸」に改名する話があったでしょ。

「『ミッフィー』とか『まるこ』とかつけていいですか?」

ダメです。

——二〇〇五年八月一四日

■内田樹『街場のアメリカ論』文春文庫／二〇一〇年

トクヴィル先生とおしゃべり

『街場のアメリカ論』その二

『街場のアメリカ論』が文春文庫に収録されることになったので、その「あとがき」を書く。

この本は二〇〇四年に出たけれど、内容はその前年の大学院の演習でのおしゃべりを採録したものである。

まことにその頃は今よりもずいぶん暇だったのである。前年の演習の録音を翌年には本にできたんだから……（今はとても）。

ジョージ・ブッシュがアメリカ大統領で、イラク戦争が始まった頃のアメリカについての論である。もちろんリーマンショックも起きていないし、バラク・オバマも大統領になっていない。

「ネタが古いね」ということになって、ふつうであれば顧みられないのであるが、ゲラを読んでみたら、「今でもリーダブル」である。それは私がシロートであり、かつ門外漢であるので、内容に速報性も「インサイダー情報」もまったくないことが関係している。

ふつう時事問題の専門家は、速報性（みんながまだ知らないことをすでに知っている）と、インサイダー情報（みんながアクセスできない情報源にアクセスできる）の二点におけるアドバンテージでご商売をされている。

それはそれでもちろんたいせつな仕事である。

しかし、この職業的特性は、彼らを「より速報的であること」「より深くインサイドであること」へと駆り立てずにはおかない。その結果、彼らは「古い情報には価値がない」「公開情報には価値がない」というニュース・ヴァリューの査定基準に同意署名してしまう。それは同時に、彼ら自身の書き物の賞味期限が限りなく短くなることにも同意したということを意味している。

これが速報性とインサイダー情報に価値を置く人たちの陥るアポリアである。

私はシロートであるので、私が知っていることはすべて「すでに・誰でも・知っている」公開情報である。それに基づいてアメリカ論を書いた。

素人にはできるが、玄人にはできないことがある。

それは「素人の素朴な疑問にとことん付き合う」ことである。だって、自分が素人なんだから。自分を相手に説明するとき、私たちはもっとも忍耐強くなる。

そりゃそうである。

自分が納得できなければ、「気持ちが悪い」からである。

玄人は自分が納得している（気になっている）ことについて素人に説明するときに、あまり親身ではない。「周知のように」というのが彼らの愛用する定型句であるが、これは「周知のように」以下に書かれたことがらについて周知されていない方は、想定読者に算入されていないので、静かにそのへんの隅に引っ込んでなさいという暗黙の恫喝である。それだと素人は素人のままで、なかなか事態を理解することができない。うっかりすると、読者の全員が「隅に引っ込んだまま」で終わってしまうということもある。

そうしておくと、読み終わったあとも、読者はさっぱり玄人の域に近づけないので、結果的に玄人の職業的なアドバンテージはいつまでも担保されるわけである。そういう本を読んでもさっぱり得るところがないので、私は「素人にもわかるアメリカ論」を自分で書くことにしたのである。

こういう場合には誰を想定読者にするかで、書き方はまったく違うものになる。

私が選んだ想定読者は誰あろうアレクシ・ド・トクヴィルである。一八三一年に建国間もないアメリカを走破し、アメリカ論の古典である *De la démocratie en Amérique*（『アメリカのデモクラシー』）を書いたあのトクヴィルである。

トクヴィルは一八五九年に没している。

そのトクヴィル先生が墓から甦って読んだ場合に「理解できる」ように書く、というのが私のアメリカ論の趣意《しゅい》であった。

トクヴィルのアメリカ論はいま読んでもリーダブルである（その頁の相当部分は、いま日本の新聞に解説記事として掲載しても「二一世紀のアメリカの話」だと誤読されるであろう）。それだけ深くアメリカという国の本質に触れているのである。

それは、トクヴィルが一八三〇年代のフランスの同時代人に向けて、アメリカ論を書いたからである。彼の本の読者たちはアメリカの統治システムや宗教事情や開拓民の生活について、ほとんど何も知らなかった。そのような人々に「アメリカという国はどうしてできたのか。それはヨーロッパ諸国とどのように違うのか」を理解させるために彼はこの本を書いた。

彼が見たアメリカは「変な国」であった。

だから、「アメリカは変な国である」と書いて済ませることもできた。でも、トクヴィルはそうしなかった。フランス人から見たアメリカがどれほど「変な国」であっても、そこにはアメリカ人たち自身にとっての主観的な合理性が貫通しているのではないか、それは何かというふうに考えたのである。

賢い人である。

彼はアンドリュー・ジャクソン第七代大統領に会い、どうしてこのように暗愚な人物をアメリカ国民はあえて国家の指導者に選択したのか最初は理解に苦しんだ。そして、アメリカを旅する中で、その理由を考え抜き、そして理解した。

彼は指導者の選択を誤っても統治システムが致命的な事態にならないように設計されたアメリカン・デモクラシーの狡知に気づいたのである。

「アメリカの統治者は愚鈍である」と書いて終わりにしていたらトクヴィルの書物は今にいたるまで読まれるものにはならなかったであろう。トクヴィルの卓越性は「愚鈍な統治者を選択しかねない選挙民の愚鈍を勘定に入れた統治システム設計の精妙さ」の分析に踏み込んだことにある。

ある社会がある状態にあることには、それなりの必然性と合理性がある。そこにはある種のコヒーレントな「構造」がある。

それを解明することを通じて、人は「自民族中心主義」から離脱することができることに気づいた点において、トクヴィルはクロード・レヴィ＝ストロースの先駆者であったと言ってもよいかもしれない。

ともかく、そんなトクヴィル先生に向かって、先生没後一五〇年にわたるアメリカの歴史をかいつまんでお話しする場合に私たちはどういう論件を選ぶであろうか。

私たちが選ぶとしたら、それは「アメリカがいくら変わっても変わらない点」である。それだけがとりあえずトクヴィル先生にもただちにご理解いただけるトピックである。

先生、あのあとですね。先生の頃にはミシシッピまでがフロンティア・ラインでしたけれど、六〇年で太平洋岸までたどりついちゃうんですよ。

「ほう、さすがに私が予見した通り、彼らの『病気』は治らなかったのだね」

そうなんですよ。その過程で、インディアンの九五％を殺戮して、バッファローを数千万頭殺して、原生林をあらかた切り倒してしまったんです。

「そうなると思っていたよ」

そのあとどうしたと思います？

「太平洋岸まで行ったら、次は船を仕立てて太平洋を西へ向かったんじゃないかな」

その通りです。ハワイとフィリピンと日本列島に手を出したんですよ。

「それらの国々はそのあとみんなアメリカの植民地になったのかな？」

ハワイは併合され、フィリピンは植民地になりましたけど、日本列島は無事でした。

「ほう、それは意外だなあ。どうしてなんだろう。日本人は組織的に抵抗したのかな」

いや、日本列島に手を出したときに、ちょうどアメリカ国内で内戦が始まって、それどころじゃなかったんですよ。

「アメリカ国内で内戦ね。あ、それはありうるなあ。最初の一三州のグループとあとから州に昇格したフロンティアの間では利害が対立するはずだもの。で、どっちが勝ったの……あ、ちょっと待って。オレ自分で考えるから。うーんとね、フロンティアでしょ！」

残念でした、先生。北が勝っちゃったんですよ。先生は産業革命というものをご存じないんですよね。北の方が機械化とか近代化とか早かったんですよ。その差。

「ふうん……で、そのあとも、西漸病《せいぜんびょう》は治らなかったのかな」

治りませんよ。結局、日本列島を二発の原爆（っていうすごい兵器をアメリカ人は発明したんですけどね）で焦土にして、そのあと朝鮮半島を焼き払い、インドシナ半島を焼き払い……。

「まだ、西に行ったのか。でも中国とインドは『パス』したんじゃないかな」

あ、そうです。よくわかりましたね！

「だって、アメリカ人は自然が嫌いだからさ。自然と未開を見ると『開拓』したくなっちゃうんだけど、中国とインドは四〇〇〇年前から骨の髄まで『都市文化』だからね。都市はアメリカ人の開拓欲望を喚起しないんだよ」

はあ、そうなんだ。だから、そのあと……。

「西アジアに行ったんだろ」

ご明察。アフガニスタンとイラクに攻め込みました。

「そこまで行くとウィーンまではもはや指呼《しこ》の間だなあ。大西洋岸からスタートして、世界一周してまたヨーロッパに戻ってきたわけだね」

この西漸運動はいつか終わるんですかね。

「さあ、どうだろう。そこまで兵站《へいたん》線が伸び切っちゃうと、軍事的・政治的な西漸はもう維持できないだろ。でも、西漸はアメリカ人の本質だからね。西漸止めたら、もうそれはアメリカじゃないもの」

なるほどねえ。

「まあ、キミの話を聴いたら、だいたい今のアメリカのことはわかったわ。相変わらずの国だということだね」

あの、ちょっと訊きたいことあるんですけど。

「何かね」

日本の沖縄にですね、アメリカの基地があって、その移転問題というのでもめているんですけど。アメリカは出て行きますかね。

「うーん、どうかな。心理的には出て行きにくいだろうね。軍事的な必要性がどうこうじゃなくて、西太平洋からの撤退はフロンティア・ラインを東へ引き戻すことに等しいわけだから。アメリカ人にとって西部開拓の最前線が東に戻るということはありえないでしょう」

そういえばマッカーサー元帥もフィリピンから去るときにI shall return. て言ってましたからねえ。

「誰、それ？」

戦前はフィリピンの王様みたいだった人で、日本が戦争に負けたあとに占領軍の最高司令官で来た人です。

「ふーん、植民地総督みたいな人ね」

そうですね。ねえ、トクヴィル先生、日本はこのあとどうなるんでしょう。

「さあ、ちょっとわかんないな。日本のことよく知らないし。だって、僕が生きているとき、そっちずっと鎖国してたじゃない」

あ、そうでしたね。

「鎖国って、なかなか狡猾な国家戦略だったと思うけどね」

そ、そうですか。あれ、続けていればよかったんですかね。

「できたらね。で、どうして鎖国止めちゃったんだっけ？」

アメリカからペリーという人が軍艦に乗って来て、大砲で脅かされたんです。

「あ、そうだそうだったわ。オレが死ぬちょっと前の話だね。でも、日本は気の毒なことしたね」

そうですね。ほんとに。

というようなことを妄想しながら、書いているのである。

面白そうでしょ。

出たら買ってくださいね。

——二〇一〇年三月二九日

■内田樹『街場のアメリカ論』文春文庫／二〇一〇年

■アレクシ・ド・トクヴィル『アメリカのデモクラシー』全二巻・各上下／松本礼二訳／岩波文庫／二〇〇五―〇八年

トクヴィルとポピュリズム

アレクシ・ド・トクヴィル『アメリカのデモクラシー』

「Sight」のために、平松邦夫大阪市長（当時）と市庁舎で対談。相愛大学での「おせっかい教育論」打ち上げ以来である。

今回は「ポピュリズム」についての特集ということで、市長と「ポピュリズム政治」について、その構造と機能について論じることとなった。

「ポピュリズム」というのは定義のむずかしい語である。私はアレクシ・ド・トクヴィルがアメリカ政治について語った分析がこの概念の理解に資するだろうと思う。

トクヴィルはアメリカの有権者が二度にわたって大統領に選んだアンドリュー・ジャクソンについて、その『アメリカのデモクラシー』でこう書いている。

ジャクソン将軍は、アメリカの人々が統領としていただくべく二度えらんだ人物である（……）。彼の全経歴に、自由な人民を治めるために必要な資質を証明するものは何もな

（五〇五頁）

い。

トクヴィルは実際にワシントンでジャクソン大統領に会見した上でこの痛烈な評言を記している。そして、この怜悧なフランスの青年貴族はアメリカの有権者がなぜ「誤った人物を選択する」のか、その合理的な理由について考察した。この点がトクヴィルの例外的に知的なところである。ふつうは、「資質を欠いた人物を大統領に選ぶのは、有権者がバカだからだ」と総括して終わりにするところだが、トクヴィルはそうしなかった。

ジャクソンは独立戦争に従軍した最後の大統領である（ほとんどの期間を捕虜として過ごしたが）。のちテネシー州市民軍の大佐となり、インディアンの虐殺によって軍歴を積み、クリーク族を虐殺し、その土地九万三〇〇〇平方キロの領土を合衆国政府に割譲させた功績で少将に昇進した。米英戦争のニューオリンズの戦いでは、五〇〇〇名の兵士を率いて七五〇〇名以上のイギリス軍と戦い、圧勝を収めて、一躍国民的英雄となった。さらにセミノール族との戦いでも大量虐殺を行い、イギリス、スペインをフロリダから追い出し、フロリダの割譲を果たした。

「軍功」というよりはむしろ「戦争犯罪」に近いこの経歴にアメリカの有権者たちは魅了された。建国間もないこの若い国は「伝説的武勲」の物語を飢えるように求めていたからである。

ナポレオンを基準に「英雄」を考えるトクヴィルは、ジャクソン程度の軍人が「英雄」とみなされるアメリカの戦史の底の浅さに驚嘆し、そこに強い不快を覚えた（それがジャクソンに対する無慈悲な評言に結びつく）。

けれども、トクヴィルはそこからさらに一歩踏み込んで、むしろアメリカの統治システムの卓越性はそこにあるのではないかという洞察に進んだ。アメリカの統治システムはうっかり間違った統治者が選出されても破局的な事態にならないように構造化されているのではないかと彼は考えた。アメリカの建国の父たちは、表面的なポピュラリティに惑わされて適性を欠いた統治者を選んでしまうアメリカ国民の「愚かさ」を勘定に入れて、その統治システムを制度設計していたのではないか。

なるほど。

不適切な統治者のもたらす災厄を最小化するために、一つ効果的な方法が存在する。それがポピュリズムである。

統治者の選択した政策が最適なものであるかどうかを判断することは困難である（少なくともその当否の検証にはかなりの時間がかかる）。けれども、それが「有権者の気に入る」政策であるかどうかはすぐに判断できる。

それゆえ、アメリカでは、被統治者の多数が支持する政策が（政策そのものの本質的良否にかかわらず）採択されることが「政治的に正しい」とされることになったのである。

重要なのは、被支配者大衆に反する利害を支配者がもたぬことである。もし民衆と利害が相反したら、支配者の徳はほとんど用がなく、才能は有害になろうからである。

（四五七頁）

トクヴィルはそう書いている。

統治者の才能や徳性は被統治者と同程度である方がデモクラシーはスムーズに機能する。なぜなら、徳や才があるけれど、大衆とは意見の合わない統治者をその権力の座から追い払うのは、そうでない場合よりもはるかに困難だからである。

だから、明らかに資質に欠けた統治者を選ぶアメリカの選挙民を「バカだ」と言うのは間違っている。統治者は選挙民と同程度の知性、同程度の徳性の持ち主で「なければならない」という縛りをかけている限り、その統治者がもたらす災厄は選挙民が「想定できる範囲」に収まるはずだからである。

ポピュリズムは一つの政治的狡知である。

そこまで見通したという点で、トクヴィルはまことに炯眼《けいがん》の人であったと思う。

このポピュリズム理解はそのまま私たちが直面しているポピュリズム政治にも適用できる。ポピュリストを選ぶ有権者たちは、彼らよりも知的・道徳的に「すぐれた」統治者がもたらすかもしれない災厄に対して、無意識的に強い警戒心をもっている。

知性徳性において有権者と同程度の政治家は、まさにその人間的未成熟ゆえに「ある程度以上の災厄をもたらすことができない」ものとみなされる。

けれども、そのような「リアリスティックなポピュリズム」が私たちの国の政治風土をゆっくり、しかし確実に腐らせてきた。

彼我の違いを形成するのは、アメリカのポピュリズムは「建国の父」たちのスーパークールな人間理解に基づく制度設計の産物なのだが、日本のポピュリズムには、それを設計し運営している人間がどこにもいないという点である。

日本のポピュリズムは法律や政治システムという実定的なかたちをとることなく、「空気」の中で醸成された。

日本の政治家たちが急速に幼児化し、知的に劣化しているのは、すべての生物の場合と同じく、その方がシステムの管理運営上有利だと政治家自身も有権者も判断しているからなのである。チープでシンプルな政治的信条を、怒声をはりあげて言い募るものが高いポピュラリティを獲得する。

私たちの政治環境は現にそのようなものになりつつある。
このポピュリズム化の趨勢《すうせい》はおそらくこのあととどまることなく進行するだろう。その後に現出する風景がどのようなものになるか、私はまだうまく想像することができない。

——二〇一一年六月一一日

■アレクシ・ド・トクヴィル「アメリカにおけるデモクラシーについて」松本重治責任編集『世界の名著33 フランクリン ジェファソン マディソン他』所収／中央公論社／一九七〇年（現在は『アメリカのデモクラシー』全二巻・各上下／松本礼二訳／岩波文庫／二〇〇五―二〇〇八年 で読むことができる）

Two of us

『女は何を欲望するか?』

卒業式と授業の間に奇跡的に一時間ほど時間があいたので、クリエイティブ・ライティングのレポートを読んで、本日分のレジュメを作成する。

本日のテーマは「ジェンダーと言語」。

これについてはかつて『女は何を欲望するか?』でフェッタリー、イリガライ、フェルマンのフェミニズム言語論を論じたことがあった。何を書いたのかすっかり忘れてしまっていたので、本を書棚の奥から取り出して読む。

お、面白い!

こんなに面白い本を私は書いていたのか(この自己評価の法外な甘さこそ私の生命力の源である)。

フェミニズム言語論批判なんていうフレーム設定そのものがマネジメント的にはスカだったわけで、そんな本売れるわけがないのであるが、自分でいうのもなんだが、よい本である。

よくプロフィールに「主著」というものを書かされる。『ためらいの倫理学』と『寝ながら学べる構造主義』と『レヴィナスと愛の現象学』と『他者と死者』の四つはとりあえず「主たる業績」として思いつくのだが、『女は何を欲望するか?』はかつて一度もリストに載せたことがなかった。

理由は簡単で、担当編集者のO庭くんがひどく急かしたのである。

もっと推敲したかったし、もう少し構成のバランスも整えたかったのだが、「営業のつごう」とかで(私としては)未完成の草稿がそのまま活字になってしまったのである。

あとちょっと時間をくれれば、もっとまともなものが書けたのに……という憾《うら》みが残って、本のことを記憶から消去していたのであるが、四年ぶりに読んだらたいへん面白かったのである。

O庭くんには当時「もっとよい本ができたのに……」と悔いに枕をぬらしたりして、まことに済まないことをした。

私が後悔で枕を涙でぬらしてもO庭くんには何の実害もないのだから、「済まない」というのは筋違いではないか……という疑念をもたれた方が今いたであろう。

甘いね。

諸君。

私を怒らせるのはぜんぜん構わないが、私を悔悟させたり反省させたりすることは禁忌なのである。

私を怒らせた人間は私を怒らせることがもたらす災厄がどのようなものであるかただちに現認することができる。目に見える災厄である以上、それを回避することも、反撃することも、しかるべき筋に調停を求めることも、あるいはベリーニのケーキや札束などを投じて難を逃れることも可能である。

しかし、私を反省させた場合、そのやり場のない抑圧された怨念は現認できない形象をとる。私が枕をぬらす一滴の涙は「生き霊」となって、千里を走り、その人を撃つことになる。

これは私にも止めることができぬ。

だって「生き霊」なんだから。

「バカヤロー」という態の怒りのかたちをとる憎悪は御しやすい。だが、「あの人を憎んではいけない。すべては私の不徳から出たことなのだ」というふうに私がみずからに非ありとした場合、否定された「不徳」は生き霊になって時空を超えて悪逆の限りを尽くすのである。

ほんとですよ。

『葵上』でご案内の通り、生き霊は六条の御息所が「他人を憎まぬ、よい人でありたい」と無理に念じたせいで生成するのである。主人格が「よい人」では、嫉妬の炎は引き受け手がなくなる。

世に引き受け手のいない憎悪ほど始末に悪いものはない。

六条の御息所が「葵上のビッチビッチビッチ、マザファァッカ」というような態度の人であれば、葵上はまるっと無事だったであろう。現にサミュエル・〃マザファァッカ〃・L・ジャクソンさんがあのようにつるつるとしたお肌で、たいへん健康そうであり、家庭円満、交友関係、契約関係などもさして問題がないように見えるのは（実情はオークランドの町山さんに訊かないとわからないが）、「生き霊」をすべて「マザファァッカ」記号に変換してリリースしていることが深く与《あずか》っていると私は見ている。

ま、それはさておき。

「ジェンダーと言語」というお題で授業ではお話しさせていただいた。

ナバちゃんと絶妙のかけ合いで授業は進行し、終業の鐘が鳴ったまさにそのとき、ナバちゃんが「私たちのエクリチュールを駆動するものは……」と本日の結論の主語部分だけを述べて、口を噤《つぐ》み、文の後半を優雅なめくばせで私に振った（Take it, Phil. @Paul McCartney）。

私はにっこり笑ってこう続けたのである。

「愛だよ、愛。」

——二〇〇六年一〇月三一日

■内田樹『女は何を欲望するか？』角川書店／二〇〇八年

『ためらいの倫理学──戦争・性・物語』角川文庫／二〇〇三年

『寝ながら学べる構造主義』文春新書／二〇〇二年

『レヴィナスと愛の現象学』文春文庫／二〇一一年

『他者と死者──ラカンによるレヴィナス』文春文庫／二〇一一年

コミュニケーション・プラットホーム

養老孟司＋内田樹『逆立ち日本論』

予備校が毎年行っている大学入試の「現代文頻出著者」ランキングが今年も発表された（ほんとは発表されていないのだけれど、そこはそれ「蛇の道は蛇」で）。

私はこのランキングに〇五年度入試に初チャートイン（一〇位）、〇六年度は第六位であった。で、今年は二位。一位は養老孟司先生。同率二位が鷲田清一先生で、三位が茂木健一郎さん。

というわけで、一位から三位まで全員「お友だち」でした。

不思議ですね。

ちなみに四位が正高信男、見田宗介。五位が小川洋子、佐藤卓己、夏目漱石。六位が赤瀬川原平、河合隼雄、齋藤孝、堀江敏幸、三浦雅士、山崎正和。七位が青木保、阿部謹也、内山節、梅原猛、大岡信、大庭健、加藤周一、佐伯啓思、村上陽一郎、四方田犬彦（敬称略させていただきました）、と続く。

このランキングには大学の先生が多いけれど、もちろん「学者ランキング」ではない。

学者としては「まあ、中の下」である私が入試問題に選択される理由はいろいろ考えられるが、やはり一読して、「ふんふん、そういうことって、あるよな〜。いや、実はオレもそう思っていたんだよ」という共感度の高い読者を入試出題者のうちに得るということがランク入りの条件と拝察されるのである。

しかし、どの執筆者の方も十分に共感度の高い読者をおもちのようであるにもかかわらず、なぜそこに差ができるのか？

これについては私に一つ仮説がある。

どうも、養老先生と鷲田先生と茂木さんと私の間にはある「共通点」があるように思われるのである。

それは何でしょう？

一分間考えてください。

…………

はい、一分経過しました。

それは「おばさん」だということである。

養老先生とはこの論件については、かなり長い時間お話ししたことがあり、「私たちはおばさんである」ということについては合意に達している（詳細は『逆立ち日本論』を徴《ちょう》せられよ）。

「おばさん」的知性を代表する人物として私がまず思い浮かべるのは内田百閒先生である。先生は芸術院会員に推されたとき、「いやだ」と答え、理由を問われて「いやなものはいやだ」と言われた。

これこそ「おばさん」の骨法である。

自分自身が行っている推論の構造を本人もよくわかっていない、というのが「おばさん」的知性の特徴である。「自分の推論形式がよくわかっていない」ということと「デタラメな推論をしている」というのは別のことである。ある種の秩序がそこに伏流していることは本人にも確信せられているのであるが、とっさには言葉にできないのである。それを言葉にしてわかりやすく説明するプロセスには手間ひまがかかる。

その「手間ひま」部分が「おばさん的知識人」の場合は「執筆活動」として行われる。

ふつうの知識人は「私は賢い」ということを前提とした上で、「その賢い私はこのように推論する」という記述のかたちを採用する。

それに対して、おばさん的知識人は、「私は自分がどのように賢いのか（あるいは愚鈍なのか）実はよくわかっていないので、それについて吟味してみたい」という記述のかたちをとるので、話はいきおい長くくどくぐるぐると循環するようになる。

結果的にそこに述べられた命題の当否は措《お》いて、おばさん的なエクリチュールがたいへん

「対話的」なものになることはご理解いただけるであろう。というのは、「私はこれこれしかじかのごとく推論する……この推論の仕方にみなさん同意していただけますよね？　よろしいですよね？」という確認をくどいほど行うからである。なにしろ本人でさえ自分の推論形式の妥当性について確信がないのであるからして、せめて読者の同意が得られないことには話が先に進められない。

私はこのような「読者の同意を求めるために、いったんたちどまること」を「コミュニケーション・プラットホームの構築」と呼んでいる。

ヤコブソンは「交話的コミュニケーション」といったけれど、「プラットホーム」といった方がわかりやすいような気がする。

電車の乗り換えのときの駅の「プラットホーム」のことを想起していただければよい。みんな、いったん「そこ」に来る。行き先がそれぞれ違うから乗り込む車両は違う。でも、誰でも一度は「そこ」に立つ。「そこ」に立たないことには、そもそも話が始まらないし、たとえ乗り込む列車を間違えても、「そこ」に戻ればやり直しが利く。そういうプラットホームがコミュニケーションにおいては、必要である。

文章について言うと、「この文に関してだけは、書き手と読み手の間に一〇〇％の理解が成立している文」のことである。

例えば、かつて松鶴家千《しょかくや》とせはこう歌ったことがある。

「オレがむかし夕焼けだったころ、弟は小焼けで、父ちゃんは胸やけで、母ちゃんはしもやけだった。わかるかな〜。わかんね〜だろうな〜」

前半の「オレが」から「しもやけ」までの部分と、「わかるかな〜。わかんね〜だろうな〜」という部分ではコミュニケーションのレベルが変化していることに気づかれたであろうか。「オレがむかし」以下は聴き手に特段の「理解」を求めていない。というか私にはぜんぜん理解できない。

それに対して、「わかるかな〜」以下は聴き手の一〇〇%の即座の理解を前提にして語られている。

「私の話、わかりますか?」という問いかけは「私の話」には含まれていない。

この問いかけの意味するところが理解できない聴き手は存在することがそもそも想定されていないからである。

「その意味するところが理解できない聴き手は存在することがそもそも想定されていない(し、現実に存在しない)」ようなセンテンスのことをとりあえず、「コミュニケーション・プラットホーム」と呼ぶことをご提案しているのである。

これをどれほど適切に自分の書く文章のうちに配置できるかで、文章の「読みやすさ」は決定される。

「読みやすさ」というと語弊があるので言い直すと、どれほど「深い」レベルにまで読者を誘うことができるかが決定される。

養老先生も鷲田先生も茂木さんも、決してやさしいことを述べる人ではない。けれども、この方たちの本はなんとなく「わかりやすい」ような印象を与える。「ふんふん」と頷《うなず》きながら最後まで読んでしまって、ぱたりと本を閉じて、中身を「ぜんぜん理解できてない」ことに気づいて愕然とする……ということもある（非常に多い）。

それはコミュニケーション・プラットホームの構築のされ方が巧みだからである。

例えば養老先生の文章を一つ。

人々のあいだに共通するものはなにか。それは心だということは、戦中を考えたら、いやでもわかることである。さもなければ、特攻隊が許容されるはずがない。まさに一億玉砕なのである。でもあいつが死んでも、私は死なない。身体は別なのである。では心の共通性を保証する身体の基盤とはなにか。脳というしかないであろう。デカルトは西洋人だから、脳によって個を立てようとしたのだが、私は日本人だから、脳で世間を立てようとしたのである。

こうやって書いていても、自分の考えを表現することがいかにむずかしいか、よくわかる。人は一直線にものを考えるのではない。一直線に考えたように表現するのである。さもなければ、話が面倒になって、相手に伝わらない。

（「なぜ脳なのか」〔鎌倉傘張り日記　七五〕「中央公論」二〇〇七年五月号、六六頁）

たいへんわかりにくいことが書いてあるが、それでも「この話を最後まで読みたい」という欲望は減殺されない。むしろ亢進する。それは「こうやって書いていても、自分の考えを表現することがいかにむずかしいか、よくわかる」と養老先生ご自身が保証してくれているからである。「これはわかりにくい話です」と書いた当人が言っているメタ・メッセージはきちんと読者に届いているからである。

メタ・メッセージというのは「メッセージの解釈についてのメッセージ」のことである。

メタ・メッセージは当然ながら、メッセージ本体よりも権利上「上位」にある。

「私がこれから話すのは嘘です」というメタ・メッセージはその後に続いて語られる「嘘」よりも理解の優先順位が高い（当たり前である）。「これは嘘です」だけが聞こえて、あとの「嘘」部分はまわりがうるさくて聴き取れなくても別に大過ないが、「これは嘘です」を聞き逃して、「嘘」だけ聞き覚えて人に言いふらしたりすると、たいへん困ったことになる。

それと同じである。

「私はわかりにくい話をしている」と養老先生に保証していただくと、読む方だって「それにしても、わっかりにくい話だなあ」と思っていたわけだから、ほっとするのである。それどころか、「あれ、養老先生もオレと同意見なんじゃないか。なんだ、そうか。あ、それって、オレは養老さんと対話できるレベルにあるってこと？　そうなの？」というふうに愉悦的に自己評価は亢進するのである。

だから、養老先生の本を読むと、「賢くなった気になる」というのはそういうふうにテクストそのものが構造化されている以上当然のことなのである。養老先生があれほどむずかしい話ばかり書きながら、それがすべてベストセラーになりうるのは、この「コミュニケーション・プラットホーム」を差し出す手際がみごとだからである。

私はそれが「リーダーズ・フレンドリー」ということだと思っている。　――二〇〇七年五月八日

■養老孟司＋内田樹『逆立ち日本論』新潮選書／二〇〇七年

ゴルディオスの結び目

『他者と死者』

朝から晩まで仕事。ポーラ文化研究所の原稿一五枚を仕上げて、メールで送稿。ただちに海鳥社の『他者と死者』の改稿に取りかかる。

もう三年越しで書いているのだが、そろそろ仕上げないといけない。まだまだ調べなければならないことや書き足したいこともたくさんあるのだけれど、そんなふうに無限に加筆訂正をしていると、初稿がもっていた「一気書きの勢い」のようなものがなくなってしまう。話のつじつまは合っているけれど、妙にのっぺりして、かえって読みにくくなるということもある。できが悪くても、「勢いのある」うちに本にしてしまった方が、あちこちに「バリ」が残っていて、案外そのような不整合箇所が次の研究のとっかかりになったりするのである。

はじめて通しで草稿全編を読んでみた。

テンションが上がっている（というか「何かに取り憑かれて書いている」）ところと、そうでないところの潮目がくっきり分かれている。

不思議なものである。

取り憑かれて書いていることはいま読んでも「へえ……そうなんだ」と他人の書いたものを読んでいるように新鮮である。たぶん、そういうところは私が書いているのではない（ほんとに「考えてもいないこと」が書いてあるんだから）。

ただ、全編「お筆先」というわけにはまいらない。

やはりある程度「助走」というか「仕込み」というか、散文的「儀式」が必要である。それをこりこりとやっているうちに、「やあ」という感じで「うなぎくん」が到来してくるのである。

「うなぎくん」の登場は「忘れていた人の名前をふと思い出す」感じに近い。

数えてみたらざっと四〇〇枚。だいぶ厚い本になってしまいそうである。でも、三時間ほどで一気に読めた。

論考としての出来不出来の評価はさておき、「こういうふうに書かれたレヴィナス論」はこれまでになくオリジナルなものであることはたしかである。どんなふうに「オリジナル」であるかというと……、ちよっと「まえがき」の一部に代わって語ってもらおう。

私はレヴィナスについてはかなり長期にわたって集中的な読書をしてきたが、いまだにレヴィナスが「ほんとうは何を言いたいのか」よくわからない。

ラカンについては、レヴィナスよりさらに何が言いたいのかわからない。にもかかわらず、「わからない二人」の著書を交互に読んでいるうちに、私はどうやら自分が「同じ種類の難解さ」を相手にしていることに気づいたのである。

「私には理解できないこと」がある。それが一つだけなら手の施しようがない。しかし、「同じ種類の理解できないこと」が二つあると話は違ってくる。そこに「共通する分からなさ」が読解の手がかりを提供してくれるからである。

絡まった結び目を解く場合と同じように、難解な思想に取り組むときは、どこか一箇所でも解けるところを見つけて、そこからほぐしてゆく。

「あ、ここからならほどけそうだ」という感じを私は先ほど「腑に落ちる」という表現に託したのである。その先がどうなるか、それはまだわからない。次の結び目でまた立ち往生するかもしれないし、もう少しほぐれ続けてゆくかもしれない。

私の読みは「ゴルディオスの結び目」を一刀両断にするような読み方とはずいぶん違う。

「ゴルディオスの結び目」というのは古代フリギア王ゴルディオスが作った複雑怪異な結び目で、それを解いたものはアジアの覇者になるだろうという予言と共に遺された。誰も解けなかったその結び目をアレキサンダー大王はばっさりとその剣で切り離し、予言通りアジアの覇者となった。

難解なる思想を解説するときに、多くの人は「アレキサンダー大王の剣」を持ち出そうとする。

例えば、レヴィナスを読むときにマルクス主義理論やフェミニズムのテクスト論を適用してみるのは、「アレキサンダーの剣」による解決に類するものであると私は思う。

たしかに、それによって結び目はみごとに切り落とされるだろう。

マルクス主義的な読みによれば、レヴィナスは「ブルジョワのシオニスト」にすぎないし、フェミニズム的な読みによれば、「父権主義的セクシスト」にすぎない。こういう分類を信じるなら、レヴィナスの「よくわからない思考」はすべて「妄言」として退けることができる。

たしかに、そのような「アレキサンダーの剣」的な理路は単純にして明快だ。しかし、そのような「理解」から私たちが得るものと失うもののどちらが多いか、これは吟味してみる必要があると私は思う。

「話を簡単にする」読みはしばしば「縮減《しゅくげん》する読み」たらざるを得ない。ひとりの知的巨人のスケールをできるだけ矮小化し、そこから汲み出しうる知的資源を最小化するような読みを採用することによって私たちの世界がどれだけ豊かになるのか、私にはよくわからない。

たしかに、「快刀乱麻《かいとうらんま》を断つ」読みのもたらす爽快感や全能感が私たちにはときには必要だ。

でも、爽快感や全能感を欲するのは、私たちが賢明で強い人間だからではなく、あまり賢明でなく、それほど強くない人間だからである。その原因結果の関係だけは覚えておこう。もし、私たちにいくらかでも人間的向上心があるなら、「話を簡単にすること」を自制するということも、たまには必要だろうと私は思う。

それに、話を簡単にすることを私が自制しても、それで困る人は（こうやってややこしい話に付き合わされている「あなた」を除けば）どこにもいないし。

どんなふうに複雑怪奇であるかということは、本を手にとっていただいてみなさんご自身で吟味していただきたいと思う。これは『レヴィナスと愛の現象学』に続くレヴィナス三部作（というものを発作的に計画）の第二部に当たる。

第三部はレヴィナスの時間論を取り上げる予定。

レヴィナスの時間論をハイデガーやベルクソンの時間論と比較考量するのではあまり曲《きょく》がない。だから、次作では武道的な身体運用の時間意識との関連によるレヴィナス読解を試みてみようと思っている（「合気道とレヴィナス哲学は同じ人間観に基づいている」という三〇年来の「直感」を言語化するという「これぞライフワーク」なのである）。

というわけで『他者と死者―ラカンによるレヴィナス』は、海鳥社より刊行予定。

刮目《かつもく》して待て、諸君。

――二〇〇四年五月四日

■内田樹『他者と死者─ラカンによるレヴィナス』文春文庫／二〇一一年
『レヴィナスと愛の現象学』文春文庫／二〇一一年

憑きものの功徳

『他者と死者』『死と身体』

ネットでＢＫ１のランキングを調べたら、人文・社会・ノンフィクション部門のランキングで、『他者と死者』が一位になっていた。

これはびっくり。

『死と身体』は八位。

今までいろいろな本を出してきたが、一位というのははじめてのことである。

いったいこんな暗いタイトルの本を誰が買うのであろうかという深甚《しんじん》な疑問に逢着して、改めて書棚から当該書物を取り出し、第三者の平明なマナザシで読み始めたら、面白くてやめられなくなり、午前二時までかかって、とうとう最後まで読んでしまった。

読了して、深いため息をつく。

なんて面白い本なんだろう！

まことにお気楽なことである。

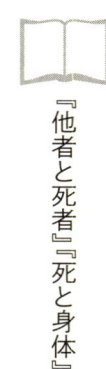

だが、本人が読んでも面白いというのは、悪いことではない。それは、その本に書かれていることが本人にもよくわかっていないということだからである。書いているときに「魔が差した」のである。

それをダイモニオンと呼ぼうとミューズと呼ぼうと精霊と呼ぼうと「うなぎ」と呼ぼうと、そういうものが到来しないと、「書いた本人が読んでも面白い本」は書けない。

しかるに、現今の作文教育にしても文芸批評にしても、「どうやって『憑きもの』をエクリチュールの場に招来するか」という実践や理論が粛々と考究されているようには思われない。実作者たちは、経験的に「イタコ」状態になる仕方を知っており、それぞれの儀式に則って執筆されていることとは思うけれど、その消息についての精密な批評のあることを私は知らない。目に入る文芸批評を読む限りでは、批評家たちは、書き手たちがそのエクリチュールをすべて統御しており、作品の破綻も手柄もすべて書き手の責に帰しうるものだという前提を採用している。

でも、ほんとうにそうなのだろうか。

「どうしてこの人はこんなことを書いてしまったのか？」という問いを、作家に「何が憑いたのか？」という形式で探求する批評があれば絶対買うのだが。

京大で来年度も集中講義をやることになった。今年は夏にやって真夏の京都の暑さに閉口したので、来年度は真冬にやることにした（おそらく真冬の京都の寒さに閉口することになるのであろう）。四日も五日もしゃべり続けるのは疲れるので、映画論。これだと映画を観ている間はしゃべらずに済むから楽ちんである。

そのシラバスを書いてくださいというご依頼が杉本先生から到来した。一年以上先の集中講義のときに自分が何を考えているのかなどということは予測の埒外《らちがい》であるので、さらさらと思いつきを書いて送信する。

題目

「ハリウッド映画の欲望記号論」

解説

ハリウッド映画はアメリカ民衆の無意識的欲望をリリースする装置であるとずっと思っていたが、最近どうもそうではないらしいような気がしてきた。というのは、アメリカの一般国民は映画なんか観ないからである。ハリウッドのフィルムメーカーたちは共和党とＦＢＩとアメフトとチアガールとカントリーが大嫌いで、世界に向けて「アメリカって、ひどい国ですよね」というメッセージをひたすら発信している。ハリウッド映画は岸田秀ふうに言えば「アメリカの外的自己」だったのだ……という仮説を検証してみたい。

テキスト・参考文献
町山智浩『アメリカ横断TVガイド』『〈映画の見方〉がわかる本』『底抜け合衆国』、町山智浩＋柳下毅一郎『ファビュラス・バーカー・ボーイズの映画欠席裁判』と内田樹『映画の構造分析』はできるだけ読まずに来てください（本と内容がかぶりますから）。

こういうシラバスを読んで、むらむらと履修したくなるのはいったいどういうタイプの学生であろうか。なんとなく、すごく態度の悪い学生たちが鼻から煙を吹き出しながらぞろぞろ集まりそうな気がしてきた。

うう、自業自得とはいいながら。

――二〇〇四年一一月七日

■内田樹『他者と死者―ラカンによるレヴィナス』文春文庫／二〇一一年

『死と身体―コミュニケーションの磁場』医学書院／二〇〇四年
『映画の構造分析―ハリウッド映画で学べる現代思想』文春文庫／二〇一一年
■町山智浩『新版 アメリカ横断TVガイド』洋泉社／二〇〇九年
『〈映画の見方〉がわかる本―『2001年宇宙の旅』から『未知との遭遇』まで』洋泉社／二〇〇二年
『新版 底抜け合衆国～アメリカが最もバカだった4年間』洋泉社／二〇〇九年
■町山智浩＋柳下毅一郎『ファビュラス・バーカー・ボーイズの映画欠席裁判』一―三巻／洋泉社／二〇〇二―〇七年

先駆的直感

『他者と死者』文庫版あとがき

みなさん、こんにちは。内田樹です。『他者と死者―ラカンによるレヴィナス』の文庫版お買い上げありがとうございました。

単行本のあとがきを見ると、二〇〇四年の五月に出た本で、その前二年間かけて大学が休みのときにこつこつ書きためたと書いてありました。それを読んで、ちょっと遠い目になって、「いい時代だったなあ……」と呟いてしまいました。

僕はその一年あと、二〇〇五年の四月に大学の教務部長というものに選任せられて、教学の統括責任を負うことになり、それを二期四年務めたあと、今度は入試部長というものに横滑りして、二年間入試業務を統括し、六年間文字通り「席の温まる暇のない」大学管理職サラリーマン人生を過ごしました。長い休みの間にライフワークの研究論文をこつこつと書きためる……というような牧歌的な時間の過ごし方はその間、僕にとっては「遠い夢」だったのでした。

二〇一一年の三月末を以て選択定年制ではやめの停年退職を選んだのは、毎日机に向かって、どこにもでかけず、誰も訪れずという「引きこもり」状態でまた論文が書きたくなったからです。

もちろん、この六年間もずいぶんたくさん本は書きました。でも、それはちょっと違うんです。『レヴィナスと愛の現象学』と本書のこのレヴィナス哲学についての二冊はどちらも「そのためだけにとっておいた特別な時間」に書かれたものですが、それ以外の本は「仕事と仕事の隙間の時間」に書かれたものです。

別にそれだから書き物のクオリティが落ちるということではありません。丁寧にやった仕事に冴えがなく、書き飛ばしたものの方にドライブ感があるというようなことは、よくある話です。締め切りに追われて必死に枡目を埋めていくタイプの書き物では、仕込みの時間がなく、「こうなったら、もう使えるものは何でも使うしかない」というところまで追い詰められるので、自分の手持ちの知識情報の読解可能性を掘り尽くし、しゃぶり尽くすことになります。それによってふだん見慣れ、なじみ深いものだと思っていた既知の現実が不意に「異形のもの」として立ち現れる……という望外の結果が得られることがあります。こういう経験は「自分の書きたいときに、書きたいだけ書く」というやり方だとなかなか味わうことができません。そういう「楽しみ」があるせいで、「つらいつらい」と愚痴をこぼしながらも、タイトな締め切りスケジュールでもつい仕事を引き受けてしまうんです。それはそれでいいと思います。実際に、そうやって何十冊か本を書いてきて、中には「面白かったよ」と、賞をいただいたものもあるわけですから。

でも、レヴィナス先生について書く場合はそういうわけにはゆきません。それは僕にとって「論文を書く」というよりむしろ「写経する」に近い経験だからです。

レヴィナス先生について書かれたこの二冊をお読みになった方は同意していただけると思いますが、ここに書いてあるのは、「レヴィナス先生はこうおっしゃっているのではないかと私は思うのである」という、個人的な「釈義《しゃくぎ》」です。世の中はこういうふうにできているとか、人間とはかくかくのものであるといったことについての僕のオリジナルな知見というものはどこにも書かれていません。すべて「レヴィナス先生は世の中や人間のことをどう考えておられるのか」を僕がパラフレーズしたものです。それだけ。本文を横に置いて、ちらちらそれを見ながら、禿《ち》びた筆で、金釘《かなくぎ》流で、がりがりと拙劣《せつれつ》な臨書《りんしょ》をしているようなものです。

こういう作業は宗教儀礼のようなものですから、毎日決まった時間に、決まった手順で、いずまいを正して、作法通りにやらなければいけない。新幹線の中とか、空港のラウンジとか、歯医者の待合室とかで、「お、ちょっと時間ができたから、あれ、やるか」というふうに書けるものではないのです。明窓《めいそう》浄机《じょうき》に端座して、渋茶を啜って、呼吸を整えてから、背筋を伸ばして、「いざ」と筆を執る。

見た目はずいぶん違いますけれど、脳の使い方については翻訳と似ているような気がします。他人の思考に同調するわけですから。

他人の息づかいや、脈拍や、ステップに自分の方で合わせる。自分の中にもともと存在しない概念や感覚を自分の使える言語に落とし込む。それが「写経」的営為ということだと思います。

別にそれほど特別なことじゃない。昔の子どもが漢籍を暗誦させられたのと、それほど違いません。五歳や六歳の子どもが「風蕭々《しょうしょう》として易水《えきすい》寒し　壮士ひとたび去りて復《ま》た還らず」とか「人生意気に感ず　功名誰かまた論ぜん」とかいう詩句の「気分」がわかるはずがありません。ましてや「怒髪天を衝く」とか「断腸の思い」とか「臍《ほぞ》を噛む」とかいう表現を裏づける身体実感を知るはずがない。

まず他人の語が先行する。それから、語を「受肉」できるレベルまで自分自身の心身の熟成を待つ。言語の習得というのはそういう自然過程をたどるものです。

僕にとって、レヴィナス先生の本を翻訳することと、研究論文を書くことは、どちらも「写経」でした。外来の「異様な」概念や感覚を受肉できるように僕自身の言語と思考と感覚を変性させる。語彙を押し広げ、統辞法を脱臼させ、可聴音域外の音韻を聴き取る。自分の身体を切り拡げ、伸びない筋肉を伸ばし、曲がらない関節を曲げるようなことをしないと、写経ということはできません。

写経というのは、ただ書いてあるものを写せばいいというわけではありません。他者のテクストが自分の身体を通過することなんですから。グランドピアノを買ったら、家の玄関から入らなかったので、壁をぶち抜いて中に入れました……というような話をときどき聞きますけれど、偉大な哲学者のテクストというのは巨大な「グランドピアノ」のようなものです。それを「僕の家」に収めるためには、扉をはずし、壁を壊し、床の補強工事をして、防音工事をしないといけない。自分自身を壊して、再構築する覚悟がなければ、「そんな巨大なもの」は僕の中には入らない。

でも、それができるためには、この「外来のもの」に対する一〇〇%の信頼がなければ済まない。世の中には、ただ「異様」なだけで、まったく支離滅裂であったり、没理性的であったり、邪悪であったりする思考だって存在するわけですから。自分にとって異他的であるというだけの理由で、自分の言語や思考を解体するわけにはいきません。

じゃあ、どういう相手なら、自分の経験枠組みそのものを変性させても構わないと思えるのか。どういう相手なら身を投げ出せるのか。

僕は直感に従ってそうしています。みなさんもそうだと思います。

原理的に、目の前にいる他者は僕の理解も共感も絶している。その他者を前にして、自分を開いて、容量を拡大して、手持ちの判断基準を一時棚上げにして、場合によってはそれを棄て て、新しいものに書き換えるということをしてもいいのか、いけないのか、それを自力で判断しなければならない。誰も僕の判断が正しいか間違っているかを教えてはくれません。

これは実存的な「賭け」に類するものです。でも、それほどむずかしい話ではありません。

現に僕たちはふだんの生活でも「ここ一番」というときには、「そういうこと」をやっているわけですから。清水の舞台から飛び降りる気持ちで相手を信じなければ、結婚なんかできませんし、師に就いてものを教わるということもできないし、友だちとビジネスを始めることだってできやしない。でも、僕たちは（失敗をまじえながらも）この「賭け」でそこそこの戦績を収めている。それができるのは、目の前に立つ「他者」が、その後についていける人かどうか、自分の家の扉を開いて迎え入れることのできる人かどうか、自分の背中を委ねていい人かどうか、その判断を先験的な仕方で下しているからです。そういう確信がなければ、そうそう簡単に相手構わず清水の舞台からは飛び降りられません。

でも、その先験的な判断というのを、僕たちはどうやって下しているのでしょうか。

僕自身は本を読んだだけでなく、レヴィナス先生ご自身に会ってお話を伺うという幸運に恵まれたので、心身の動員できる限りのセンサーを使って「この人についていっても大丈夫かどうか」を吟味することができました。でも、ふつうの人は本を読むしかない。それで足りるのでしょうか。

僕は足りると思います。

結婚相手を決めるときだって、相手のことを知り尽くしてから判断するわけではありません。会ってたちまち恋に落ちて、相手のデータをほとんど知らないままに結婚しちゃった……ということはよくあります。データを精査してからでないと結婚相手の選択に失敗する確率が高いというようなことはありません。会った瞬間に「この人だ」と直感して、そのまま偕老同穴《かいろうどうけつ》死ぬまで幸せに暮らしましたというカップルだってたくさんいます。

そういうことは「わかる」んです。自分の人生を豊かにしてくれる可能性を潜在させている人と出会うと、生物的に「ぴん」と来る。悟性的な判断ではありません。でも、「わかる」。人間だって生物ですから、出会うものが「自分の生きる知恵と力を高めてくれるもの」かどうかはわかるんです。脈拍が少し高くなり、頬が紅潮し、背筋がぴんと伸び、呼吸が深くなり、小腹が減ってきて……という生理的な徴候を丁寧にモニタリングしていれば、それはわかる。

哲学者だって同じだと僕は思います。だから、僕は自分の先駆的直感を信じます。

そういうふうに書くと、「それは主体の自己利益追求を判断の最終根拠にすることではないのか」という反論がありそうです。レヴィナス哲学というのは、たしか他者の切迫によって主体の権力性が審問される経験を中核にした体系ではなかっただろうか。ウチダくんの言う、素性の怪しい「先駆的直感」などというもので、「他者」として遇してよい他者と、「その他有象無象」を差別化することを許したら、それは扉から叩き出したはずの「主体の権力性」を裏口から引き込むようなものではあるまいか。

なるほど、そうかも知れません。でも実際問題として、まわりにいる人間たち全員に師事することも、全員を養うことも、僕たちにはできない。僕たちが他者との出会いのために動員できる資源は有限です。それができる時間も限られている（いずれ死にますし）。だとすれば、そこには「選択」というものがなされなければならない。どの他者をまず家に迎え、その飢えを癒し、服を着せるのか。どの他者たちにはしばらくお待ちいただくか、その優先順位をつけなければならない。

でも、レヴィナス哲学を語る人たちはこの「優先順位」問題を主題的に論じることを好みません。この問題を持ち出すと、たいへん面倒なことになるからです。でも、これこそ僕たちが日常生活において、もっとも頻繁に直面し、そのつど回答に苦しんでいる当の問題ではないでしょうか。

原理的には「他者による主体の権力性の審問に同意する」と言うことはできます。「孤児、寡婦、異邦人のためにおのれの幕屋《まくや》の四方の扉を開いておく」と言うこともできます。でも、自己審問にも程度があります（自我が解体するまで徹底的に審問してしまうと、「審問を引き受ける主体」そのものが崩落《ほうらく》してしまう）。他者の歓待にも限度があります（誰かれ構わず幕屋に招き入れれば、そこはたちまちゴミためのようなカオスになってしまう）。だから、レヴィナス哲学の実践者にとっては（申し遅れましたが、僕はそうです。「弟子」ですから、当たり前ですけれど）、自分の限りある資源をどの他者のために優先的に贈与するべきかという問題がどうしても前景化せざるを得ない。その「弟子」の立場からの暫定的な結論が、「先駆的直感を信じる」というものです。これは僕自身の三五年に及ぶ武道の稽古から確信せられたことですので、一般化しにくいところはあります。けれども、ここは一つ僕の言うことを信じていただきたい。どうして武道をやるとそういうことがわかるかというと……。でも、止めておきましょう。これでは切りがないですから。このあたりで「巻き」に入ります。

ここまででレヴィナス三部作のうちの二部まで終わりましたので、このあと、退職後にできる（はずの）時間を第三部「レヴィナス時間論」のために捧げたいと思っております。

この「あとがき」で何度も使った「先駆的」というのは、ご覧の通り、時間にかかわる形容詞です。レヴィナス的主体はかなり自由に時間の中を往還します。「時間の中を行き来する」というのもまた長く武道を稽古してきて実感できたことの一つです。身体を細かく割ることによって、時間意識が変容し、同時に主体そのものが崩れてくる。主体と他者、主体と環境の間のデジタルな境界線が溶融して、アモルファスな場が生成する。一度そこまで「下りて」ゆかないと、レヴィナス先生のおっしゃる「時間とは主体と他者と関係そのものである」という命題を検証することはできないのではないか。僕は武道家として、そんなふうに考えています。

武道家的アプローチによるレヴィナス哲学の解釈。これがたぶん僕が二〇代のときからいつか達成したいと願っていたことだと思います。「合気道とレヴィナスはどう繋がるのか?」という三〇年来の個人的な問いにはやはりとりあえずの決着をつけなければ、死んでも死にきれません。

早くレヴィナス時間論の執筆に取りかかりたいのですけれど、編集者たちは、なかなかこんな浮世離れした仕事に僕が没頭することを許してくれません。でも、凱風館《がいふうかん》の完成によって、道場と書斎が階段一つで繋がる夢の生活がこの秋から始まります。文字通りに「武道と哲学」が空間的にも一つのものとなるわけです。きっと、そのような環境の変化が、僕のレヴィナス理解にも新しい方向性と勢いとを与えてくれると思います。

——二〇一一年六月

■内田樹『他者と死者―ラカンによるレヴィナス』文春文庫／二〇一一年
『レヴィナスと愛の現象学』文春文庫／二〇一一年

読書と成熟

『レヴィナスと愛の現象学』文庫版あとがき

みなさん、こんにちは。内田樹です。

文庫版『レヴィナスと愛の現象学』をお買い上げくださいまして、ありがとうございます。

まさかこんな硬い本が文庫化される日が来るとは思いませんでした。文春文庫からお話があったときは、びっくりしました。亡くなられたレヴィナス先生に「先生について僕が書いた研究書がリーブル・ド・ポシュになりました」という報告を差し上げたら、先生もずいぶんびっくりされただろうと思います。ご自身の本ならともかく、そのつたない研究書が、極東の小さな島国で普及版になるんですから。この文庫版をお渡しする機会があったら（ありませんが）、きっと手にとってにっこりされたあと、僕の方を向き直って、こう訊いたんじゃないかと思います。

「いったいどうして私の哲学に興味をもつ人が君の国にはそんなにたくさんいるんだろう。もちろん他の国でも、ドイツでもアメリカでも東欧や南米でも、私についての研究書はたくさん出てるよ。でも、その理由はわからなくはない。どこも一神教文化圏だし、どこの国の大学でも哲学好きはユダヤ系が多いしね。わからないのは、非ユダヤ＝キリスト教文化圏であり、ユダヤ人がほとんどおらず、申し訳ないけれど、それほど哲学的思考がお得意とも思われない日本で、どうして私の本が読まれ、研究書までこんなふうに読まれているのかなんだよ。どうしてなのかね？」

そこが僕にもわからないのですよ、先生。でも、何か深い理由があるとは思うんです。なにしろ、先生の主著の翻訳がいちばん早く進んだのは、日本なんですから。『全体性と無限』や『存在するとは別の仕方であるいは存在することの彼方へ』から『タルムード講話』まで、先生の主著の翻訳が揃ったのは、英語版よりも日本語版の方が早かったんですよ。信じられないかも知れませんけど。

英語圏には、ご案内の通り、ユダヤ教徒で、ヘブライ語が読めて、フッサール現象学のこともハイデガー存在論のことも熟知している研究者の厚い層が存在するわけです。だから、どう考えても、翻訳のための条件は日本より圧倒的に有利なはずです。でも、スタートは出遅れたものの、先生の書き物のコンプリート・エディションが出たのは日本が世界でいちばん早かった。すごいでしょ？　このレヴィナス先生の哲学に対する切望感が奈辺に由来するのか、そこに僕は興味があるんです。

先生の翻訳をいくつか出したあとに、翻訳を読んだという読者の人たちと何人も知り合いました。その人たちは別に学者や評論家じゃありません。市井の、ふつうの、堅気の勤労者たちです。その言うことがみな同じなんです。

「何が書いてあるのかよくわからないんだけれど、これは私が読まなくちゃいけないものだということは切実にわかった」

不思議ですよね。何が書いてあるかわからない本について、それを読まなければいけないということだけは確信できたというんですから。

でも、そういうことってあると僕は思うんです。僕自身がそうでしたから。

先生の本をはじめて読んだとき、今から三〇年も前のことですけれど、僕には何が書いてあるかぜんぜん理解できなかった。けれども、「ここには私が早急に理解すべき人間的叡智が書き込まれている。人として理解しなければならないことが書き込まれている。これが理解できないうちは、私はちゃんとした人間にはなれない」。

そう直感的に思ったんです。

「ちゃんとした人間」というのが何のことだかは、今でもよくわからないんですけどね。でも、それまで読んだ西洋の思想家についてはそんなことを感じなかった。マルクスでもフロイトでもニーチェでもフッサールでもバタイユでもサルトルでも、「こういうのを読んでおかないと、まわりの話についていけない」とは思いました。でも、「これを読んで、理解できないうちは、『ちゃんとした人間』にはなれない」なんて思わなかった。先生の本についてだけ、そう思った。そして、読み始めて三〇年経ってわかったことは、僕自身がその間に多少なりとも人間的な成熟を遂げたとすれば、それを導いてくれたのはやっぱりレヴィナス先生だったということです。

どうして、言語も宗教も生活習慣も食文化も儀礼も文化的バックグラウンドも、どの点をとっても何一つ共通点のない、ホロコースト・サヴァイヴァーであるリトアニア生まれ、フランス国籍のユダヤ人哲学者の思想に、これほど多くの日本人が惹きつけられるのか。

それは「成熟」にかかわりがある、ということだけはわかりました。

「成熟」というのは、知性的なものであれ、感性的なものであれ、自分が今手元に持っている「ものさし」では考量できないものがこの世には存在するという自分の「未熟さ」の自覚とともに起動します。それはある種の運動性です。そう僕は理解しています。いや、違うかも知れません。でも、とりあえずはそういうことにしておきます。なにしろ「未熟者」ですから、間違った定義から始めてもいいんです。いいんですというか、それで当たり前なんです。先生の哲学を学ぶ道筋は、それを学ぶものが「自分はほんとうに知性的にも情緒的にも霊的にも未熟な人間だなあ……」ということをしみじみ思い知るところから始まる。そこからしか始まらない。それが他の哲学の場合と違うという気がするんです。

他の「難しい本」の場合は、「これくらいの難しい術語とか概念とか学説史とか、ある程度勉強した上で来いよな」というふうに実定的に「入会条件」を設定している気がするんです。十分な知的資源が確保されていないと、そもそも「読解ゲーム」に参加させてもらえない。だから、本を読む前に「勉強」をしなければいけない。

でも、先生の場合は違う。だって、どれほどそれまで哲学書をたくさん読んでいても、学説史に通じていても、ヘブライ語やギリシャ語やラテン語が読めても、やっぱりわからないから。「勉強すればわかるようになる」代物じゃないんですから。「レヴィナス入門」とか「レヴィナス早わかり」とか「レヴィナスをゼロから勉強する人のために」とかいう本はたくさん出てますけれど（ある意味で、この本もそうですけど）、そういうのはぜんぜん役に立たない。そういう本は「知識」を与えてはくれるけれど、それ以上のことは目指していませんから。

でも、先生の書き物が理解できるようになるためには、知識だけでは足りないと僕は思います。端的に「ちゃんとした人間として生きる」ということが条件になっている。僕はそう思うんです。

ふつうに親孝行し、家族とそこそこ仲良く暮らし、友だちをたいせつにし、日々の仕事はまじめにやり、必要があれば仲間のために戦い、未来を担う若者を育てて、税金はきちんと納め……という市民としての「ふつうの仕事」を丁寧にやってこないと「わからない」ように先生の思想は作り込んである。僕にはそんなふうに思えるんです。

そういう「生活」の中で、さまざまなレベルの、さまざまな種類の他者たち（家族であったり、恋人であったり、師であったり、弟子であったり、友人であったり、同僚であったり、味方であったり、敵であったりするさまざまな他者たち）と一回的で唯一無二的な出会いと「出会い損ね」を繰り返してきて、少し疲れてきたくらいの年回りになって、ようやく先生の書いていることがじんわりと身に沁みてくる。そういう力動的な構成になっている。

つまり、先生の書物は「成熟についての本」ではなくて、「読者を成熟させてしまう本」なんだと思うんです。「大人にならないとわからない」ように本が書かれている。だから、わかりたかったら、大人になるしかない。

前にフランスで、リセで哲学の必修が撤廃されるというカリキュラム改革がありましたね。そのとき、フランス中の哲学者たちのほとんどが「哲学を高校生は必修すべきだ」という共同声明を出した。先生はそれに反対されましたね。「赤ちゃんにはミルクを与えるものである。ビーフステーキを食べさせるものではない」と先生は言われました。哲学は大人のためのものので、高校生がやるもんじゃない、と。

僕はそれを読んだときには、「先生、やるなあ」と感心したのです。よく考えたら、このステートメントそのものがリセの高校生たちへのきわめて強い教化的メッセージになっていたからです。だって、僕がもしそのときフランスの高校生だったら、「哲学はフランス文化の精髄であるからしてリセのカリキュラムに必須である」と言い立てる哲学者たちの話は「あら、そうですか」と聞き流したでしょうけれど、レヴィナス先生の「子どもは哲学なんかやらんでよろしい」というのには「かちん」ときたに決まってますから。「な、なんだよ。子どもは哲学なんかやらんでいいだと……あったまくるなあ、このオヤジ（先生、失礼！　これフランスの高校生のふりしてしゃべってるんで、僕がそう言ってるわけじゃないんです）。よおし、そっちがそう言うならオレは読むよ。読ませてもらいますよ。意地でも読んでやる。バカにしやがって……」と僕ならなります。絶対。ほら。「結果オーライ」なんですよ。教育の目標は子どもたちを成熟に導くことであり、そのために使えるものは何でも使う。哲学が必修科目であれば、当然のようにそれを利用する。必修からはずされるなら、その事態も哲学のために利用する。何でも利用できるものは利用する。だって、問題は命題として正しいか間違っているかじゃなくて、「共同体の若いメンバーたちを市民的に成熟させること」という具体的な目的をとにかく実現することだからです。

知的・情的・霊的に成熟した市民だけが粛清や強制収容所や「最終的解決」に対してははっきり「ノー」を告げることができる。この世界のさまざまな不正、収奪や差別や迫害に対して、「それはフェアじゃない」と言い切ることができる。そのために一歩踏み出すことができる。

政治体制や信教や言語や文化的差異にもかかわらず、どこでもいつでも、そういうふうに「まっとうに判断し、まっとうにふるまう」ことができる成熟した市民の数をひとりでも多く確保すること。それがレヴィナス先生の哲学の目的だと僕は思うんです（先生はたぶん「違うね」と言われるでしょうけれど）。

でも、違ってもいいんです。僕は勝手にそう学んだわけですから。「先生からそういうふうに教えられた」と思っているわけですから。

前にサルトルについて訊かれたときに、先生は「彼はいい人だ」と言っておられましたね。その理由として先生はこう言われた。「サルトルはまわりの貧しい人たちに乞われると、気前よくお金をあげたから」。サルトルの偉大さについて、先生が第一に挙げた理由は、彼の哲学の体系性でも、文学の前衛性でも、政治活動の過激性でもなく、「貧しい隣人を放っておけない」というその惻隠《そくいん》の気持ちだった。僕はこういうところに先生の本領は発揮されていると思うんです。

それが日本の読者たちにも直感的にわかっているんじゃないかと僕は思います。つまり、他の哲学者たち——デリダとかアルチュセールとかブルトンとかラカンとかバタイユとか——は、たまたま同じアパートに住んでいたとして、階段ですれ違うと、小さく微笑んで「おはよう」くらいは言うでしょうけれど、「町内会でこんどどぶさらいをすることになりました」というような回覧板が（フランスの一六区のアパルトマンにあるかどうか知らないですけど）まわってきたときに、ゴム長履いて、麦わら帽子かぶって出てくるというようなことは「ない」と思うわけです。でも、レヴィナス先生の場合はもうその姿がありありと想像できちゃうんです。「ああ、この人が隣人だったら、気分がいいだろうな。困ったときは、きっと親身になってくれるだろうな」ということが、日本人であってもわかるんです。先生の難しくて難しくて、一行とて理解できないあの難渋《なんじゅう》な文章の向こうに、そういう「暖かい顔」が僕には感じられる。きっと他の日本人読者にもそれは感じられるんだと思います。だから、これだけの文化的差異を超えて、遠い極東の列島の人々がレヴィナス先生に対して、ひそやかな敬意と信頼を寄せている。僕はそう思っています。

ですから草葉の陰で、レヴィナス先生は僕のこの本の文庫版の出版をきっとにっこり喜んでくれると思っています。それは先生の思想を理解したいと切望している読者が地球の反対側の上にそれだけたくさんいるということを意味しているわけですから。

『レヴィナスと愛の現象学』と『他者と死者』の次にもう一冊『時間論』を書く予定でいます。それで僕のレヴィナス三部作は完成です。それを何とか書き上げて、先生の墓前にお捧げしたいと願っています。

は、気がついたら、亡きレヴィナス先生相手に空想的な対話を繰り広げておりました。なんだか、複式夢幻能みたいですね。

でも、「レヴィナス先生を読者に想定して書く」というのがこの『レヴィナスと愛の現象学』で僕が採用した文体であり、それから以後、僕は第三人称を使って、上から目線で「レヴィナスは……」みたいなえらそうなことがどうしても書けなくなってしまったのです。

「弟子がひたすら師の偉大さを讃える」というこのライティング・スタイルは他のレヴィナス研究者にはあまり採用されていません（例外は『愛の知恵』のアラン・フィンケルクロートと、『エロス的瞑想』のマルク＝アラン・ウアクナンくらい）。でも、レヴィナス先生の哲学というのは、読むものを成熟に導き、「懦夫《だふ》をして立たしむ」という力動的・実存的なその効果において、世界性を獲得したという面があるわけですから、研究者の方々が客観的・上から目線的「レヴィナス論」を書いている限り、「レヴィナスは所詮……にすぎない」というようなことは書けるでしょうけれど、読者をぐいぐいと巻き込んでゆく、先生の思考と言語の圧倒的な力に触れることは絶望的に困難であろうと思います。よけいなお世話ですけど。

さあ、だらだら書いているときりがないので、この辺にしておきます。

——二〇一一年六月

■内田樹『他者と死者―ラカンによるレヴィナス』文春文庫／二〇一一年

『レヴィナスと愛の現象学』文春文庫／二〇一一年

■エマニュエル・レヴィナス『全体性と無限』上下巻／熊野純彦訳／岩波書店／二〇〇五―〇六年
『存在するとは別の仕方であるいは存在することの彼方へ』合田正人訳／朝日新聞社／一九九〇年
『タルムード四講話』内田樹訳／国文社／一九八七年

■アラン・フィンケルクロート『愛の知恵』磯本輝子＋中嶋公子訳／法政大学出版局／一九九五年

■Marc-Alain Ouaknin, *Méditations érotiques: Essai sur Emmanuel Lévinas*, Paris, Payot, 2003.［マルク＝アラン・ウアクナン『エロス的瞑想』（未邦訳）］

「大人」になるために

『若者よ、マルクスを読もう』韓国語版序文

石川康宏先生との往復書簡『若者よ、マルクスを読もう』韓国語版のためのまえがきを書きました。韓国語版だけについているものなので、ハングルを読めない日本人読者のためにここで公開することにしました。すでに韓国語版としては『下流志向』と『寝ながら学べる構造主義』が翻訳されているので、これが三冊目になります。では、どぞ。

韓国の読者のみなさん、こんにちは。内田樹です。

このたびは私と石川先生の共著の『若者よ、マルクスを読もう』をお買い上げいただき、ありがとうございました。まだお買い上げではなく、書店で手にとっているだけの方もおられると思いますが、これもご縁ですから、とりあえず「まえがき」だけでも読んでいってください。

どうしてこんな本を書くことになったのか、その事情は単行本「まえがき」にも詳しく書いてありますが、もちろん第一の理由は、日本の若者たちがマルクスを読まなくなったからです。

マルクスは一九二〇年代から一九六〇年代まで、約四〇年間、日本におけるインテリゲンチャ（およびウッドビー・インテリゲンチャ）にとっての必読文献でした。政治についても、経済についても、文学や演劇や音楽についても、どのようなトピックについて語る場合でも、マルクスは不可避のレファレンスでした。マルクスとまったく違う政治的意見を述べようとするものでさえも、「なぜ、私はマルクスの主張を退けるのか」についての挙証《きょしょう》責任を免れることはできませんでした。

ですから、韓国の若い方はあまりご存じないかも知れませんが、日本で長く政権与党であった保守政党、自由民主党の一九六〇年代の国会議員たちの中にも実はかなりの数の「元共産党員」が含まれておりました（私の義父もそうでした。彼は一九三〇年代の共産党の地下活動家で、戦後自民党の代議士になったときに、そこで、多くのかつての同志に出会いました）。義父は決して例外的な人物ではありません。青年期にマルクス主義的な政治活動にコミットしていたり、それにシンパシーを感じたりしていた人々が、一九六〇年代までは、日本社会の政財官界での中枢の重要な一部分を形成していたのです。

ですから、「青年というのはマルクスを読むものである」というのは日本では久しく一個の常識であったのです。青年期にマルクスを読んで、そのあとに天皇主義者になるものも、仏教徒になるものも、資本家になるものもおりました。マルクスを読んだらマルクス主義者になるわけではない。というか、マルクスなんか知らないままに自然発生的に天皇主義者である者よりも、マルクスを読んで、その上で天皇主義者になった者の方が、イデオロギー的屈折がある分だけ「大人だ」と思われていたのでした。

なんだかわかりにくい話ですね。すみません。

でも、いったん「極端」まで行ってから「戻ってきた」人の方が、はじめから「そこ」にいる人よりも、自分がしていることの意味をよく理解しているというのは経験的にはたしかなことです。若いときにさんざん道楽してきた人がぽつりと「額に汗して働くことはたいせつだ」と言う方が言葉が重いでしょう?

その点で言うと、逆説的なもの言いになりますが、日本におけるマルクス主義は「マルクス主義者を作り出すため」のものではありませんでした。むしろ「大人」を作り出すための知的なイニシエーションとして活用されたのだと思います。

若いときにマルクスを読んで「一気に、徹底的に社会を人間的なものに作り変えるべきだ」と信じた若者は、その挫折の経験を通じて、「一気に、徹底的に社会を人間的なものに作り変え」ようとして人間が行うことは総じて「あまり人間的ではない」ということを学習します。

というのは、歴史が教える限り、「一気に、徹底的に社会を人間的なものに作り変えよう」とした政治運動はほとんど例外なく粛清と強制収容所によってそれを実現しようとしたからです。

少年青年の頃に、マルクスを学び、マルクス主義の実践運動に少しでもかかわった人たちは「人間的で公正な社会を今ただちにここで実現するには、人間はあまりに弱く、あまりに邪悪であり、あまりに卑劣である」ということを身を以て学びました。これはたいせつな経験的知見です。

それだけではありません。彼らはそういう人間を「許す」こともまた学びました（彼ら自身が多かれ少なかれそういう人間だったからです）。

久しく日本において「マルクスを読む」という営みが青年の成長階梯《かいてい》の必須の一段とみなされていたのは、そのような理由によるのです。だいぶ前にその習慣が失われました。一九八〇年代以降のことです。

若い人たちがマルクスを読む習慣を失ったことには、さまざまな歴史的理由がありますので、それはそれで仕方がないだろうと私も思います。なにしろ、青年たちがマルクスに関心をなくした最大の理由は、経済成長の成功によって、日本が豊かになったことだからです。私たちのまわりからは「ただちにラディカルに改革しなければならないような非人間的収奪」を目にする機会が激減しました。

マルクス主義へ人を向かわせる最大の動機は「貧しい人たち、飢えている人たち、収奪されている人たち、社会的不正に耐えている人たち」に対する私たち自身の「疚《やま》しさ」です。

苦しんでいる人たちがいるのに、自分はこんなに「楽な思い」をしているという不公平についての罪の意識が「公正な社会が実現されねばならない」という強い使命感を醸成します。でも、そういう「疚しさ」の対象は、一九七〇年代中頃を最後に、私たちの視野から消えてしまいました。

最後に日本人に「疚しさ」を感じさせたのは、ベトナム戦争のときにナパームで焼かれていたベトナムの農民たちでした。私たちはそれをニュースの映像で見て、ベトナム戦争の後方支援基地として彼らの虐殺に間接的に加担し、戦争特需を享受している日本人であることを恥じたのです。

でも、七五年にベトナム戦争が終わったあと、日本人は「疚しさ」を感じる相手を見失ってしまいました。そして、最初のうちは遠慮がちに、やがて大声で「自分たちはこんなに楽な思いをしている。こんな贅沢をしている。こんな気分のいい生活をしている」と自慢げな声で言い立てるようになりました。

そんな社会では、誰もマルクスを読みません。

そうやって日本人はマルクスを読む習慣を失い、それと同時に、成熟のための必須の階梯の一段を失いました。それから三〇年経ち、人間的成熟の訓練の機会を失った日本人は恥ずかしいほど未熟な国民になりました。

金があること、高い地位にあること、豪華な家に住んでいること、高い服を着ていることを端的に誇らしく思い、能力のある人間が優雅に暮らし、無能で非力な人間たちが路傍《ろぼう》で飢えているのは自己責任なのである。能力がある人間が高い格付けを受け、無能な人間が軽んじられ、侮られるのは適切な考課の結果であり、それが社会的フェアネスなのだと広言するような人々がオピニオン・リーダーになりました。

私はそういう考え方は「よくない」と思っています。

共同体はそのメンバーのうちで、もっとも弱く、非力な人たちであっても、フルメンバーとして、自尊感情をもって、それぞれの立場で責務を果たすことができるように制度設計されなければならないと思っているからです。それは親族や地縁集団のような小規模の共同体でも、国民国家や国際社会のような巨大な共同体でも変わりません。

もっとも弱く、非力なものとともに共同体を作り上げ、運営してゆくためには、どうしてもそれなりの数の「大人」が必要です。十分な能力があり、知恵があり、周囲から十分な敬意や信頼を得ている者は、その持てる資源を自己利益のためではなく、かたわらにいる弱く、苦しむ人たちのために用いなければならないと考える「大人」が必要です。

社会問題はぎりぎり切り詰めると、実践的には「どうやって大人を育てるか」というところに行きつきます。私はそう思います。社会全体を一気に、全体として「正しいもの」にすることはできません。でも、社会はフェアで、手触りのやさしいものでなければならないと信じ、そのために自分の持てる力を用いる「大人」たちの数を少しずつ増やすことは可能です。

マルクスを読み、マルクスの教えを実践しようとすることは、近現代の日本に限っていえば、「子どもが大人になる」イニシエーションとして、もっとも成功したモデルの一つでした。そして、若者たちがマルクスを読まなくなってから、目に見えて「大人」の数が減少した。私はこの二つの現象の間には関連があると思っています。

ですから、私は「若者よ（もう一度）マルクスを読もう」という提案をすることにしたのです。それは彼らに向かって、「大人になる道筋を見つけてほしい」ということとほとんど同義です。

同じ提案が韓国の若者たちについても適切であるかどうか。それはわかりません。でも、韓国でも、中国でも、台湾やベトナムやインドネシアでも、事情は日本とそれほど変わらないのでは、と思います。

韓国の場合、元マルクス主義者である政治家や官僚や資本家の数はたぶん日本より少ないでしょう。ですから「マルクスを読むことで成熟する」という私の説明は伝わりにくいかも知れません。けれども、世界中のどの国においても、青年たちの成熟のための階梯は「弱く貧しい人々への、共感と憐憫と疚しさ」を経由せざるを得ないということに変わりはないと私は思っています。

——二〇一一年七月一六日

■内田樹＋石川康宏『若者よ、マルクスを読もう—20歳代の模索と情熱』かもがわ出版／二〇一〇年

■内田樹『下流志向—学ばない子どもたち、働かない若者たち』講談社文庫／二〇〇九年

『寝ながら学べる構造主義』文春新書／二〇〇二年

夏の終わりに

『日本辺境論』

『日本辺境論』初稿を書き上げて、ただいま推敲中。

この「推敲」という仕事はわりと楽しい。もう原稿は書き上がっていて、締め切りまで一週間残しているから、その点ではいらいらしたり、不安になったりということはない。

これなら本にして世に問うてもよろしいであろうという程度のクオリティには達している。

あとは、できうる限り「リーダーフレンドリー」に書き直す仕事が残っている。

「リーダーフレンドリーネス」というのは、コンテンツの問題というよりは「呼吸」の問題である。易しい話でも、書き手と読み手の呼吸が合わないと意味がわからない。逆に、ややこしい話でも、呼吸が合えば、一気に読める。

「一気に読める」というのと「わかる」というのは次元が違う出来事である。わからなくてもすらすら読めれば、それでよいのである。

何の話かよくわからないのだが、するすると読めてしまうということはある。意味はわからないが、言葉が身体にすうっと「入る」ということがある。ロックミュージックで、歌詞は聴き取れないが、サウンドには「乗れる」というのと似ている。そのような読みの方がむしろ「深い」とも言える。歌詞は忘れても、サウンドの方はお風呂に入っているときにふと鼻歌に出たりする。同じように、誰のどんな本で読んだのか忘れてしまったけれど、何かのおりにふと口を衝いて「だって、日本て、ほら辺境だし」というような言葉がすらすらと出てしまうということはある。

私はどんな論件についても、自分の知見にオリジナリティがあると思っていない（今回の本も、ほとんど先賢《せんけん》からの受け売りである）。だから、真似するなとかコピーライトが蜂の頭とかややこしいことは言わない（というより言えない）。印税はいただきますけど、それはコンテンツについてプライオリティがあるということではなく、読者への差し出し方に「工夫」があり、それについての「手間賃」ということでご了承願っているのである。

今回の『日本辺境論』で私が読者のみなさんにお伝えしたいのは、おもに、丸山眞男の超国家主義論と、澤庵《たくあん》禅師の「石火《せっか》の機《き》」、養老孟司先生の「マンガ論」である。それぞれを「辺境人の性格論」「辺境人の時間論」「辺境人の言語論」としてまとめてみたのである。

日本人の国民性格を「辺境」という視点から論じたものは多いが、日本人の時間意識や言語構造までをも「辺境」がらみで論じたものは管見の及ぶ限り読んだことがない。けれども、お読みいただければ、「そういわれてみれば、そうかも……」というアイディアがいくつかは見つかると思う（希望的観測）。

アイディアそのものはもう書いてしまったので、あとはそれを「一気読み」できるように繋ぐ仕事が残っている。頭から一気に書き直して、細かい話はともかく「ぐいぐい」読めるように「道を通して」しまうのである。この作業は毎日「頭から」始める。「昨日の続き」から始めるとうまくゆかない。それを書くと袋小路に入り込んでしまうことがある。袋小路は袋小路で、それなりに面白いことがあるのだが、「ぐいぐい」の邪魔になる。だから、毎日一頁目から書き直す。

廊下にワックスがけをしているようなもので、繰り返しているうちにだんだん最初の方は「通り」がよくなる。

先の方まで滑っていって、滑りが悪くて雑巾がひっかかるところに来たら、そこに腰をすえて、ごしごし磨く。磨いたら先に進む。それを毎日繰り返す。

理論的には、それで最後までワックスをかけ終わったら、読者もまた一頁目を開いたら、あとはずるっと一気に最後まで滑るはずである。

そういう本を書きたい。

——二〇〇九年九月一日

■内田樹『日本辺境論』新潮新書／二〇〇九年

「日本人とは……」

『日本辺境論』中国語版序文

『日本辺境論』中国語版読者のみなさまへ。お買い上げありがとうございます。

この本が中国語に訳されて、読んでいただけることをたいへんうれしく思います。

日本人は日本人論が大好きです。読むのも好きだし、書くのも好きです。世界でいちばん「自分の国の特殊性」について語るのが好きな国民だと言われています。

僕が比較的長い時間を過ごしたフランスでは「よその国ではこうだが、フランスではこうだ（だから、フランスはダメなんだ／だから、フランスはすばらしいんだ）」というような話をする人を見かけた記憶がありません（一度だけ、「フランスの女は自分が知らないことについてもうるさく意見を述べるのである」と言ってウィンクをしたフランス男性がいましたが、「フランス人とは……」という包括的なコメントを聴いたのはあとにも先にもこの一度きりでした）。

それに比べて、日本人はとにかく日本人論が大好きです（というのが「日本人とは……」という包括的コメントの代表例であります)。

たぶん、そういう包括的な言い方にほとんどの人が納得してしまうほどに、国民性格の均質性が高いということなのでしょう。

この本はそんな日本人の国民性格について、どうしてそういう性格が形成されるに至ったのか、この国民性格はこの国の政策決定や制度設計にどのように関与しているかということを論じたものです。

地理学的・地政学的「辺境」に位置づけられたことが日本人の特殊性を深く決定したというのが本書の主張です(もちろん、少しも新しいものではありません。これまで多くの思想家が同じことを書いています。本書はそのような先行研究のダイジェストでもあります)。

中華皇帝が世界の中心におり、文明の精華はここに集中しており、「王化《おうか》の光」が広がり、その光量が減じてゆくにつれ、四囲《しい》の住民はしだいに禽獣《きんじゅう》に近い「化外の民」になってゆく……というのが華夷秩序のコスモロジーです。

この同心円的な宇宙観は中国人だけでなく、インドシナ半島や朝鮮半島や日本列島の住民によっても久しく共有されていました。日本列島住民たちの民族的アイデンティティーにはこの辺境民性が深く刻み込まれています。

その際だった特徴は「自分たちには制度文物をゼロから創造する能力がない(それは外部か

ら到来する)」という無能の自覚です。

「無能の自覚」というと否定的なニュアンスの強い言い方になりますが、逆から言えばこれは「学ぶことに対する激しい意欲」を意味します。「私は知りません。教えてください」という言葉を日本人ほど心理的抵抗なしに口にできる国民はあまりいないと思います(とりあえずフランスやアメリカにはそういうことを簡単に口にする人はあまりいませんでした。たぶん中国にも)。

間違いなく日本人は「学ぶ」ことについては一種の民族的才能を賦与されています(それが「創造することができない」ことの代価であるとしても、すぐれた能力であることに変わりはありません)。

イノヴェーションは苦手だが、学習し、模倣し、改良することが日本人は得意です。その最高傑作が漢字という表意文字と「かな」(仮名)という表音文字を併用する日本語というハイブリッド言語です。

文字を読むとき、図像処理と音声処理を脳内で同時に行うという解剖学的曲芸を演じているのは、たぶん地上にもう日本語話者しか残っていません。その独特の脳の使い方がどのような特異な文化を創り出すことになったのか……これについては本書でかなり長い紙数を割いて論じていますので、ぜひそちらをお読みください。

私がこの本を書いたときに読者として想定していたのは、実は日本人でなく、アジアの隣国の人々（中国人、韓国人、ベトナム人などなど）でした。日本人なら「そんなこと、言われなくても知ってるよ」というようなことをくどくど書いたのは、外国の読者に理解してほしかったからです。

でも、実はそういうスタンスで日本人論を書く人というのは、ほとんどいないのです。日本人の書く日本人論は徹底的に「国内向き」です。「事情がよくわからない外国の人」に日本および日本人について説明するためのものではありません。日本人を罵倒したり、叱咤したり、激励したりして、「日本人に何かをさせる」という実践的な目的のために書かれているわけですから、読んでほしい相手は日本人だけです。

そういう本ももちろんあってよいとは思うのです。でも、それだけでは隣国の人たちの「日本人はどうしてあのような『理解しがたい』行動をするのであろう？」という疑問にはいつまでたっても答えることができません。ときどき、外国の方たちのための「はい、では、ご説明しましょう」というタイプの日本人論が書かれてもよろしいのではないかと思って、この本を書きました。

今、ここまで書いていて思い出しましたが、そういえば、今から三〇年くらい前に友だちと翻訳会社を起業したときの最初の仕事の一つは「外国人のための日本文化紹介の本」でした。*A look into Japan*というタイトルのこの英語の本で、私は外国からの観光客のために、「畳に上がるときの作法」とか「お風呂の入り方」とか「神社仏閣での参拝の仕方」とか「お箸の使い方」とかを書いた記憶があります。そのときに「日本人にとってのふつう」が「外から見ると民族誌的奇習」であるということをしみじみ感じました。そして、その「奇習」がそれなりに長い歴史的風雪に耐えて生き延びてきたことには、それなりの理由があることも。

中国の読者のみなさんにはぜひこの「それなりの理由」をご理解いただき、「日本人もいろいろ大変なんだね」というふうに感じてほしいと思います。

それから宣伝を一つ。私は『街場の中国論』という本も書いておりまして、これは「日本人から見た中国論」です（ただいま翻訳中です。タイトルがどうなるかは未定です）。中国はどうして「あんな不可解なふるまい」をするのだろうという日本人に共通する疑問を、私なりに「たぶん先方にも『それなりの理由』があるからじゃないですか」というふうに説明を試みたものです。これはぜひ中国の人に読んでいただいて、「その説明は違うよ」とか「その説明でよろしい」とかいう判断をお聞きしたいと思っております。

ではまた別の本でお会いしましょう。

――二〇一一年一〇月六日

■内田樹『日本辺境論』新潮新書／二〇〇九年
『増補版　街場の中国論』ミシマ社／二〇一一年

第四章

教育棚

母語運用能力について

教育の現場から繰り返し指摘されているように、外国語というのは母国語習得のあとに学べば、母国語を批判的にとらえ返す生産的な契機を提供してくれるが、母国語習得と並行して学ぶと、どちらの国語も不十分にしか運用できない「セミリンガル」を生み出してしまう。

私たちは母語を話すときに文法規則というものを意識しない。

文法規則を学んで「ふうん、言葉ってそういう仕掛けになっていたのか……」ということに気づくのは古文や英語を学び始めてからである（古文は中学生にとってはとりあえず「外国語のようなもの」である）。

バイリンガルというのは、二つの国語を「母語のようなもの」として運用することのできる人であり、定義からして、どちらの言語をも文法規則というものを意識しないで使うことができる。小学生まで日本にいて、日本語を文法規則を意識せずに使いこなし、中学から高校までアメリカにいて、やはり英語を文法規則を意識しないで使いこなせるようになって……という人の場合がそうである。

この人の場合、「言語の文法規則を体系的に学ぶ」ということをどちらの国においても学習していない。その結果どういうことになるかというと、「流暢なのだけれど、微妙に不自然な言葉」をどちらの国語についても使うようになる。

そして、いちばん問題なのは、「微妙に不自然らしいことは、まわりの人のちょっとしたリアクションからわかるのだけれど、どこがどういうふうにおかしいのか自分には説明できないし、まわりの人も説明できない」ということである。

「うーん、なんか変だよね。日本語ではそういうふうには言わないけどね、どうしてか知らないけど」というようなあたりさわりのない訂正がときどき入るだけである。もちろんその程度のことなら日常のコミュニケーションには何の不自由もない。

けれども、自分の使っている言葉が「母語の自然で規範的なかたちである」という自信がもてないという事実は想像以上に重いものである。

何度も書いていることだけれど、「言葉の力」というのは、それが思考を適切に表現できるヴィークルとして性能がよいということではない。ある名詞を口にすると、それを修飾することのできる形容詞のリストが瞬間的に頭に並び、ある副詞を口にすると、それをぴたりと受け止める動詞が続く……というプロセスが無意識的に高速で展開するという言語の「自律」のことである。

母語運用能力というのは、平たく言えば、一つの語を（場合によっては一つの音韻を）口にするたびに、それに続くことのできる語の膨大なリストが出現し、その中の最適の一つを選んだ瞬間に、それに続くべき語の膨大なリストが出現する……というプロセスにおける「リストの長さ」と「分岐点の数の多さ」のことである。「梅の香りが……」という主語の次のリストに「する」という動詞しか書かれていない話者と、「薫ずる」、「聞こえる」という動詞を含んだリストが続く話者では、そのあとに展開する文脈の多様性に明らかな差が出る。

「分岐点の数の多さ」というのはわかりにくいかもしれないが、「分岐点がない言語」を思い浮かべればわかる。

「分岐点がない言語」というのはストックフレーズのことである。ある言葉を選ぶと、そのセンテンスの最後までが「まとめて」出力されるようなフレーズだけを選択的に言い続ける人がいる（校長先生の朝礼の言葉とか議員の来賓祝辞を思い浮かべればよろしい）。

ある語の次に「予想通りの語」が続くということが数回繰り返されると、私たちはその話者とコミュニケーションを継続したいという欲望を致命的に殺《そ》がれる。

「もう、わかったよ。キミの言いたいことは」

というのはそういうときに出る言葉である。

外国語を学ぶときに、私たちはまず「ストックフレーズ丸暗記」から入る。それは外国語の運用の最初の実践的目標が「もうわかったよ、キミの言いたいことは」と相手に言わせて、コミュニケーションを「打ち切る」ことだからである。たしかに、ホテルのレセプションや航空会社のカウンターや税関の窓口ではまさにそのことが求められている。「理解される」というのは「それ以上言葉を続ける必要がなくなる」ということだからである。

自分が何を言いたいのかあらかじめわかっていて、相手がそれをできるだけ早い段階で察知できるコミュニケーションが外国語のオーラル・コミュニケーションの理想的なかたちである。けれども、それは母語のコミュニケーションが理想とするものとは違う。

母語言語運用能力というのは、端的に言えば、「次にどういう語が続くか（自分でも）わからないのだけれど、そのセンテンスが最終的にはある秩序のうちに収斂《しゅうれん》することについてはなぜか確信せられている」という心的過程を伴った言語活動のことである。

ストックフレーズを大量に暗記して適切なタイミングで再生することと、言語を通じて自分の思考や感情を造形してゆくという（時間と手間ひまのかかる）言語の生成プロセスに身を投じることは（結果的にはどちらも「たくみにある言語を操る」というふうに見えるけれど）、内実はまったく別のことである。

——二〇〇六年三月二〇日

日本語壊滅

産経新聞が「大丈夫か日本語」というシリーズ記事を掲載している。たいへん興味深い記事があったのでご紹介したい。

まずは携帯メールによる語彙の変化についての研究報告。

日本大学文理学部の田中ゆかり教授（日本語学）は「（携帯メールのコミュニケーションで）新たな語彙を獲得するのは難しい」とみる。

そこでのやりとりは親密な間柄の「おしゃべり」に限られるからだ。丁寧な言い回しや敬語といった配慮表現が絵文字や記号に取って代わられることも多く、言葉を尽くして伝える訓練にはならない。

「短文化」も加速している。

田中研究室に在籍していた立川結花さんが、二〇〇五年、大学生の携帯メール約四〇〇件を分析したところ、一件平均の文字数は約三〇字で、五年前の調査結果の三分の一にまで減っていた。「相手に悪く思われないためには、三〇秒以内に返信するのが暗黙のルール。送受信の頻度は上がり、極端な場合、一文字だけのメールがやり取りされることもある」（田中教授）のが実情だ。

独立行政法人メディア教育開発センターは二〇〇六年、大学生約一二〇〇人の一日平均の携帯メール送受信回数と日本語の基礎学力の相関関係を調べた。「中学レベル」と判定された学生の平均送受信回数が一日三二回だったのに対し、「高一レベル」は二七回、「高三レベル」は一五回。メールでの送受信回数が多い学生ほど日本語テストの点数が低いという結果が出た（五月一日）。

興味深い統計である。

たしかに携帯メールは複雑で論理的な情報を送信するには不向きなツールだと思う。それは論理の流れが感情の流れより「速い」からである。親指ぴこぴこではロジックの速度をカバーできない。

文房具の運用速度の物理的限界が思考の自由を損なうということはありうる。現に携帯メールの文字入力作業というのは、私にとっては「書いてから一秒経たないと文字が見えてこない鉛筆」で文字を書いているようなもたつき感をもたらす。ときどき誤入力をして意味をなさない同音異義語が画面に出てくると、私のようなイラチ男の場合、こめかみに「ぴちっ」と青筋が走り、そのまま「え〜い」と携帯電話をゴミ箱に投げ捨てたい衝動を抑制するのに深呼吸をせねばならぬ。

このような「どんくさい」ツールは複文以上の論理階層をもつ文章を書くことには適さないと私は思う。ということは、携帯メールを主要なコミュニケーションツールとする人々はいずれ「複文以上の論理階層をもつ文章を書くことができない」人間になる可能性があるということである。というか、実際にそうなりつつあるらしい。

次はそんな大学の話。

学生の日本語の間違いや語彙力低下に戸惑う大学関係者は少なくない。関東地方のある私立大学では数年前から、日本語表現法の講義内容が様変わりした。毎回、学生に漢字テストを課すようになったのだ。中学・高校レベルの問題ばかりだが、空欄が目立つ答案が多いし、「珍談」(診断)、「業会」(業界)といった誤字も目立つ。

「最近は義務教育で身につけるべき表記や語彙、文法すら備わっていない学生が多いため、従来のやり方では授業が成り立たない」と、担当教員は言う。

影響は他科目にも及ぶ。

英和辞典の訳語を説明するだけで時間がとられてしまうと英語学を担当する教員は嘆く。

英文解釈の講義で学生に「often」の意味を調べさせても、「しばしば」はもちろん、「頻繁に」

といった訳語が理解できないからである。『よく…する』ではどうか、と聞いても、『よく』は『good』の意味としてしか認識していない学生すらいる」というのでは……。

　独立行政法人メディア教育開発センターの小野博教授が二〇〇四年、三三大学・短大の学生約一万三〇〇〇人の日本語基礎力を調べたところ、国立大生の六％、私立大生の二〇％、短大生の三五％が「中学生レベル」と判定された。昨年度の調査では、中学生レベルの学生が六〇％を占める私立大学も現れた。「大学全入時代」の到来とともに、外国人留学生と同程度か、それ以下の日本語力しかない学生が出てきたのである。

　その大学生たちが就職するとどうなるか。

　六月に第一回日本語検定を開く東京書籍が、二〇〇六年に約六〇の企業に日本語をめぐる問題についてヒアリングをしたところ、深刻な悩みが次々と寄せられた。問題は「敬語が使えない」、「違和感のある言葉づかい」といったレベルにとどまらない。オペレーターが日本語で書かれた取り扱い説明を理解できず、機械を故障させた。社員が送った言葉足らずの電子メールが取引先を立腹させ、受注ができなくなった……などなど。日本語力不足が実害を生むケースもあった。

　まことに恐るべきことである。

　英和辞典が引けない学生が増えているというのは私も経験的にわかる。ほんとうに引けないのである。今の学生たちは電子辞書を使い慣れているので、そもそも紙の辞書になじみがない。だから、目当ての単語にたどりつくまで異常に時間がかかる。辞書を引き慣れていると、頭で考えなくても勝手に手がアルファベットの順番どおりに（タイプライターのブラインドタッチと同じく）動くのだが、それがもうできなくなっている。あの「辞書をさくさく引く」という作業もけっこう重要な身体訓練であったような気もするのである。だって、「ほとんど同じような文字構成の単語」が紙面いっぱいに拡がっている中から、場合によっては最後の一字だけで前後と差異化されている単語を瞬時に発見する能力を涵養《かんよう》していたわけである。

そんな能力がいったい何の役に立つのか……と問われてもとっさには答えられないけれど、何かぜんぜん関係ないところで、生きる上で役立っていた可能性はある（わかんないけど）。

ともかく、若い日本人の日本語運用能力は壊滅的な状態になりつつあると新聞は伝えている。でも、私はそれほど悲観的にならなくてもいいかと思っている。というのは、携帯メールによる語彙の貧困化や母国語運用能力の低下は日本だけでなく、世界的な現象だからである。「世界中みんなバカ」になるなら、日本人がバカになっても、それによって日本だけ選択的に国益が損なわれるということはないであろう。

それしか「頼みの綱」がない、という点が情けないが。

——二〇〇七年五月九日

異文化理解と外国語教育——フランス語教育についてのシンポジウム抄録

予稿には次のようなことを書きました。まずはそれを採録しておきます。

外国語を学ぶことは母語を習得するときのブレークスルーをもう少し小さな規模で追体験することだと僕は思っています。

母語を習得するとき、僕たちはその言語について何も知らず（というか「言語」という概念さえもたないまま）、空気の波動を記号的に分節し、光の波動を文字として把握します。ゼロからの世界像形成。それが言語習得ということのほとんど奇跡的な意味だと思います。

しかし、今、日本では、外国語習得はもっぱらすでに母語的に分節された世界を単に富裕化するために、水平方向に拡大するために「有用」であるという言葉づかいでしか動機づけられません。TOEICのスコアが何点になると、どれだけ「いいこと」があるかというような功利的な動機づけで外国語を習得することは、僕が考えている「ブレークスルー」体験と隔たること遠いものです。もちろん「いいこと」はたくさんあるでしょう。でも、それは外国語を習得することのもたらす最大の喜びとは違うような気がします。

二〇代の僕にとって、フランス語を学習することの目的は端的に、「日本語話者のうちには、そのようなロジックで、そのような概念を用いて思考している人がいない」書き物を理解するためでした。それはいわば自分自身の思考枠組みそのものを「かっこに入れる」ことを必要とします。やり方がわからないので（嬰児のときに日本語を習得したやり方をちゃんとマニュアル化しておけばよかったのですが……）、ずいぶん苦労しました。けれども、その苦労の甲斐はあったと思います。今でも僕は実用フランス語においてはまるで素人の域を出ませんが、フランス語のテクストを熟読することで「自分の思考枠組みを変えた」ということについては深い確信があります。でも、その成果は数値的に「これだけ変わりました」と証示することはできません。そもそもそんな変化に用事があるのは僕ひとりですし。

だから、実は僕は「異文化理解」という言い方にはいささか抵抗があるのです。外国語の習得のもたらす最良の知的達成は「自国の文化を異文化として理解する」ことではないかと思っているからです（予稿はここまで）。

実際にシンポジウムに参加して、他の方の発言のうちに、たいへん興味深い論点がありました。それは「目標文化」というあまりなじみのない術語です。「目標文化」というのは、私たちがある外国語を学ぶとき、その学習を通じて目指す文化のことです。フランス語を学ぶ場合、フランス語は「目標言語」、フランス文化は「目標文化」と呼ばれます。

実はこの説明を聴いて、僕は軽い違和感を覚えたのです。

発表者は「目標文化に到達するためには、目標言語による教育が必須である」というネイティヴの教師が強く主張しがちな教育観に対する疑念を語っておられました。私もそれに同意見です。

二〇年ほど前、ある語学学校で、フランスのテレビの「お笑い番組」のビデオを見せられて、早口のギャグの聴き取りを命じられたことがありました。私がその課題を拒否して、「私はこのような聴き取り能力の習得には関心がない」と告げたところ、教師は激怒して、「市井のフランス人が現に話しているコロキアルな言葉が理解できない人間はフランス文化をついに理解できないであろう」と述べました。どうやら私とこのフランス人教師は「フランス文化とは何か」についての理解が違っていたようです。

私がフランス語の習得を志したのは、六〇年代の知的なイノヴェーションの過半がフランス語話者によってなされているように見えたからでした。メルロー＝ポンティ、サルトル、カミュ、レヴィ＝ストロース、フーコー、ラカン、バルト、デリダ、レヴィナスたちの仕事はこの時期に集中しており、彼らの最新の知見にアクセスするためにフランス語運用能力は必須と思われました。私はこの「知的饗宴」を欲望してフランス語を学び始めたのであって、市井のフランス人に特段の興味があったわけではありません（今もありません）。

そして、私があこがれたその「知的饗宴」もまたすでに過去のものとなりました。

「目標文化」という語は必ずしもある国語を母語とする人たちの「国民文化」を意味しません。例えば、聖書の原典はヘブライ語やアラム語やコイネーで書かれていますが、それらを母語とする話者たちはもう存在しません。だからといって、聖書を生み出した人々の霊性の本質を理解できるものはもう誰もいないと主張する人はいないでしょう。「誰もそれを母語としない言語に固有の文化」というものがありうる。この刺激的な命題について考えるきっかけを与えてくれたことについて、このシンポジウムに参加できたことを感謝致します。

——二〇一一年五月一九日

物書きニッチビジネス

新学期が始まったので、もう忙しくて忙しくて、どうにもなりません。

ゼミが四つ同時に始まったので、そこでそれぞれのゼミの目的に応じたご挨拶をする。二年生のゼミと三年生のゼミでは「気合い」がかなり違う。

こう申し上げては失礼だけれど、二年生のゼミ生のうちにはまだ「なんでゼミなんかやるの？　ていうか、このおじさん、誰？」というぽかんとした表情が散見される。

おじさんはね、諸君を諸君の知らないミステリアスな世界へといざなうメリー・ポピンズみたいな人なのだよ。残念ながら、かのスーパーガバネスのように、鞄から帽子架けを取り出していきなり諸君の度肝を抜くような芸当はできぬのだが、瓢簞《ひょうたん》から駒を出し、嘘から真を取り出すくらいのことは朝飯前である。

汗を拭き拭きオフィスに戻ると、次々とゼミ生や院生が論文のこと、就職のことなどで相談にやってくる。

私のカウンセリング理論は「相手が言ってほしい言葉を言ってあげる」というだけのことなので、いたってシンプルな仕事なのである。それでも、ときどき「自分が何を言ってほしいのかわからない」学生が来ることがある。

「私はいったい何をしたいのでしょう?」と訊かれても困る。


机の上にはさまざまなところから「複製許諾」の申し込みが来ている。この時期はとくに多いのだが、それにしても一日に三通というのは珍しい。

入試問題に私の著作から引用していただくことがある。

当該学校から「お礼」が来る場合と、その試験問題を複製頒布するところ（出版社や予備校）から「お金」が来る場合がある。

「お礼」はなかなかその大学の個性が伺えて結構なものである（日大からいただいた「農学部で作ったレバーペースト」は美味しかったです）。

支払通知がくると、一応「複製許諾ご返送申し上げます。よろしくご査収ください」という手紙を書くのだが、それにもだんだん飽きてきた。

これまでに同じ文をたぶん二〇〇回くらい書いている。それだけの学校の入試に私の著作を利用していただいているということである。

しかし、ここだけの話であるが、この二〇〇校の入試で使われている私の著作からの引用箇所は「ほとんど同じ」なのである。

それをここで公開してしまうと、来年度からその本はもう入試問題にはご利用いただけなくなり、レバーペーストも図書券もお鳥目《ちょうもく》もいただけなくなるのが残念であるが情報を開示しよう。

いちばん多いのは『寝ながら学べる構造主義』と『先生はえらい』からの引用で、それに『街場の現代思想』が続く。この三冊で九五％くらいである。

傾向的に言うと、高校の先生が「おまえらな……」と生徒たちに長説教したい内容のことを書いた部分が（たいへん）多い。

受験生は正解をしなければならない立場上、いやでもこの「説教」を熟読玩味せねばならない。それが一部の高校教師たちに嗜虐的な快感を与えている可能性を、私は完全には払拭できないのである。

しかし、考えてみると、嗜虐的な快感をもたらすとまではゆかぬとも、先生方の「俺にだっておまえらに言いたいことがあるんだぜ」というオンザエッヂな気分に配慮したタイプの論説文というものがこの世にあまり存在しないというのは紛れもない事実である。

その点で私は全国的にもレアな書き手であると申し上げてよろしいであろう。

これは私が何年か物書き仕事をしてきて学んだことであるが、物書きは本質的には「ニッチ・ビジネス」である。つまり、「私の代弁者がどこにもいない」という不充足感に苦しむ読者たちをクライアントに標定する、ということである。

私がものを書き始めたのは「読みたい雑誌がない」ということが大きな理由であった。仕方がないので、自分で書いたエッセイを自分に読ませていたのである。

よく、「どうしてあんなにたくさん本を書くんですか?」と訊かれるが、むろん自分で読むためである。

というのは、私の書いたものは私の気分を代弁してくれる確率がそれ以外の文章の場合よりもたいへんに高いからである。

ことほどさように人は誰かに「自分の気持ちを代弁してほしい」と欲望しているのである。「私の代弁者がどこにもいない」という不満は集団のサイズとは関係がない。巨大な集団でありながら、「どのメディアも、どの書き手も、私の気分を代弁してくれない」という不満を託《かこ》つということはある。というか、日本の社会集団のほとんどは(小学生から老人まで)「自分の気持ちを代弁しているメディアは存在しない」と実は思っているのではないであろうか。

——二〇〇七年四月一五日

■内田樹『寝ながら学べる構造主義』文春新書／二〇〇二年
『先生はえらい』ちくまプリマー新書／二〇〇五年
『街場の現代思想』文春文庫／二〇〇八年

卒論の書き方

四回生たちに卒論中間発表の「心得」をメールで送信した。学生に向かって「卒論とは何か」ということを書くのも、これが最後の機会であるので、記念にそれを転載することにした。うちのゼミ生に限らず、「卒論って、どうやって書けばいいんだろう……」と困っている学生諸君の一助になればと思う。

みなさまへ「卒論中間発表の心得」

暑いですね。僕も暑さと忙しさで死にそうです。
みなさんも就活やバイトやら旅行やらでたいそうお忙しい夏休みをお過ごしのことと思いますが、「卒論」というものがあることを忘れてはいけません。
卒論中間発表について、ご連絡いたしますので、熟読玩味してください。

必ず書かなければいけないことは、

「タイトル」

「目次」

「序論」ここでは、その研究主題を選んだ理由を示すと同時に、先行研究についての批判を必ず行ってください（その理由はあとで説明します）。

「これまで書き上げた分のうちの一章」学術論文の場合、必ずしも第一章から順番に書くわけではありません。途中から書いたり、途中を抜いて前後から詰めていったりすることもあります。「序論」なんかはたいていいちばん最後、「結論」を書いたあとに書くものです。そうしないと、「序論」で企てたのとぜんぜん違う結論になったときに（必ずそうなるんですよね、これが）困ります。

その序論を書いてもらいます。

今、みなさんは「書き終わってから書いた方がいいものを、どうして書き終わる前に書くんですか？」という当然の疑問に逢着されたことと思いますが、その理由はあとで書きます。

プラス、中間発表では「とりあえず書き終えた分」のうちの一章だけ発表してもらいます。

以上全部あわせて六〇〇〇〜八〇〇〇字にまとめてください。

ハンドアウト…Ａ四・一枚

いつもの発表のレジュメと同じですが、今回は、「タイトル」と「全体目次」を必ず書き入れておいてください。

執筆上のご注意

何よりもまずご理解いただきたいのは、これはたぶんほとんどのみなさんにとって生涯に書く最初で最後の「学術論文」だということです。

これまで書いてもらったものは「レポート」です。「論文」ではありません。「レポート」と「論文」はどこが違うのか。それからお話しします。

「レポート」は「私はこれだけ勉強しました」ということについての「報告」です。提出先は「先生」。ふつう「レポート」は先生ひとりしか読みません。先生はそれをぱらりと読んで「ほ、七五点」「ふん、八三点」とか点をつけます。あとで成績表を見た学生さんが「この点数の積算根拠についてアカウントを求めたい」というようなことを言ってこられても、こちらは「そんな昔のことは覚えちゃいないね」と『カサブランカ』のハンフリー・ボガートのように遠い目をするばかりです（そうは言っても、「じゃあ」というので、もう一度採点しても、これがほとんど同じ点数になるから不思議です）。

「レポート」は「これだけいっしょうけんめい勉強しました」ということを誇示するのがおもな目的です。ですから、参考文献をたくさん読んで、そこに書いてある内容を「これでもか」

というほど引用すれば、けっこう高いスコアがもらえます。オリジナリティとか、新説とかは「レポート」には求められません。そこが「学術論文」と違うところです。

「学術論文」は逆に「それしか」求めません。

他の本に書いてあることを糊と鋏で切り貼りして「一丁あがり」ともってきたら「レポート」で一〇〇点もらったけれど、同じものをそのまま卒論に出したら〇点だった、ということは（理論上は）ありえます。

そこに「何も新しいもの」がなければ、〇点をつけられても学者は文句を言えないのです。

諸君は学会というようなところに行ったことがないからご存じないでしょうけれど、そこでは「まだ誰も言ったことのないこと」を言うために学者たちが集まってきて、論文を読み上げて、さかんに議論をしています。そして、質疑応答のときに、「あなたのそのホニャララ説なるものは、すでに別の学者によって発表されている」という指摘がなされたら、それで「アウト」です。即、退場。

学術上の新発見をジャーナルに投稿したら、別の研究者が同じ発見を一日前に投稿していたので、ノーベル賞をもっていかれた……というような話はみなさんもご存じでしょう。学術の世界では「プライオリティ」（先取権）というものが重く見られます。「まだ誰もそのことを言っていないこと」を言うことに、それにのみ学者の栄光は存します。他の人がすでに発見し、理論化し、本に書き、世間周知のことを、こちょこちょと糊と鋏で切り貼りして、「これが私の論文です」と差し出しても、「バカ」といわれるだけです。

プライオリティ、あるいはオリジナリティということは、もう一つのもっとたいせつな条件と結びついています。

それは公開性ということです。

「まだ誰もそれを言っていないこと」であるかどうかは、実は「先生」にはわかりません。「先生」だって専門以外のことについてはあまりよく知りません（専門のことについてだって、けっこう穴だらけです）。だから、論文を読むのが「先生ひとり」であれば、先生がぜんぜん知らなそうな分野のことであれば、「ありもの」を切り貼りして先生を騙すことは可能です。

先生ひとりなら騙せます。

でも、「学術論文」は天下に公開されます。学術論文は（理論上は）世界中のすべての人がアクセスできるようなかたちで発表されます。だから、誰かの本からこっそり抜き書きして「ニセ論文」を作って提出すれば、先生ひとりは騙せても、その分野の専門家たちが見れば、たちまち馬脚があらわになります。

学術論文が公開的なかたちで書かれるのは、一つにはそのように「プライオリティやオリジナリティが真正のものであるかどうか検証する」ということがたいせつだからです。

でも、もう一つ、もっと大事な理由があります。

それは学術研究が本質的には「他者への贈り物」だからです。「レポート」の場合は、「ぜひこれを読んでもらいたい」という読者を想定して書いているわけではありません。どうせ読むのは先生ひとりだし、書いている学生さんにしても、その先生に対しても「このことだけは知ってほしい」という特段のメッセージがあるわけではありません。知ってほしいのは「ちゃんとまじめに勉強しました」ということだけです。伝わってほしいのは「だから単位ください」というメッセージだけです。

学術論文はそうではありません。

誰が読むのかは、それは書いているときはまだわかりません。いつか、どこかで、その論文を手にとることになる「誰か」です。みなさんが今回選んだのと同じテーマについて、なんとなく気になって、前からいろいろ考えていて、「もっと知りたい、もっと理解したい」と思っている「誰か」です。

論文はその「まだ見ぬ読者」を宛て先にした「贈り物」です。その読者に「ああ、私は『こういうもの』を探していたのだ。『こういうもの』を読みたかったのだ」と思ってもらうように書く。

その「贈り物」性こそが学術論文の本質であると申し上げてよろしいでしょう。

「レポート」はどんなにすばらしいものを書いても、読者は先生ひとりであり、高いスコアをもらうことによる受益者は書いた学生ひとりです。「論文」は、潜在的読者は「万人」であり、それがすぐれたものであった場合に、そこから受益する人間の数は（理論上は）「無限」です（今日は「理論上」という言葉が頻出しますね。それだけ、みなさんの日常の常識とは違うレベルのことをお話ししているということです）。

ですから、論文の卓越性は、それがどれだけ多くの人に「贈り物として」受納されたかを基準に査定されることになります。

そのことさえきちんと頭に入れておけば、「どういうふうに書くか」、論文の書き方もおのずからわかってくるはずです。

「論理的に書く」

当たり前ですね。ひとりでも多くの読者にわかってほしくて書くんですから、むろん情理を尽くして説く。順序立てて論じる、論拠を示す、適切な例証を引く。

「引用出典を明らかにする」

先行する研究はもちろん十分に参考にしなければなりません。

でも、他人の知見やよその人が調べたデータを「自分のオリジナルのもの」であるかのように偽装することは許されません（それは「盗用」と言って、学術の世界ではきびしい罰の対象になります）。

先行研究は先人から私たちへの「贈り物」であるわけですから、その中からとりわけ「よいもの」を選りすぐって次世代の研究者に「パス」することは私たちのたいせつな世代的義務です。でも、それが「誰からの贈り物」であるかを示す「タグ」を私たちが勝手にはずして、自分の名前を書き込んで贈り物にしてはいけません。

「これはXさんからの、これはYさんからの、そしてこれは私からの贈り物です」とちゃんと区別して手渡すのが、プレゼントを手渡す場合だって礼儀ですよね。「ヤマダさんの誕生日のパーティ、私行けないんだけど、このプレゼント、代わりに渡しておいてね」と言われた人がそれをまるで自分からの贈り物のように差し出すということはまさかみなさんだってしませんよね。それと同じです。

「自分のオリジナリティを明らかにする」

「先行研究批判」というのは、先行研究を「否定する」という意味ではぜんぜんありません。間違えないでね。先行世代から「どさっ」と手渡された「学術的贈り物」の山の中から、「この論件について研究する次世代の研究者には、これとこれは残しておかないといけないね」とセレクトすること、それが「先行研究批判」です。

そして、このセレクションの作業を通じて「私からの贈り物」の意味が際立ってきます。みなさんが友だちに誕生日のプレゼントをする場合と同じです。そういうときって、他の友だちと贈り物が「かぶらない」ようにするでしょ。学術的オリジナリティも、それと同じです。自分からの贈り物と先行世代からの贈り物とを「かぶらないようにする」こと。

私からの贈り物には「これは他の誰からのプレゼントとも重複しません」というタグをつけます。それがオリジナリティということです。「私のこの贈り物と同じものを思いついた人は、これまで世界に誰もいません」という宣言がなしうることを「プライオリティ」と言います。

おわかりになりましたか。

「学術論文を書く」ときの心構えは、みなさんがふだん生活しているときに「たいせつなひとに、自分のことをいつまでもきちんと記憶してもらいたくて贈る贈り物」を選ぶときの基準とい、い、い、まったく同じです。

とりあえずみなさんは「自分が選んだ研究テーマと同じテーマで来年卒論を書こうとしている内田ゼミの三回生」を「想像上の読者」に想定して書いてください。

彼女がすらすら読めるように、彼女が「当然知っていること」はさらっと流し、「この辺は説明が必要」だと思うところは、じっくりていねいに。彼女が「自分もそのデータや参考文献を調べたい」と思ったときに、すぐにアクセスできるように、データや論拠の引用出典を示すこと。「これが先輩のオリジナルなアイディアなんだな」ということがわかるように、「先人からの贈り物」と区別できるように、「タグ」を、必ずつけること。

とりあえず、その三点に注意して執筆してみてください。

論文の書き方の形式的なことは、『岡田山論集』の掲載論文をご覧ください。

では、諸君の健闘を祈ります。

あ、どうして「序論」を書くのか、その理由をお話しするのを忘れていました。

序論というのは、実は二度書きます（僕は必ずそうしています）。書き始める前にまずきちんと書いて、書き終わってから最初に書いた序論を全面的に書き直します。

この書き直しのときに、ほとんど全部書き直しをすることになったとしたら、それは論文を書くことによって、書いた本人自身が変化したということです。主題についてのとらえ方が変わった。最初に立てていた仮説を放棄して、別の、もっと汎用性の高い仮説を見つけ出した、ということです。書くことを通じて、書く主体そのものが変容を遂げること、それが「書く」

ということのもっとも生成的なところです。論文を書き始める前と書き終わったあとで、書き手が同一人物であったら、その論文は書かれる甲斐がなかった、僕はそう思っています。

ですから、みなさんの書く「序論」はあと何ヶ月かあとに卒論を書き終わったときに、原型をとどめぬほどに書き改められるために書かれるのです。卒論を書く作業を通じて、思索が深化し、視野が遠くまで伸びたことをみなさん自身が確認するために書かれるのです。

がんばってね。

——二〇一〇年八月三日

アングロサクソン型と大陸型

ゼミで、Y川くんがサリンジャーの『バナナフィッシュ日和』を論じた。たいへん面白いプレゼンテーションだったのであるが、惜しむらくは残りのゼミ生十数名の中にこの作品を読んでいるものがひとりもいなかったことである。

まさか『キャッチャー・イン・ザ・ライ』を読んでないということはないだろうね……と不安になって訊ねてみると、これもゼロ。ま、まさか……と『グレート・ギャツビー』を読んでいる人を訊ねてみると、これもゼロ。『キャッチャー』とか『ギャツビー』とか『トニオ・クレーゲル』とか『異邦人』とかって、高校二年の夏休みあたりに必ず読むものではなかっただろうか？

うちのゼミの諸君は決して知的にチャレンジドな方々ではない。ディスカッションはたいへん愉快だし、毎回課しているエッセイにはずいぶんエッヂの効いたものも含まれている。しかし、どこか「突き抜けた」感じが足りないなあ……と思っていたのであるが、やはりそうであったか。
彼女たちの想像力は日本のマスメディアが提供するヴァーチャルな風景の外にはなかなか出ることがないのである。発作的にゼミの読書リストに『ギャツビー』と『キャッチャー』と『日はまた昇る』を加える。

休み時間にオフィスでさらさらと小テストの採点をしていると、院生のS田くんが、修論の相談に来る。学術論文のライティングスタイルとして規範化されている作法がどうも肌に合わないというご相談である。はいはいキミの違和感の依って来る所以をご説明しましょう。

学術論文のスタイルには「アングロサクソン型」と「大陸型」の二種類がある。社会科学系の論文は（理科系の論文に準じて）アングロサクソン型で書かれるのがふつうであるが、宗教や哲学や文学などについて論じる場合は必ずしもそうではない。というのは、論文の主題がしばしば「論文を書きつつある主体自身の思考の手続きや文体そのものが歴史的条件や個人的なバイアスによって規定されており、論文を書きつつある主体がみずからのこの被投性《ひとうせい》を遡及《そきゅう》的に問う」という面倒な作業を伴うからである。つまり、「今この文章を書きつつあるこの『私』なるものにはどれほどの信頼性があるのだろうか。『私』は今この文章を書いているという夢を見ているだけなのかもしれないし、実は気が狂っていて、この文章を書いているという妄想を抱いているのかもしれないし、実はもう死んでいて、それに気づかずにいるのかもしれない……」というようなことを一応可能性としては「ある」ということにしておいて、その上で書くというのが「大陸型」の骨法なのである。フーコーやデリダやレヴィナスやラカンのような書き手がその代表である。

ということをご説明する。「大陸型」の書き手は「アングロサクソン型」の書き物をすらすら読めるが（だってわかりやすいんだもん）、「アングロサクソン型」の書き手は「大陸型」の書き物を理解しようとする努力を惜しむ傾向にある（自分が狂っている可能性さえ勘定に入れて書いているわけであるから、「わかりやすい」はずがない）。この非対称性ゆえに、大陸型の書き手とアングロサクソン型の書き手はお互いを「バカ」だと思っている。不幸なことだが、そうなのである。

S田くんは宗教的経験・霊的経験について論述する予定であるようだが、こういう論文では鍵語《かぎご》そのもの（「神」とか「霊」とか）を一義的に定義することができない。鍵語を定義しないままで、「鍵語を定義しえない人間知性の限界性」そのものを問い返す作業をアングロサクソン型の論述で進めるのはかなりむずかしい（できないことではないが）。

学術性を確保しながら、学術性の基礎づけそのものを問い返すためには、言語的なアクロバシーが要求される。まず「言葉を操る技術」がなければ、何も始まらない、というようなことをお話しする。お役に立てたであろうか。

——二〇〇四年一〇月一五日

■J・D・サリンジャー「バナナフィッシュ日和」『ナイン・ストーリーズ』所収／柴田元幸訳／二〇〇九年
『キャッチャー・イン・ザ・ライ』村上春樹訳／白水社／二〇〇三年
■スコット・フィッツジェラルド『グレート・ギャツビー』村上春樹訳／中央公論新社／二〇〇六年
■トーマス・マン『トニオ・クレーゲル　ヴェニスに死す』高橋義孝訳／新潮文庫／一九六七年
■アルベール・カミュ『異邦人』窪田啓作訳／新潮文庫／一九五四年
■アーネスト・ヘミングウェイ『日はまた昇る』谷口睦男訳／岩波文庫／一九五八年

学ぶ力

「学ぶ力」という文章を書きました。中学二年生用の国語の教科書のために書き下ろしたものです。本が届いて、読んでみたら、なかなか「なるほど」と思うことが書いてあったので（自分で言うなよな）、ここに再録することにします。
中学二年生になったつもりで読んでね。

「学ぶ力」

日本の子どもたちの学力が低下していると言われることがあります。そんなことを言われるといい気分がしないでしょう。わたしが、中学生だとしても、新聞記事やテレビのニュースでそのようなことを聞かされたら、おもしろくありません。しかし、この機会に、少しだけ気を鎮《しず》めて、「学力が低下した」とはどういうことなのか、考えてみましょう。

そもそも、低下したとされている「学力」とは、何を指しているのでしょうか。「学力って、試験の点数のことでしょう」と答える人がたぶんほとんどだと思います。ほんとうにそうでしょうか。「学力」というのは「試験の点数」のことなのでしょうか。わたしはそうは思いません。

試験の点数は数値です。数値ならば、他の人と比べたり、個人の経年変化をみる上では参考になります。でも、学力とはそのような数値だけでとらえるものではありません。「学力」という言葉をよく見てください。訓読みをしたら「学ぶ力」になります。わたしは学力を「学ぶことができる力」、「学べる力」としてとらえるべきだと考えています。数値として示して、他人と比較したり、順位をつけたりするものではない。わたしはそう思います。

例えば、ここに「消化力」が強い人がいるとしましょう。ご飯をお腹いっぱいに詰め込んでも、食休みもしないで、すぐに次の活動に取りかかれる人は間違いなく「消化力が強い」といえます。「消化力が強いです」と人にも自慢できます。しかし、それを点数化して他人と比べたりしようとはしないはずです。

「睡眠力」や「自然治癒力」というものも、同様のものだと思います。どんなときでもベッドに潜り込んだら、数秒で熟睡状態に入れる人は睡眠力が高いといえるでしょう。この力は健康維持のためにもストレスを軽減する上でも、きわだって有用ですが、睡眠力を他人と比較して自慢したり、順位をつけたりすることはふつうしません。怪我をしてもすぐに傷口がふさがってしまう自然治癒力も生きる上では、おそらく学力以上に重要な力でしょうが、その力も他人と比較するものではありません。わたしは「学力」もそういう能力と同じものではないかと思うのです。

「学ぶ力」は他人と比べるものではなく、個人的なものだと思います。「学ぶ」ということに対して、どれくらい集中し、夢中になれるか、その強度や深度を評するためにこそ「学力」という言葉を用いるべきではないでしょうか。そして、それは消化力や睡眠力と同じように、「昨日の自分と比べたとき」の変化が問題なのだと思います。昨日よりも消化がいいかどうか、一週間前よりも寝つきがよいかどうか、一年前よりも傷の治りが早いかどうか。その時間的変化を点検したときにはじめて、自分の身に「何か」が起きていることがわかります。もし「力」が伸びているなら、それは今の生き方が正しいということですし、力が落ちていれば、それは今の生き方のどこかに問題があるということです。

人間が生きてゆくためにほんとうに必要な力についての情報は、他人と比較したときの優劣ではなく、「昨日の自分」と比べたときの力の変化についての情報なのです。そのことをあまりに多くの人が忘れているようなので、ここに声を大にして言っておきたいと思います。自分の力の微細な変化まで感知されている限り、わたしたちは自分の生き方の適不適を判定し、修正を加えることができます。

「学ぶ力」もそのような時間の中での変化のうちにおいてのみ意味をもつ指標だと私は思います。その上で「学ぶ力」とはどういう条件で「伸びる」ものなのか、それを具体的にみてみましょう。「学ぶ力が伸びる」ための第一の条件は、自分には「まだまだ学ばなければならないことがたくさんある」という「学び足りなさ」の自覚があること。無知の自覚といってもよい。これが第一です。

「私はもう知るべきことはみな知っているので、これ以上学ぶことはない」と思っている人には「学ぶ力」がありません。こういう人が、本来の意味での「学力がない人」だとわたしは思います。ものごとに興味や関心を示さず、人の話に耳を傾けないような人は、どんなに社会的な地位が高くても、有名な人であっても「学力のない人」です。

第二の条件は、教えてくれる「師（先生）」をみずから見つけようとすること。

学ぶべきことがあるのはわかっているのだけれど、誰に教わったらいいのかわからない、という人は残念ながら「学力がない」人です。いくら意欲があっても、これができないと学びは始まりません。

ここでいう「師」とは、別に学校の先生である必要はありません。書物を読んで、「あ、この人を師匠と呼ぼう」と思って、会ったことのない人を「師」に見立てることも可能です（だから、会っても言葉が通じない外国の人だって、亡くなった人だって、「師」にしていいのです）。街行く人の中に、ふとそのたたずまいに「何か光るもの」があると思われた人を、瞬間的に「師」に見立てて、その人から学ぶということでももちろん構いません。生きて暮らしていれば、至る所に師あり、ということになります。ただし、そのためには日頃からいつもアンテナの感度を上げて、「師を求めるセンサー」を機能させていることが必要です。

第三の条件、それは「教えてくれる人を『その気』にさせること」です。

こちらには学ぶ気がある。師には「教えるべき何か」があるとします。条件が二つ揃いました。しかし、それだけでは学びは起動しません。もう一つ、師が「教える気」になる必要があります。

昔から、師弟関係を描いた物語には、必ず「入門」をめぐるエピソードがあります。何か（武芸の奥義など）を学びたいと思っていた者が、達人に弟子入りしようとするのですが、「だめだ」とすげなく断られる。それでも諦めずについていって、さまざまな試練の末に、それでもどうしても教わりたいという気持ちが本気であるということが伝わると、「仕方がない。弟子にしてやろう」ということになる。そのような話は数多くあります。

では、どのようにしたら人は「たいせつなことを教えてもいい」という気になるのでしょう。

例えば「先生、これだけ払うから、その分教えてください」といって札束を積み上げるような者は、ふつう弟子にしてもらえません。師を利益誘導したり、おだてたりしてもだめです。だいたい、金銭で態度が変わったり、ちやほやされると舞い上がったりするような人間は「師」として尊敬する気にこちらの方がなれません。

師を教える気にさせるのは、「お願いします」という弟子のまっすぐな気持ち、師を見上げる真剣なまなざしだけです。これはあらゆる「弟子入り物語」に共通するパターンです。

このとき、弟子の側の才能や経験などは、問題になりません。なまじ経験があって、「わたしはこのようなことを、こういうふうな方法で習いたい」というような注文を師に向かってつけるようなことをしたら、これもやはり弟子にはしてもらえません。それよりは、真っ白な状態がいい。まだ何も書いてないところに、白い紙に黒々と墨のあとを残すように、どんなことでもどんどん吸収するような、学ぶ側の「無垢さ」、師の教えることは何でも吸収しますという「開放性」、それが「師をその気にさせる」ための力であり、弟子の構えです。

たとえ、書物の中の実際に会うことができない師に対しても、この関係は同様です。同じ本を読んでいても、教えてもらえる人と、もらえない人がいるのです。

「学ぶ（ことができる）力」に必要なのは、この三つです。繰り返します。

第一に、「自分は学ばなければならない」というおのれの無知についての痛切な自覚があること。

第二に、「あ、この人が私の師だ」と直感できること。

第三に、その「師」を教える気にさせるひろびろとした開放性。

この三つの条件をひとことで言い表すと、「わたしは学びたいのです。先生、どうか教えてください」というセンテンスになります。数値で表せる成績や点数などの問題ではなく、たったこれだけの言葉。これがわたしの考える「学力」です。このセンテンスを素直に、はっきりと口に出せる人は、もうその段階で「学力のある人」です。

逆に、どれほど知識があろうと、技術があろうと、このひとことを口にできない人は「学力がない人」です。それは英語ができないとか、数式を知らないとか、そういうことではありません。「学びたいのです。先生、教えてください」という簡単な言葉を口にしようとしない。その言葉を口にすると、とても「損をした」ような気分になるので、できることなら、一生そんな台詞は言わずに済ませたい。誰かにものを頼むなんて「借り」ができるみたいでいやだ。そういうふうに思う自分を「プライドが高い」とか「気骨がある」と思っている。それが「学力低下」という事態の本質だろうとわたしは思っています。

自分の「学ぶ力」をどう伸ばすか、その答えはもうお示ししました。みなさんの健闘を祈ります。

——二〇一一年九月二日

歌われざる英雄について

歴史というのは「出来事」の繋がりを叙したものである。たぶん、そうだと思う。「歴」の古義には「軍行において経歴するところ、またその功歴あることをいう」とある。なかなか含蓄の深い語源である。

「軍功」と聞くと、私たちはつい「赫赫《かくかく》たる武勲」というようなはなやかな出来事を思い浮かべる。だが、「軍功」とはそういうものだけではない。真の「軍功」というのは、むしろそういうものではない。

日露戦争のとき、連合艦隊司令長官に東郷平八郎を抜擢した海軍大臣山本権兵衛は、明治天皇に「東郷は運のいい男ですから」と上奏《じょうそう》したと伝えられている。東郷は薩英戦争以来の歴戦の軍人だが、その軍歴に対して、山本は最上級の評語として「運がいい」という形容詞を選んだのである。「勇猛果敢である」とか「用兵の才がある」とかではなく、あえて「運がいい」という言葉を選んだのは、おそらく山本が戦場の現実を知る人だったからである。弱兵を率いているときには強敵に遭遇せず、強兵を率いているときに限って弱敵に当たる。「刀を降り下ろしたら、そこに敵が首を差し出してくる」ような境位のことを武道では「先の先」と言う。山本権兵衛が「運のいい男」という語に託したのは「東郷は先の先が取れる男です」という評語と読み替えることができる。

東郷は若い頃から身にトラブルの少ない人だった。街中を歩いているとき、前方に馬のくつわを握る博労《ばくろう》の姿を見て、道路の反対側に移動したことがあった。見咎《みとが》めた同僚が、帝国軍人ともあろうものが、馬を怖れて進路を変えるとは臆病ではないかと難じたところ、東郷は、おとなしく見える馬が突然狂奔することもある。うっかり馬に蹴られて怪我をして本務に支障があればそれこそ帝国軍人の本務に悖《もと》るのではないか、と涼しい顔で答えたそうである。広く人口に膾炙《かいしゃ》した逸話だが、これは東郷の危機センサーの高さを伺わせる。

長く武道を稽古してきてわかったことの一つは、危険に対する予兆の「アラーム」というものがあり、状況によってそれが鳴動することがある、ということである。理由はわからない。とにかく、「アラーム」が鳴り出す。ある姿勢をとるとか、ある方向に身体をねじるとか、進むはずだった進路を変えるとかすると「アラーム」の音量が下がる。だから、「アラーム」の音量が下がるように身体の運用を変化させる。体術でも武器を使った稽古でも、相手が間合いを切って、何かを仕掛けてくるときにはもちろん「アラーム」が激しく鳴動する。その音量が下がるように身体を使う。技が冴えたかたちで決まると、耳をつんざくような鳴動が一気に静寂に戻る。

むろん、「鳴動」というのは比喩であって、音が聞こえるわけではない。「そういう感じ」がする、というだけのことである。

おそらく馬に近づいたときの東郷にも「アラーム」が鳴ったのだと思う。方向を変えたら鳴動の音量が減じたので、そのまま進んだ。それだけのことが無意識のうちに行われた。だから、何も起きなかった。

「何も起きなかった」ことを、幕末や戊辰のいくさを戦った軍人たちは「軍功」に算《かぞ》える習慣をもっていた。

こういうものを私はほんとうの実証性だと思っている。

現に、「無事のひと」東郷はバルチック艦隊を全滅させたのである。

富樫《とがし》の立てた新関の前で困惑した弁慶は「ただ打ち破って御通りあれかしと存じ候」といきりたつ同行の山伏たちを抑えて、「なにごとも無為《ぶい》の儀が然るべからうずると存じ候」と呟《つぶや》く。弁慶の「不思議の働き」によって、安宅《あたか》の関《せき》では「起こるはずのこと」（富樫一党と義経一行の戦闘）は起こらなかった。それは「白紙の巻物」を「勧進帳と名づけつつ」朗朗と読み上げる弁慶の「ないはずのものが、ある」というアクロバシーと構造的には対をなしている。『安宅』

が弁慶の例外的武勲として一〇〇〇年にわたって語り伝えられているのは、「ないはずのものをあらしめることによって、あるはずのことをなからしめた」という精密な構造のうちに古人が軍功というものの至高のかたちを見たからである。

私が言いたいのは、もし歴史を動かすほんとうに大きな出来事があったとしたら、それは出来事としては出来《しゅったい》しないだろうということである。もっとも巨大な人間的努力、もっとも精密な人間的巧知《こうち》は、「起こってもよかったはずの災厄が起こらなかった」というかたちで達成されるからである。

歴史研究のピットフォールは「起きた出来事を結びつけて、因果関係のうちに叙する」という形式にこだわる余り、その形式を以ては叙することのできない「非 - 出来事」によって歴史の流れが決定的な仕方で規制されている可能性を十分には吟味しないことである。

たしかに「起きなかった出来事についての歴史」というのは学術的にはありえない。

けれども、「なぜ、ある出来事が起きて、それとは別の出来事は起きなかったのか」ということについて考えるのは、「起きた出来事」を継続的に説明できる因果関係を思料することと同じくらいに（場合によっては、それ以上に）重要な知的営為だと私は思っている。

私たちの社会では、「エビデンス」のないものは「存在しない」ことになっている。私は先ほど「アラーム」と書いたが、もちろんそのようなものに「エビデンス」はない。だから、常識的に考えると、「アラーム」というのは私の「妄想」だということになる。だが、そのような種類の危険に対するセンサーが現に作動していなければ、武道の稽古が成り立たないということは経験的にはたしかである。

私が「アラーム」と呼んでいるものは「エビデンスが存在しない」のではなく、「エビデンスを考量できる計測機器がまだ存在しない」ものだと考えたい。一九世紀末に、ディミトリ・イワノフスキーが陶板の細菌濾過器を通過しても感染力を失わない病原体を発見して、「ウィルス」仮説を立てたときに、「ウィルス」はまだいかなる計測機器によっても視認できなかった。「存在するのかしないのか」という事実問題と「計測機器による実測が可能かどうか」という技術問題の間には本質的な関係はない。だから、「計測できないものは存在しない」と推論することは論理的には間違っている。

福島原発の現場にセンサーの感度のよい人がいたら、たぶんこれほどの事故は起きていなかっただろうと私は思っている。「このままでは厭なことが起こりそうな気がする」という徴候を感知した人がいれば、「アラームが鳴動を止めるまで」、設計を変更したり、管理システムを変えたり、場合によっては操業停止を命じたはずだからである。その場合には、地震や津波のあとも、原発では何も起きていなかっただろう。何も起こらなかったのだから、その人の功績には誰も気づかない（本人さえも）。けれども、私たちの社会はそのような unsung hero「その功績を歌う人のいない英雄」たちの無言の献身によってかろうじて今あるようなものとして成り立っている。そのことを忘れるべきではないと私は思う。
けれども、それをいったい誰に向かって告げればいいのか。それがわからない。

——二〇一一年五月二日

「朝日ジャーナル」の歴史的使命——ひとりの読者の立場から

「朝日ジャーナル」が復刊する。

継続的な刊行物になるのかどうか、それはこの特別号の反響次第ということらしい。できるものなら定期刊行物として再生してほしいとは思うけれど、率直に言って、現在の出版状況では難しいように思う。

別に呪いの言葉を書いているわけではない。「朝日ジャーナル」の蘇生が困難であるのは、編集部に企画力がないとか、営業努力が足りないとか、そういうレベルの話ではない。歴史的条件が熟していない（というより、ずいぶん前に「熟し終わった」）ためである。私はそう思っている。復刊「朝日ジャーナル」にいくばくかの紙数を割いていただいたことを奇貨として、その所以について書きたい。

若い人たちはたぶんうまく想像することができないだろうと思うが、「朝日ジャーナル」は戦後の一時期、きわめてホットなメディアだった。それはおよそ一九五〇年末から七〇年代はじめにかけてのこと、私が小学校高学年から大学生にかけての時期に相当する。

同時期に「朝日ジャーナル」と並行して、私が購読していた雑誌は「世界」、「少年マガジン」、「漫画アクション」、「F6セブン」、「ヤングコミック」、「伝統と現代」、「パイディア」、「エピステーメー」、「血と薔薇」など。その中にあって、「朝日ジャーナル」は私がたぶんもっとも長期にわたって購読し続けていた雑誌である。

この雑誌の何かが私の感性の琴線に触れた。何が触れたのか、私には長い間わからなかった。でも、四〇年も経つとわかることがある。購読していた当時は思ってもいなかったことだが、私たちの世代の読者はおそらく「朝日ジャーナル」の誌面に、「父たちの世代のルサンチマン」を読み取っていたのである。それは「戦争経験についてついに黙して語らなかった男たち」から、彼らの息子たちの世代へ遺贈された沈黙に類したものではなかったかと今では思うのである。

年齢の計算を間違えるというのは、歴史を語るときに私たちが陥りやすいピットフォールの一つである。私たちはついうっかりと「戦後社会」を設計し、牽引したのは「戦後派」の人々だと思ってしまう。湘南海岸でウクレレをかき鳴らす石原裕次郎や、苗場スキー場でくるくるとシュプールを描く加山雄三のような人たちが戦後日本を基礎から作ったのだとふっと思ってしまう。だが、これは深刻な勘違いである。一九四五年時点において、戦後社会の政治・経済・文化の基礎を作り、制度設計を担ったのはその時点で五〇代・六〇代だった男たちだったからである。

計算すればわかることだが、「一九四五年に六〇歳の男」は一八八五年すなわち明治一八年の生まれである。

夏目漱石は『坊っちゃん』を書いたとき、二〇歳を少し過ぎたくらいの青年を主人公に擬した。松山の中学を辞めて、東京で「街鉄《がいてつ》の技手」になったこの青年がそのまま生きていると、敗戦時にちょうど今の私の年頃である。熊本の高校を出て東京帝大目指して上京した小川三四郎は物語の書かれた一九〇八年時点ではおそらくまだ二〇歳に届いていない。三四郎が大学を出て学者か官僚かビジネスマンになったとして、敗戦のとき五五歳前後。「坊っちゃん」や三四郎は東条英機や山本五十六《いそろく》（どちらも一八八四年生まれ）と同世代の人なのである。想像しにくいことだが、大日本帝国の戦争指導部にいたのは「坊っちゃん」や三四郎の同輩たちなのである。彼らは戦争を生き延びて、GHQと交渉し、戦後社会の制度設計をし、システムの礎石を置き、政治経済文化のすべての領域で、指導的地位を占めていた。

東京へ向かう列車の窓から三四郎は西洋人たちの堂々たる様子に「一生懸命に見惚れ」てしまう。

これでは威張るのも尤《もっと》もだと思った。自分が西洋へ行って、こんな人の中に這入ったら定めし肩身の狭い事だろうとまで考えた。（二二頁）

この西洋に対する劣等感と日露戦争後の戦勝気分とがないまぜになった片付かない心持ちで、三四郎は列車で向かいに乗り合わせた「髭のある男」にこう話しかける。

「然しこれからは日本も段々発展するでしょう」（……）すると、かの男は、すましたもので、

「亡《ほろ》びるね」と云った。（二三頁）

歴史はこの男の見通しが正しく、彼を「国賊取扱《とりあつか》いにされる」人間だと思った三四郎の方が間違っていたことを教えてくれる。

「偉大なる暗闇」広田先生はおそらく幕末か明治初年の生まれである。その先行世代が三四郎たち「若い明治人」に向かって、「君たちがいずれ国を亡ぼすことになるだろう」と告げたのである。漱石のこの炯眼《けいがん》に私は改めて驚嘆するのである。

私たちの父の世代はこの「明治人」たちと「アプレゲエル（戦後派）」の中間にいる。それは敗戦の年におおよそ一五歳から三五歳の間にいた集団である。彼らは思春期・青春期の全期を戦争の予兆と現実のうちで過ごした、戦争の「当事者」たちである。実際に植民地を支配し、収奪し、差別するフロントラインにいたのは彼らである。銃を執り、人を殺し、焼き払い、略奪し、犯したのは彼らの世代である。けれども彼らはこの植民地戦略と戦争の起案者でも、指導者でも、主たる受益者でもなかった。そのような立場は「明治人」たちが独占していたからである。そして、戦争が終わり、兵士たちが疲れ切って復員してきたときに、すでに政治でも経済でもメディアでも、めぼしいポストは勝利した戦争以外に戦争経験をもたないこの「明治人」たちによって占められていた。そして、彼らは「八紘一宇《はっこういちう》」の代わりに、賑やかに「民主主義」の旗を振っていたのである。「朝日ジャーナル」は戦争の加害者でありかつ被害者であったこの「父たちの世代」の人々、敗れた戦争、大義のない戦争が唯一の戦争経験であるような世代がようやく手に入れた「メディア」だった。私はそんなふうに考える。

一九五六年に「週刊新潮」が、五九年に「週刊文春」と「朝日ジャーナル」が創刊された。これをジャーナリズムの世界における「世代交代」の徴候とみなすことに異論のある人はいないだろう。この三誌は同じ歴史的機運のうちに、同じような期待をになって誕生した。それまで編集部内で「若手」と呼ばれて、十分な発言権を与えられてこなかった戦中派ジャーナリストたちが、みずから誌面を企画し、執筆し、同世代の書き手たちを糾合した「戦中派主導のニューメディア」が誕生したのである。それは言い換えると、「自分の戦争経験を冒険譚としてわが子に語れる人々」から「自分の戦争経験をわが子には語ることができない人々」にメディアの担い手が移行したということである。

私たちはこの「戦争についてうまく語ることができない世代」の子どもたちである。だから、「朝日ジャーナル」の誌面に伏流していた、父たちの世代の屈託を感じ取ったように思うのである。

私の小学校の担任は快活で愉快な人だった。私は先生が大好きで、いつもまつわりついていた。あるとき先生に「先生は戦争に行ったことがあるの？」と訊いたことがある。先生は少し改まった表情になって「ああ」と答えた。「人を殺したことある？」と重ねて訊ねると、先生の顔面が蒼白になったのを覚えている。私は訊いてはいけないことを訊いたのだということがわかった。

父についても似たようなことを感じる。二〇年近くを中国で過ごした父は、その青年期の出来事については、北京で放送にかかわる仕事をしていたという以外のことはついに何も家族に語らなかった。私が知っていることの一つは、「樹」という私の名を教育勅語から採った名づけ親は父の親友で、陸軍中野学校出身の人だったということ。一つは、戦後、満鉄の資産を旧職員に分配するということがあり、父のかつての同僚がそれを父に知らせに来たとき「満鉄からは何ももらいたくない」と断ったこと、それくらいである。それが貧しい家計のいくばくかの足しになるのではと一瞬期待した母に、父は分配を固辞した理由をひとことも告げなかったそうである。

この世代の人たちには「家族にも言えないこと」を抱えて、戦後半世紀を生き、そのまま黙して死んだ。そして、「朝日ジャーナル」はこの世代のこの「言いたいことが言えない」という屈託に応えた最初のメディアだったのではないかと私は思うのである。

なぜ、私がそのようなことを断言できるかというと、「朝日ジャーナル」のリアルタイムでの記号的意味を記憶しているからである。

私の父は長く「週刊朝日」の読者だった。私も幼いながら、このプチブル的で微温的な誌面構成の週刊誌の配達を毎週楽しみにしていた。だから、一九六〇年代はじめのある日、父は家族たちの前で、もう「週刊朝日」の購読はしない、これからは「朝日ジャーナル」を買うと宣言したときには軽い失望を覚えた。私はこの買い替えに不満を抱いたので、今でもそのことをはっきり記憶している。

今思うと、父のあの宣言は、「ようやくわれわれの世代の雑誌が出現した」という「世代交代」の喜びを告知したものだったのだと思う。たぶん雑誌のコンテンツそのものにはそれほどの重要性はなかった。実際、父は「ジャーナル」の熱心な購読者ではあったが、必ずしも熱心な読者ではなかった。彼にとっては、それが書斎の机上に置かれ、それを手に持って毎日通勤することの方が重要だったのである。父の世代のサラリーマンにとって、それを会社のデスクの上に置くことは、上司たちに向かって、「あなたたちが戦後日本を支配してきた時代はもう終わった。これからは私たちの時代なのだ」という無言のメッセージを発信することだったのではないかと私は推察するのである。

「朝日ジャーナル」は観念的でかつ左翼的な雑誌だった。そのような立場が選ばれたのは「観念的でかつ左翼的な政治的立場」を戦前派の老人たちがもっとも嫌っていたからである。それは出版社系の週刊誌が確信犯的に「権威」に対して敬意を欠くことを通じて、老人たちを不愉快にさせた戦略と通じるものだったと思う。まことに一九六〇年代半ばからあとの「朝日ジャーナル」は「支配的な世代」を不愉快にさせることについては実に勤勉だった。その時期の「朝日ジャーナル」が新左翼の過激派政治や全共闘運動に強いシンパシーを示したのは、決してその政治的主張に共感したからではないと私は思っている（そもそも新左翼の側には整合的な綱領がなかったのだから、共感のしようもない）。そうではなくて、学生たちのふるまいが戦前派の老人たちをものすごく怒らせていた事実を喜んだのである。

全共闘の学生たちがこの時期好んで見た映画に、高倉健主演の『昭和残俠伝』シリーズがある。主人公の「死んで貰うぜ」という決めの台詞に、学生たちは映画館を揺るがすような「異議なし」の声援を送った。

『昭和残俠伝』第一作の監督佐伯清は一九一四年生まれ。舞台は敗戦の翌年の浅草である。渡世の仁義を守る古いテキ屋関東神津組は弱肉強食の市場原理を掲げる新興勢力新政会に縄張りを奪われ、組長・組員を殺され、存亡の危機に立つ。五代目を襲名した寺島清次（高倉健）は先代の遺言を守りあらゆる理不尽に耐えるが、ついに盟友風間重吉（池部良）とともに決死の殴り込みを試みる……というその後のシリーズ九作を貫く原型的説話がここに成立するのであるが、このプロットには興味深い点がある。それは、このときの敵役である新政会会長岩佐（水島道太郎）が、戦前は満州で軍部と組んで利権を貪った馬賊でありながら、戦後日本で、神津組の守る古めかしい任俠道を踏みにじるときの名分に「市場原理」と「法律」と「民主主義」を掲げたという点である。「八紘一宇」から一夜にして「民主主義」に旗幟《きし》を取り替え、そのつどの大義名分を掲げて、若者を消耗品のように死に追いやり、自己利益をはかる醜悪なヤクザ、戦前と戦後で看板を付け替えただけで中身は少しも変わっていない男の造形のうちに、私は佐伯清の先行世代に対する濃厚なルサンチマンを感じ取るのである。

全共闘の学生たちは片手に「朝日ジャーナル」を持ち（そこには全国の学園紛争の現況が事細かにレポートされていたからである。「大学に足を運ぶよりも、『ジャーナル』を読んだ方がストの様子がよくわかる」というジョークで私たちはよく笑った）、『昭和残侠伝』を観た。当時の人々はそのミスマッチを訝しんだが、今になると、学生たちはそこに「同じ淵源《えんげん》をもつルサンチマン」を感知し、それに応えようとしていたことが知れるのである。

「朝日ジャーナル」は六〇年代半ばまでは、戦中派の人々の「世代交代宣言」であり、六〇年代後半からは彼らの「息子たちの世代」に無意識のうちに世代的なメッセージを送り込む一手段として活用された。そして、全共闘の子どもたちが、その負託に応えて、明治人たちが日露戦争以来営々として築き上げてきた「近代日本」を粉々に打ち砕いたところで、その歴史的使命を終えたのである。

村上春樹は二〇〇九年のエルサレム賞の受賞スピーチで、「壁と卵」の話をしたあとに、不意にこれまでまったく言及することのなかった父についてのコメントをはさんだ。村上はこう述べている。

　京都の大学院生だったときに父は徴兵されて、中国の戦場に送られました。戦後生まれの子どもである私は、父が家の小さな仏壇の前で、朝食の前に、長く、深い思いを込めて読経する姿をよく見ました。ある時、私は父になぜ祈るのかを尋ねました。戦場で死んだ人々のために祈っているのだと父は私に教えました。父は、すべての死者のために、敵であろうと味方であろうと変わりなく祈っていました。父が仏壇に座して祈っている姿を見ているときに、私は父のまわりに死の影が漂っているのを感じたように思います。父は死に、父は自分とともにその記憶を、私が決して知ることのできない記憶を持ち去りました。しかし、父のまわりにわだかまっていた死の存在は今も私の記憶にとどまっています。

私たちは父の世代から「私が決して知ることのできない記憶」、言葉にすることのできない戦争経験を遺贈された。その「遺産受取人」という歴史的条件が私たちの世代のものの考え方やふるまい方を深いところで規定している。「父のまわりにわだかまっていた死の存在」が依然として私たちの記憶にとどまっていて、私たちはその「死の存在」の輪郭を指でかたどり、それに名を付け、できれば「弔う」世代的な義務を負っているように感じている。

そんなことを感じる必要はないとか、オレは感じないよとか言う人がいるのはわかっている。でも、私は感じるし、村上春樹は感じているし、浅田次郎も感じているし、たぶん関川夏央も感じている。他にも同じことを感じている人はたくさんいるはずである。「朝日ジャーナル」に私が感じるある種の「懐かしさ」はたぶんその世代的義務感から発している。

「朝日ジャーナル」はある世代集団が、ある歴史的時点において共有した「言葉にならないもの」を掬《すく》い取ったことによってジャーナリズムの歴史に足跡を残した。それだけで一雑誌の功績としては十分以上だろうと私は思うのである。

——二〇一一年二月二日

■夏目漱石『坊っちゃん』岩波文庫／一九八九年
『三四郎』新潮文庫／一九四八年

第五章

著作権棚

パブリック・ドメインの構造主義者

家に帰って「文學界」の原稿をがりがり書いていると電話。人文書院の編集者のM岡くんという方から。今日の午後待ち合わせをしていたのである（珍しくちゃんと覚えていた）。もちろん私に新規の書き下ろしなどをする余裕はないので、お受けするのは「ありものコンピ」だけである。

人文書院のコンピは「精神分析もの」である。

私の過去六年間のHP日記から分析的なトピックのものだけを選んで一冊を編もうというのである。これはなかなかユニークな着眼点である。

『分析本』には紀要に書いたカミュ論二本も収録する予定。

黄変した紀要の抜き刷りの埃を払ってM岡くんにお渡しする。こんなものが本になるのかしら。

今書いている『私家版・ユダヤ文化論』には二〇年前くらいの院生助手時代に書いた反ユダ

ヤ主義研究論文の中身をまとめてつぎ込んだ。

これまで書いた研究論文ほとんどすべてを単行本に拾っていただいたことになる。「在庫一掃」である。

これらのテクストのほとんどは今でもネット上で読むことができるし、紀要論文は図書館の相互利用を使えば郵送料だけで読むことができる。

いわば「パブリック・ドメイン」に放置してあるものである。それを単行本にして印税をくださるという。ほとんど「無からの創造」というか「ゴミで走る」エメット・ブラウン博士のタイムマシンに近いものがある。

不思議なことに、この低コスト高収益ライティングスタイルを実践されている方は同業者の中でもきわめて少数にとどまっている（小田嶋先生の近著『イン・ヒズ・オウン・サイト』はその例外的なものである）。

「データはパブリック・ドメインに放置しておく方が誰にとっても役に立つ」という真理がこのような個別的実践を通じて広く共有されることを祈念したい。

私にこの「パブリック・ドメインたいせつ」の教えを伝えてくださったのは敬愛する大瀧詠一師匠である。

師匠の場合はさらに徹底していて、録音した音源をラジオではじゃんじゃん流すけれど、C

Dには収録しないのである。聴きたい人間は放送を聞き逃すな、というのである。自分でお金払ってスタジオ借りて、ミュージシャン集めて、好きな音楽を録音して、それを商品化する気がない。リアルタイムで聴き逃しても金さえ払えばいつでも同一音源のものが聴けるという視聴者の怠慢を師匠は許されないのである。

この徹底性において、師匠に追尾しえる表現者がいくたりおられるであろう。

私はかつて「ユリイカ」において師匠の『日本ポップス伝』の業績を論じて、「ミシェル・フーコーの系譜学的思考の本邦における唯一の正系の継承者」と評したのであるが、考えてみると「ロラン・バルトのテクスト理論の正系の継承者」でもあったわけである。

さらに考えてみると、「ナイアガラー」という「〃虚の中心〃としての師匠を敬慕する以外のいかなる功利的ふるまいも許されない弟子たち」を育て上げた点において、「ジャック・ラカンの分析理論の……」ということにもなるわけで。

要するに大瀧師匠は「知られざる構造主義者だった」ということに帰着するのである。

思えば「リーヴァイスを穿いてレヴィ＝ストロースを読もう」と呟きながら故・久保山裕司くんが聴かせてくれたCSN&Yの『Déjà vu《デジャ・ヴ》』に感激してニール・ヤングの『After the Gold Rush』へ、さらにバッファロー・スプリングフィールドへと遡航《そこう》して、はっぴいえんどに出会った私の音楽遍歴の全体が、構造主義者たちと大瀧詠一との糾《あざな》える縄のような宿縁《しゅくえん》を下書きしていたのであった。
長く生きていないと判らないことというのはまことにたくさんあるものだ。

――二〇〇五年七月一九日

■内田樹『私家版・ユダヤ文化論』文春新書／二〇〇六年
■小田嶋隆『イン・ヒズ・オウン・サイト　ネット巌窟王の電脳日記ワールド』朝日新聞社／二〇〇五年

読者と書籍購入者

私は論争ということをしない。

自分に対する批判には一切反論しないことにしているから、論争にならないのである。

どうして反論しないかというと、私に対する批判はつねに「正しい」か「間違っている」かいずれかだからである。

批判が「正しい」ならむろん私には反論できないし、すべきでもない。

私が無知であるとか、態度が悪いとか、非人情であるとかいうご批判はすべて事実であるので、私に反論の余地はない。粛々とご叱正《しっせい》の前に頭を垂れるばかりである。

また、批判が「間違っている」なら、この場合はさらに反論を要さない。

私のような「わかりやすい」論を立てている人間の書き物への批判が誤っている場合、それはその人の知性がかなり不調だということの証左である。そのような不具合な知性を相手にして人の道、ことの理を説いて聴かせるのは純粋な消耗である。

というわけで私はどなたからどのような批判を寄せられても反論しないことを党是《とうぜ》としている。

それに、私の知る限り、論争において、ほんとうに読む価値のあるテクストは「問題のテクスト」と「それへの批判」の二つだけである。それ以後に書かれたものは反批判も再批判もひっくるめて、クオリティにおいて、最初の二つを超えることがない（だんだんヒステリックになって、書けば書くほど品下《しなくだ》るだけである）。

だから、最初の批判が登場した段階で、論争の基礎資料はすでに整っているわけであって、これに贅言《ぜいげん》を加える要はないと私は考えている。

論の正否の判定をするのは当人たちではなく、読者のみなさんである。

などと書いているくせにまた物議を醸しそうなことを正月早々書く。

私は日本文藝家協会に入っている。この協会の活動の柱の一つは著作権の保護である。著作権の保護に異論のある人はいない。問題は著作権という「私権」が「公共の福利」としばしば齟齬《そご》することである。

日本文藝家協会がいま問題にしているのは「検索エンジン」の違法性である。

Googleには「書籍検索」という機能があるらしい（アメリカでは実施されているけれど、日本ではまだ）。協会から送ってきたパンフレットには次のように書いてある。

ここでは書籍の宣伝のために、本体の二割程度の内容が本屋で立ち読みするように読めるようになっていて、ユーザーが打ち込んだキーワードがその部分にあれば、表示されるようになっています。ユーザーは世界中の書籍から、自分が求めているテーマに言及した書籍を探しだし、その部分を読むことができるのです。（……）アメリカではいくつかの大学図書館の蔵書なども検索の対象になっています。その場合は全文が読めます。

（「文藝著作権通信」第一〇号、NPO日本文藝著作権センター、二〇〇八年一二月）

ネットで本がどんどん読めるというのは、私にはたいへんけっこうなことのように思える。そのことのどこが悪いのであろうか。パンフレットはこう続く。「ネット検索だけで調べ物ができるということになれば、それは書籍の売り上げに影響します。」ということらしい。

新刊書の場合は読める部分が二割程度に限定されるとはいっても、短編小説なら全文読めてしまいますし、コラムや詩、短歌、俳句なら、一ページ読んだだけで作品の全体をただで読めることになります。これでは明らかに損失が出ているように思えますが、フエアユースという考え方では、とりあえずシステムを稼働させてみて、問題があれば苦情を受け付け（すでに日本でも苦情が出て削除されたケースがあります）、それで問題が解決されなければ裁判ということになります。いずれにしても、著作権者が不利な立場におかれることはまちがいありません。

うーむ。

申し訳ないけれど、私はこのロジックには同意することができない。

とりあえず私の場合、書物を刊行したり、論文を書いたりするのは、ひとりでも多くの人に読んでほしいからであり、一円でも多くの金が欲しいからではない。こちらからお金を払ってでも申し上げたいことがあるので、本を書いているのである。

現に、私の最初の何冊かの本は自費出版である（『現代思想のパフォーマンス』も『映画は死んだ』も自分でお金を払って本にしてもらった）。

私が「著作権者の不利」とみなすのは、第一に私の書いたものへのアクセスが妨害されたり、禁止されたりすることであり、それ以外はどれも副次的なことにすぎない。もし著作物がひとりでも多くの読者に読まれることよりも、著作物が確実に著作権料収入をもたらすことが優先するというのがほんとうなら、物書きは「あなたの書いた本をすべて買い取りたい」という申し出を断ることはできないはずである。買った人がそれを風呂の焚《た》きつけにしようが、便所の落とし紙にしようが、著作権者は満額の著作権料を得たことを喜ぶべきである。

と言われて「はい」と納得できる書き手がいるであろうか。

ネット上で無料で読もうと、買って読もうと、どなたも「私の読者」である。本は買ったが、そのまま書架に投じて読まずにいる人は「私の本の購入者」ではあるが、「私の読者」ではない。私は「私の読者」に用があるのであって、「私の本の購入者」に用があるわけではない。

著作権についての議論では、どうもそこのところが混乱しているような気がする。もの書く人間は「購入者」に用があるのか、「読者」に用があるのか。

私は「読者」に用がある。

読者の中には「本を購入しない読者」がいる。たくさんいる。というか、そちらの方がずっと多い。

図書館の本を読む人も、友だちから借りて読む人も、家の書架に家族が並べておいた本を読む人も、ネットで公開されたものを読む人も、さまざまである。どれも「自分では本を購入しない読者」たちである。

だから、彼らの読書は著作権者に何の利益ももたらさない。

けれども、おそらく「本読む人」の全員はこの「本を購入しない読者」から、その長い読書人生を開始する。

私たちは無償のテクストを読むところから始めて、やがて有償のテクストを読む読者に育ってゆく。

この変化は不可逆的なものであると私は考えている。

私たちの書架にしだいに本が増えてゆくにつれて、そこにはある種の「個人的傾向」のようなものがくっきりと際立ってくる。

書架は私たちの知的傾向を表示する。それは私たちの「頭の中身の一覧表」のようなものである。だから、「本読む人」は必ず「個人的な書架」を持つことを欲望する。その場合書架に並べられるのは、原則として購入された書物である。図書館の本や借りた本やネットで読んだ本はそこにずっと置いておくことができないからである。

もし物を書く人間に栄光があるとすれば、それはできるだけ多くの読者によって「それを書架に置くことが私の個人的な趣味のよさと知的卓越性を表示する本」に選ばれることであろう。「無償で読む読者」が「有償で読む読者」に位相変換するダイナミックなプロセスには、テクストの質が深くコミットしている。

「この本をぜひ私有して書架に置きたい」と思わせることができるかどうか、物書きの力量はそこで試される。原理的に言えば、「無償で読む読者」が増えれば増えるほど、「有償で読む読者」予備軍は増える。

だから、ネット上で無償で読める読者が一気に増えることがどうして「著作権者の不利」とみなされるのか、私にはその理路が見えないのである。

ネット上で一ページ読んだだけで、「作品の全体」を読んだ気になって、「これなら買う必要がない」と判断した人がいて、そのせいで著作権者に入るべき金が目減りしたとしても、それは読者の責任でもシステムの責任でもなく、「作品」の責任である。

そう考えることがどうして許されないのか。

——二〇〇九年一月七日

■難波江和英＋内田樹『現代思想のパフォーマンス』光文社新書／二〇〇四年
■内田樹＋松下正己『新版 映画は死んだ——世界のすべての眺めを夢見て』いなほ書房／二〇〇三年

Googleとの和解

Googleとアメリカ作家組合のフェアユースと著作権をめぐる裁判が和解した結果、ベルヌ条約に参加している日本の著作権者たちも二〇〇九年五月五日までの期限付きで、コピーライトにかかわる選択をしなければならないことになった。

和解条件によると、二〇〇九年一月五日以前に出版された書籍については、

（一）著作権者はGoogleに対して、著作物の利用を許諾するかしないか、許諾する場合、どの程度かを決める権利をもつ

（二）Googleの電子的書籍データベースの利用から生じる売り上げ、書籍へのオンラインアクセス、広告収入その他の商業的利用から生じる売り上げの六三％を（経費控除後）、著作権者は受け取る

その代償としてGoogleは著作物の表示使用の権利を確保し、データベースへのアクセス権を（個人には有料で、公共図書館や教育機関には無料で）頒布することができる。ただし、プ

レビューとして書籍の最大二〇%は無償で閲覧できる。

他にもいろいろ条項はあるのだけれど、細かい話はみなさんには関係ないので割愛。

日本の著作権者たちはこれに対して、

(一) 和解に参加する

(二) 参加を拒否する

(三) 異議申し立てを行う

(四) 和解に参加するが、特定の書籍の削除を求める

などのうちどれかを選択しなければならない。

電子書籍の販売は日本でも行っていることであるので、別に問題はないだろうが、「二〇%のプレビュー」については権利侵害であるとして、日本文藝家協会が反対していることは、先にこのブログでも言及した。

少し前にこの件で新聞社から電話取材があった。私の立場はもちろん「読者が私のテクストに触れる機会を最大化するあらゆる措置に賛成」というものである。

つねづね申し上げているように、私には「言いたいこと」があり、それを「ひとりでも多くの人に伝えたい」と思っている。別にそれが特段世界にとって有用な知見だからと思っているわけではない。「ちょっと思いついたことがあるので、誰かに言っておきたい」というだけの

ことである。それはガリ版にこりこりと鉄筆で個人的なニューズレターを書いて、自宅で印刷し、自費で友人たちに配布していた中学生のときからの私の変わることのない姿勢である。私が今ブログにあれこれ書いているのは、「ガリ版」の直接的な延長であり、テクノロジーは進化したが、書いている当人のモチベーションは中学生のときと同じである。

手をインクで黒く汚してガリ版刷りをしている中学生の私のところにある日Googleがやってきて、「これこれ、そこの少年よ、君の著作物を電子的にデータベース化して、世界の読者の閲覧に供して差し上げようではないか」と申し出たら、私は熱いハグでお応えしたであろう。

私の場合は、テクストを書くことで「一円でも多く金を稼ぎたい」ということより「ひとりでも多くの人に読んでほしい」ということの方が優先する。

ただ、私はそれを原理主義的に主張しているわけではない。「専業物書き」が職業的に成立しなくなると、読者は困る。すぐれた書き手が書くことに専念できる環境は読者の利益のためにもぜひ担保すべきものである。

そのためにはテクストの「交換価値」を生み出すための市場が必要である。

しかし、テクストは商品ではない。

テクストを商品と「みなす」のは、そうした方がそうしないよりテクストのクオリティが上がり、テクストを書き、読む快楽が増大する確率が高いからである。

テクストを書く快楽、読む快楽がすべてに優先しなければならない。自余のことは、その快楽を増進させる上でどれほど効果的かという尺度に基づいて考量されるべきである。

というのが私の考え方である。

著作権の保護が快楽を増進させるなら、私はそれに賛成するし、ウェブでのテクスト頒布が快楽を増進させるなら、私はそれに賛成する。著作権の保護とウェブ上でのテクスト閲覧が背《はい》馳《ち》するなら、そのどちらか、より「テクストを書き、読む快楽」を増進させる方に私は賛成する。

何度も書いたことを繰り返すが、私たちは「無料で本を読む」というところから読書人生をスタートさせる。これに例外はない。家の書棚にある本、図書館にある本、歯医者の待合室にある本などをぱらぱらめくるところから始めて、私たちはやがて「自分の本棚」を有するようになる。

自分の本棚に配架する本は自腹で購入した有料頒布のものに限定される。そこに公共図書館の本や他人の蔵書を並べることはルール違反だからである。

私たちは「自分の本棚」を自分の「脳内マップ」として他者の目にさらす。他人から「こういう本を読んでいる人間である」と思われたいという欲望が私たちの選書を駆動している。そして、この欲望は多くの書籍を読み、十分なリテラシーを涵養《かんよう》しえた読者によってしか担われることができない。

だから、著作権者たちがほんとうに自己利益の増大を望んでいるなら、どのようにして「できるだけ多くの書籍を読み、高いリテラシーを身につけ、際立って個性的な『自分の本棚』を持ちたいと願う読者たち」を恒常的に作り出し続けるかということを優先的に配慮するはずである。

自著がそのような書棚に選択され、「この人の書き物を書架に並べることは自分の知的・審美的威信を高めることになる」と思われることこそ（それが誤解であったにせよ）、物を書く人間の栄光であると私は思っている。自著は「無償で読む機会が提供されたら、もう有償で購入する人はいなくなるであろう」と思っている人たちは、どこかで「栄光」を目指すことを断念した人たちである。

そういう「プロの物書き」が多数存在することは事実であるけれど、私は彼らを「物書きのデフォルト」とみなすことには同意しない。

——二〇〇九年三月二三日

ウェブと書籍とコピーライト

ひさしぶりに（ほんとうにひさしぶりに）日曜の午後にぶらりと能を見に行く。長田の上田能楽堂で神戸観世会。能は『東方朔《とうほうさく》』と『花筐《はながたみ》』。仕舞で下川先生の『山姥《やまんば》』と家元の『井筒《いづつ》』を見ているうちになんだか、急に稽古がしたくなる。

家に戻って、「考える人」のアンケートに回答。「インターネットと出版と著作権」について。いつものようなことを書いて送る。

質問のうちに、これまで考えたことのなかったことがあった。一つは「読む媒体」としてネットは使えるかという問い。私の答えは以下の如くである。

「個人的な趣味で言えば、小説や哲学書を電車の中でモバイルで読む気にはなりません。どうしてなのかはわかりません。なんとなくです。文庫本のかたちをしていて、縦書きで読める読書専用モバイルができたら、とりあえず買うとは思いますけれど。」

新聞は将来消えるのではないかという見通しについて。

「ウェブと新聞のいちばんの違いは、新聞は『読む気がないのに目に入る』情報があるけれど、ネット上の情報検索では『読む気のある情報』しか目に入らないことだと思います。例えば、『くだらない広告』とか、見出しだけ見てスキップする『くだらない記事』は新聞でしかその存在を知ることができません。新聞は『今、世間ではこのようにくだらない情報に対するニーズがあるのか……』ということを教えてくれる重要な情報源です。」

誰でもブログに書くことができるようになったので、物書きの質が変わったかどうかについて。

「誰でも書き手として全世界に個人的メッセージを発信できることになり、参入条件が劇的に緩和されたわけですけれど、それによって従来の出版文化からは排除されていたタイプの書き手や文体が登場してきたということはあまりなかったと思います。真にイノヴェーティヴな書き手は『参入障壁が低くなったから書き始める』というようなことはふつうないからです。ほんとうに書きたい人は『書くな』と言われても書きます。」

プロの書き手とアマチュアの書き手の壁はもはや「単行本化」されるかどうかしかなくなった観があるけれど、書物という媒体そのものもいずれ消滅するのか。

「『プロの書き手』と『アマチュアの書き手』の違いというのは客観的基準があるわけではありません。本人が『俺はプロだ』と言えば、それでプロです。

僕は自分のことを『アマチュアの書き手』だと思っていますが、それは別に単行本の有無とは関係ありません。『著作物で生計を立てている』ということでもありません。だって、あらゆる出版社から『あなたの本はもう出しません』と言われたらそのときは『あ、そうですか。じゃ、自分で出すからいいです』って言うはずですから。

僕は言いたいことがあるので書いているわけで、『止めろ』と言われても書きたいことは書く。『お金をくれる』から書く、くれないなら書かないというような基準で書いているわけではありません。

『金にならないなら、書かない』ときっぱり断言できるのが真の『プロの書き手』だと思います。その意味で言えば、今の日本のメディアに物を書いている人間の中に『プロの書き手』と言える人はそれほど多くはいないんじゃないですか。」

などなど。

私は著作権にかかわる議論については、一貫して懐疑的である。

テクストを「商品」だと考えていれば、著作権は保護されねばならないであろう。けれども、テクストは本来的には「商品」ではない。

それが商品性をまとうのは、「商品として扱った方が、よいものがたくさんの人に読まれる可能性が高い」という判断が成り立つ限りにおいてである。商品扱いすれば、質の良否についてかなりきびしい査定が行われる。良質の商品であるとみなされれば、継続的かつ広範に供給される。良質な商品を提供する書き手には「他の仕事を止めて物書きに専念しても大丈夫」なだけの経済的支援ができる。

そのような条件がクリアーされるなら、テクストは商品として扱うことが許される。逆に言えば、商品扱いしないでも、これらの条件が満たされるなら、あえて市場に投じる必要はない。

現在の著作権についての議論の問題点は、書き手の生計をどう支えるか、商品の売り上げをどう確保するかというテクストの「経済」ばかりが論じられ、「ひとりでも多くの読者に私の書いたものを読んでもらいたい」という書き手の本来的欲求が軽視（ほとんど無視）されていることにある。

何度も書いているように、「本を読む」ということと「本を買う」ということは別次元の出来事である。

かつてアメリカで「ジャガイモの皮むき器」を商品化したメーカーがあった。たいへん使い勝手がよく、堅牢な商品であったので、よく売れた。よく売れたが、ポテト・ピーラーにはやりすたりがあるでなし、すぐに壊れるというものでもないし、一通りゆき渡ったら、あまり売れなくなった。

一計を案じた社員がいて、この皮むき器のカラーリングを「茶色」にした。そしたら、売り上げが一気に向上した。ジャガイモの皮といっしょに棄てられてしまったからである。

こういうのはどこかが「間違っている」と私は思う。自社製品がまだ使えるのにどんどん廃棄され、それで売り上げが伸びて、作り手はうれしいのだろうか。

あまりうれしくないだろうと思う。

著作権論者が言っていることは、この「ジャガイモ皮むき器」のセールスマンに似ている。本の商品性を強調すれば、いつか「買わないけど、読む」という読者よりも「読まないけれど、買う」という購入者の方を優先するようになる。本が商品なら、「おまえの出した本は全部買ってやる。そのまま読まずに燃やしちゃうけど」という顧客にも「まいどおおきに」と頭を下げなければならないというのがことの筋目である。

私は本は商品ではないと思っている。

私にとって用事があるのは私の書いたものを読む人であって、本は購入するが中身は読まないという人に、私の方からは特段の用事はない。こう考えるのは間違っているのだろうか。

でも、私に同意してくれる「プロの書き手」は驚くほど少ない。

——二〇〇九年九月一四日

書物について

『当心村上春樹』という本が届く。

トップページに表紙写真があるように『村上春樹にご用心』の中国語版である。

読めない……。

著者略歴の『研究領域為法国現代思想、武道論、電影論』（簡体字だけど）はかろうじてわかる。『倒立日本論』とか『私家版・猶太文化論』もわかりますね。

でも、本文はお手上げである。

残念なことである。

訳してくださったのは読めない字の名前の人である（ひどい紹介だこと）。

四川外語学院日本語系教授、四川外語学院日本学研究所所長。著作に『少女漫画・女作家・日本人』、『日本文化論』。訳書に『人間失格』、『鏡子の家』（ほお）。あと『他人之ナントカ』、『床上的眼睛』（何だろう『ベッドタイムアイズ』かしら）、『空翻』（うう、わからん）などの訳書がある方でした。

自著の訳者という人とはできることならお友だちになりたいものである。どんな気分でこの本を選び、また訳されたのか、機会があれば、ぜひ訊いてみたい（たまたま出版社から話があり、そのときはひどく金に困っていたので……というようなことでなければうれしいのであるが）。

『下流志向』の韓国語訳も出ているので、私の本を訳した方、このブログを読んでいたら、ウチダ宛てにご一報ください。文通しましょう。


日本文藝家協会からまた「文藝著作権通信」が送られてくる。

Google の話の続きである。

「電子図書館の光と影」というタイトルで、ネット上で書籍の閲覧が可能になった場合のプラスとマイナスを論じている。

プラスというのは、これまでそれを所蔵している図書館まで足を運ばなければ閲覧できなかった本でも、稀覯《きこう》本も、紙の劣化が著しく一般読者には閲覧不可能であった本でも、電子データ化されれば誰でも閲覧できるようになることである。

アクセシビリティは飛躍的に向上する。

それは間違いなく、私たちの知的アクティヴィティを大きく活性化してくれるはずである。マイナスというのは要するに「本が売れなくなる」ということに尽くされる。そんなことをすると地方図書館が図書の買い控えをするようになるのではないかと、このパンフレットの書き手は心配している。

新刊書がただちにデジタル・アーカイブされ（画像として保存されるということです）、その画像をインターネットで送信して、家庭のパソコンで見ることができれば、本を買う必要がまったくなくなることは間違いありません。

大変便利な時代になったという気もしますが、そうすると文芸家はどこから収入を得ればいいのかという大きな問題が生じます。

紙の本の印税によって生計を立てるという従来の考え方を、根底から変えなければならない時代が、すぐ目の前に迫っているのかも知れません。

（「文藝著作権通信」第一一号、NPO日本文藝著作権センター、二〇〇九年三月）

そうだと思う。「従来の考え方を、根底から変えなければならない時代が、すぐ目の前に迫っている」と私も思う。

鉄道が電化されれば蒸気機関車が不要になるように、橋がかかれば渡し船が不要になるように、テクノロジーの進歩はその代償として必ず「それまで存在した仕事」を奪う。

「紙の本の印税だけによって生計を立てる」という生き方はこのあとかなりむずかしくなるだろう（今でも十分にむずかしいが）。

だが、それは圧倒的な利便性を提供するテクノロジーを導入することの代償として受け容れざるを得ないのではないか。「音楽だけで生計を立てる」こと、「芝居で生計を立てる」ことを望んでいる人は今もたくさんいるが、ほとんどの人はそれを実現できていない。「食えないなら止める」という人は止めて、「食えなくてもやる」という人だけが残ってゲームを続ける。

文芸家もそれと同じだろう。

それに、著作権者の相当数は、「それで食っている」専門家ではなく、著作権の継承者である。ご自身の本業は他にあって、「紙の本の印税だけで生計を立て」ているわけではない。

もし、自分は何も働かず、親族の残した著作権からの収益だけで暮らしている人がいたとして、その既得権がそれほど優先的に配慮されるべきものだと私は思わない。

というような私の主張を想定してかもしれないけれど、パンフレットには、次のような文言があった。

大学研究者の中には、著作権そのものへの意識が希薄な人々が多いことも、問題を拡散させる一つの原因になっています。大学教授などの研究者は、大学から給料と研究費を貰っていて、それだけで生活も研究もできます。たまに本を出してもそこから利益を得るのではなく、むしろ多くの人々に読んでもらえればうれしいという発想しかありません。

他の研究者が引用したり言及したりしてくれると、それが研究者としての実績にもなるので、自分の著作や論文がネットで検索できるのは大歓迎ということになります。

これは私のことを書いているのか……という気がするのは別に私の被害妄想ではなく、この問題について先日東京新聞が記事を書いたとき、「著作権を守れ」側を代表して三田誠広日本文藝家協会副理事長が、「パブリック・ドメイン」側を代表して私がコメントを寄せていたからである。

私は決して「著作権への意識が希薄」ではないと思う。どちらかというと、そのことに敏感である。だからこそ、著作権の管理を協会に委ねず、自分でしているのである。

ご存じのように、私はネット上で公開した自分のテキストについては「著作権放棄」を宣言している。私の書いたことをそのままご自分の名前で発表していただいて、原稿料なり印税収入なりを得られてもけっこうですと宣言しているのである（まだ試みた人はおられないが）。

それは、私にとって書くことの目的が生計を立てることではなく、ひとりでも多くの人に自分の考えや感じ方を共有してもらうことだからである。もし私の書いていることの中にわずかなりとも世界の成り立ちや人間のあり方についての掬《きく》すべき知見が含まれているなら、それについて私が「これは私のものだ」と著作権を言い立て、「勝手に使うな」というのはことの筋目が違っているだろう。

それに私が「大学教授」であるのもあと二年のことである。

その後はもう給料も研究費ももらえない。

でも、たぶんその後も私は研究を続けるだろうし、著作も書き続けるだろう（たぶん今よりハイペースで）。

それは私が中学生のときから一貫して、「ひとりでも多くの読者に書いたことを読んでほしい」と思ってきたからである。

職業が変わったくらいで、このマインドは変わらない。

問題は大学教授であるか専業作家であるかという「立場の違い」ではなくて、「マインドの違い」だと思う。

著作権からの収益が確保されないなら、一切テクストの公開を許さないという人はそうされればよいと思う。それによってその人のテクストへのアクセスが相対的に困難になり、その人の才能や知見が私たちの共有財産となる可能性も損なわれても、そんなことは著作権保護に比べれば副次的なことにすぎないというなら、仕方がない。

だが、何度も書いているように、私たちは全員が「無償のテクストを読む」というところから長い読者人生をスタートする。

これに例外はない。

誰かがどこかで買ってきて、もののはずみで私の手元に届いた「無償のテクスト」を読むところから始めて、私たちは「有償のテクスト」を蔵書として私有する読者に育ってゆく。書籍を購入して、私有し、書架に並べたいという欲望はリテラシーのある読者にしか生じないし、リテラシーは膨大な量の「無償のテクスト」を読み散らす経験を通じてしか育たない。

この点について有効な反証が提示されない限り、私は「有償のテクスト」が生き残るために「無償のテクスト」へのアクセスが容易になることが必ず不利に働くという考え方に同意できないのである。私たちが無償で読めるテクストを選好するのは、それが「膨大な量の読書」を可能にしてくれるからである。

なぜ私たちが「膨大な量の読書」を望むかといえば、それだけが高いリテラシーを涵養する唯一の方法だからである。そして高いリテラシーを涵養することを願うのはそれによって読書から無限の快楽を引き出すことが可能になるからである。だとすれば、無償で読めるテクストが量的に増大することは、リテラシーの高い読者を生み出すことに資することはあっても、それを妨げることになるはずはない。

「テクストがリーダブルであるか否かを判定できる目の肥えた読者」が増えることにどうして著作権者たちは反対するのか？

それを説明できる合理的な根拠を私は一つしか思いつかないが、それを言うと角が立つので言わない。

——二〇〇九年四月五日

■内田樹『もういちど 村上春樹にご用心』アルテスパブリッシング／二〇一〇年
『私家版・ユダヤ文化論』文春新書／二〇〇六年
『下流志向—学ばない子どもたち、働かない若者たち』講談社文庫／二〇〇九年
■養老孟司＋内田樹『逆立ち日本論』新潮選書／二〇〇七年
■太宰治『人間失格』新潮文庫／二〇〇六年
■三島由紀夫『鏡子の家』新潮文庫／一九六四年

Google のある世界

木曜日、学士会館で目覚めて、ぼんやり窓の外を見ながら朝ごはん。「学士会館朝ごはん、なう。」とTweetすると、見知らぬ読者から「いま白山通りを歩いています」というreplyが入る。

不思議なガジェットである。

mixiとも携帯メールとも、機能がどこか根本的に違うような気がする。

「ダイレクトメッセージ」ではなく、「宛名のないつぶやき」に反応する人がいるということが「広大な共生感」(@大江健三郎)をもたらすのであろうか。よくわかんないけど、とりあえずは「精神衛生上よい」機能を果たしていることは間違いない。

だから、Twitterでは「反論」とか「事実誤認の指摘」とかは遠慮してほしいですね。

「Google問題」について、いろいろ意見を訊かれる。

私の基本的態度は「テクノロジーの進化は止められない」というものである。とくにGoogleのビジネスモデルは「利用者はサービスに課金されない」というものだから、より実用的な情報環境を求める利用者の不可避的増加を止めることは誰にもできない。

「Google以前」の世界標準でデジタル・コンテンツについて考えてももうほとんど意味がない。どうすればいいのかと凄まれても困るが、「すでにGoogleが存在する世界」に生きている以上、「Googleを勘定に入れて」暮らすしかない。

私は一〇年前から「ネット上に公開した情報は公共物」という方針を貫いている。コピーフリー、盗用フリーである。

繰り返し言うように、私がネット上に公開したテクストはどなたがどのような仕方で使われてもご自由である。私の書いたことをそのまま「自分の書いたもの」だと主張して、単行本にされても構わない。

私は「私のような考え方をする人」をひとりでも増やしたくて、ネットを利用しているわけであるから、私の意見を「まるで自分の意見のようである」と思ってくれる人がいることは歓迎しこそすれ、非難するいわれはない。私が書いていないことを「ウチダタツル」という名前で勝手に発表されるのは困るが、私が書いていることを別人の名前で発表することについては「どうぞご自由に」である。

ほんとに。

別に私は博愛主義者でもないし、禁欲主義者でもない。

デジタル・コンテンツについては「お好きにどうぞ」としておいた方が長期的にはprofitableだと思うから、そう申し上げているのである。

コピーライトという「既得権」に固執する人は、「コピーライトがあるがゆえに生じる逸失利益」というものが存在することにたぶん気づいていない。

例えば。

私のテクストは多くの学校で入学試験に採用されている。理由はいくつかあるが、意外に知られていないのが、「ウチダのテクストはいくら切り貼りしても著作権者から文句が出ない」ということが広く受験関係者に周知されているという理由である。

入試問題は、そのあと過去問集に採録されたり、予備校の教科書に採録されたりするが、それについて「著作権者の許諾を得ないで勝手に使うな」ということを言い出した方がいて、そのおかげもあって、現在では、小さな学習塾まで許諾申請の書類を送ってきて、一〇五〇円とか二一〇〇円とか（消費税込みね）を振り込んでくださる。

懐手《ふところで》をしていてもちゃかちゃか小銭が口座に入金されることのありがたさについては日本文藝家協会をはじめとする関係各位のご努力を深く多とせねばならない。

しかし、このたいへん手間ひまのかかる作業をしているうちに、ある種の「雰囲気」が著作物の複製利用をする方々の間に広まっていることにオーサーたちは気づいていないようである。ご想像いただきたい。

「コピーライトを既得権と考えて、厳密な使用条件を課す物書き」のみなさんと、私のように「入試やら模試にお取り上げいただけるということは、いわば無料で私の本の『宣伝』をしてくださっているということであり、むしろこちらから『使用料』をお支払いすべき筋であるにもかかわらずまことに恐惶謹言《きょうこうきんげん》」的物書きの二種類のオーサーのテクストを前にしたとき、学習塾や予備校の講師たち（さらには入試作問者や国語や小論文の副読本を自作している先生たち）は果たしてどちらを選好するであろうか。

別にクラスの授業で使う分には著作者の許諾なんかいらないよね……と思っていても、そのうち私のこの授業のめざましい成果が人の知るところとなり、教科教育のモデルとなり、講演に招かれ、やがて活字化され、ベストセラーになったときに、「私の文章を許諾なしに使われては困る。テクストから削除するか、規定の著作権料を支払いなさい」というような事態になったら、ちょっとめんどくさいなあ……という想念が一瞬脳裏をかすめることは避けがたい。

いや、謙遜しなくてもよろしい。

自分が書いたものがいずれ広く人口に膾炙《かいしゃ》し……という夢をもたずにものを書く人間はいな

い。

「万が一そういうことになったら、わりと面倒」系オーサーと、「万が一そういうことになってもぜんぜんノープロブレム」系オーサーのどちらの書き物を教材に使用しようか迷っている国語教師の最後の決断の背中を押すのはわりと「そういうこと」なのである。

その結果、あたりを見回して「そういうこと」についてまるっとノンシャランな書き手というと、やはりウチダタツルとかは「東がもう四枚場に切れているときのラス牌の西くらいの安全牌」ではないか、と推論するのはきわめて合理的なご判断なのである。そのような「危険牌」か「安全牌」かのわずかな「匂いの差」の積み重ねが、いつのまにかしばしば「ポジティヴ・フィードバック」を惹き起こすことは技術史において広く知られた事実である。

「Googleがすでに存在する世界」においては「デジタル・コンテンツに課金する」ビジネスモデルは、「デジタル・コンテンツそのものには課金せず、無料コンテンツが簡単な操作で簡単にダウンロードできるシステムがデファクトスタンダードになった結果たまたま生じるバイプロダクツで小銭を稼ぐ」ビジネスモデルに必ずや駆逐される。

ことの「よしあし」ではなく、そういうものなのである。

繰り返し申し上げるが、それはコンテンツの質の優劣とは関係がない。そうではなくて、そのコンテンツを取り扱うときに心に生じる「これ、うっかり扱うと面倒かな……」という思いが、そのコンテンツからゆっくり、しかし確実に人々を遠ざけてゆくのである。

JASRACのようなビジネスモデルは遠からず死滅することになると私は思う。別にJASRACが「悪い」と言っているわけではなく（ちょっとは思っているけど）、それよりは「音楽について言及したり引用したりするとすぐにJASRACが飛んでくるから、とりあえず音楽について言及したり、歌詞を引用したりするのは自制しよう」というオーディエンスのわずかな「ためらい」の蓄積が「音楽について語る」ことからしだいに人を遠ざけて、ついには「音楽で生計を立てる」というビジネスモデルそのものを壊滅させつつあるということを申し上げているのである。JASRACにはきつい言い方だが、彼らは自分で自分の墓穴を掘っているのである。

話を戻すけれど、私の若い読者たちの実に多くが「最初にウチダの本を読んだのは、模試の問題においてであった」とカミングアウトしている。

模試の問題だと、そのあと先生が「正解」について解説してくれる。作問した先生はもちろん私の読者であって、いろいろ底意があってわざと私のテクストを選んでご利用になっているわけであるから、答案を返す段になると、「前回の模試のこの問一ですけど、出来が悪かったですね。今日はそういうわけで、ウチダタツルの修辞法や変てこなロジックの構成について、ちょっと集中的に勉強してみましょうか。来年あたりセンター試験に出るかもしれないしね」

というようなお話がつい口を衝いて出るのである（知らないけど、たぶん）。

「予備校の教室などで言及されても一文にもならぬ」と考えるのはシロートで、大教室の予備校生たちの中にひとりくらい「なんか面白そうだな。この人の本、帰りに本屋で探してみようかな」というような展開になるというのはあながち荒誕《こうたん》な夢想とは言い切れぬのである。

以前から何度も申し上げているように、経済活動というのはぎりぎり削ぎ落としてしまうと、「ものがぐるぐる回ること」、それだけである。

「もの」の流通を加速する要素には「磁力」のごときものがあり、それを中心にビジネスは展開する。逆に、流れを阻止する要素があれば、そこはビジネスシーンではなくなる。

「退蔵」とか「私物化」とか「抱え込み」というふるまいは、それが短期的にはどれほど有利に見えても、長期的スパンをとればビジネスとしては失敗する。

ビジネスの要諦《ようてい》は「気分よくパスが通るように環境を整備すること」、それだけである。

著作権はそれがあると「著作物の『ぐるぐる回り』がよくなる」という条件でのみ存在価値があり、それがあるせいで「著作物の通りが悪くなる」ときに歴史的意義を失う。

——二〇一〇年三月五日

Google のない世界

中国政府の検閲の停止を求める交渉が決裂して、Google が中国から撤退することになった。香港経由で検閲なしのサービスを開始するが、すでに香港版サイトには中国本土からの接続が困難になっている。接続者の殺到によるものか、中国政府の妨害かはまだわかっていない。

「Google がない世界」に中国が取り残された場合、それがこれからあとの中国における「知的イノヴェーション」にどれほどのダメージを与えることになるのか、今の段階で予測することはむずかしい。だが、この「事件」によって中国経済の「クラッシュ」は私が予想しているより前倒しになる可能性が高くなったと私は思っている。

中国の経済成長はいずれ停滞する。

それは不可避である。

その成長をブロックする主因は、「知的イノヴェーション」の重要性を見誤ったことにある。

中国の危機は「著作権」についての施策において予兆的に示されている。

ご存じのようにかの国においては他国民の著作物の「海賊版」が市場に流通しており、コピーライトに対する遵法《じゅんぽう》意識はきわめて低い。それによって、現在のところ中国国民は廉価で、クオリティの高い作品を享受できている。

国際的な協定を守らないことによって、短期的には中国は利益を得ている。

けれども、この協定違反による短期的な利益確保は、長期的には思いがけない国家的損失をもたらすことになると私は思う。

それは「オリジネイターに対する敬意は不要」という考え方が中国国民に根付いてしまったことである。

誰が創造したものであろうと、それを享受する側はオリジネイターに対して感謝する必要も対価を支払う必要もない。黙って、コピーしてそれを売って金儲けするのは「こっち」の自由だ。国民の多くがそういう考え方をする社会では「オリジナルなアイディア」をもつことそれ自体の動機づけが損なわれる。論理的には当然のことである。

「新しいもの」を人に先んじて発明発見した場合でも、それはエピゴーネンや剽窃《ひょうせつ》者によってたちまち貪り食われ、何の報奨も与えられない。それが「ふつう」だという社会においては、「オリジナルなアイディア」を生み出し、育てようという「意欲」そのものが枯死する。

みんなが「誰かのオリジナル」の出現を待つだけで、身銭を切って「オリジナル」を創り出すことを怠るような社会は、いずれ「そこにゆかなければ『ほんもの』に出会えないもの」が何もない社会になる。

「オリジネイターに対する敬意」をもたない社会では、学術的にも芸術的にも、その語の厳密な意味における「イノヴェーション」は起こらない。

イノヴェーティヴな人々はもちろんどこでも生まれるけれど、彼らは「中国にいても仕方がない」と考えるからである。だって、彼らのイノヴェーティヴな才能の創造した作品は、公開されたとたんに剽窃者に貪り喰われてしまうからである。彼らはうんざりして、オリジナリティに対する十分な敬意と報酬が約束される社会に出て行ってしまう。

中国は欧米先進国のテクノロジー水準に「キャッチアップ」する過程で、緊急避難的に「オリジネイターに対する敬意」を不要とみなした。百歩譲って、そのことは「緊急避難」的には合理的な選択だったと言ってもいいかもしれない。

けれども、それは社会生活の質がある程度のレベルに達したところで公的に放棄されなければならない過渡的措置である。中国政府はどこかの時点で、この「過渡的措置」を公式に放棄し、人間の創造性に対する敬意を改めて表する機会をとらえるべきだったと思う。

けれども、中国政府はすでにそのタイミングを逸した。

創造的才能を「食い物」にするのは共同体にとって長期的にどれほど致命的な不利益をもた

らすことになるかについて、中国政府は評価を誤ったと私は思う。

Google の撤退も同じ文脈で理解すべきだと思う。

これは「クラウド・コンピューティング」というアイディアそのものが中央集権的な情報管理政策と両立しえないという重い事実を表している。

私たちは久しくＩＢＭとアップルのモデルに準拠して、「中枢管理型のコンピュータ」と「パーソナルなコンピュータ」が情報テクノロジーにおける根源的な二項対立図式だと思ってきた。Google はそのモデルさえもがもう古くなったことを教えてくれる。

世界は情報を「中枢的に占有する」のでもなく、「非中枢的に私有する」のでもなく、「非中枢的に共有する」モデルに移行しつつある。

これは私たちがかつて経験したことのない情報の様態である。

そして、これが世界標準になること、つまり私たちの思考がこの情報管理モデルに基づいて作動するようになることは「時間の問題」である。

中国政府は近代化の代償として、情報の「中枢的独占」を断念し、市民たちが情報を「非中枢的に私有する」ことまでは認めた。けれども、そのさらに先の「非中枢的に共有する」ことまでは認めることができなかった。「雲の上」を中国共産党以外にもう一つ認めることについての強い政治的抵抗が働いたからである。

Googleの撤退が意味するのは、一情報産業の国内市場からの撤退ではない。そうではなくて、ある種の統治モデルと情報テクノロジーの進化が共存不可能になったという歴史的「事件」なのである。

情報テクノロジーの「進化」と切断することがどれほどの政治的・経済的・文化的ダメージを中国にもたらすことになるのかは計測不能である。それは国産の情報テクノロジー「ミニテル」に固執したせいで、インターネットの導入が遅れ、そのせいで、巨大な社会的損失をこうむったフランスの直近の例とは比較にならない規模のものになるだろう。

隣国の「没落」がいつ、どういう形態で、どの程度の規模で始まるのかについて、リアルでクールなシミュレーションを始める時期が来ていると私は思う。

——二〇一〇年三月二四日

擬似著作権とブライアン・ウィルソンの気鬱について

『街場のメディア論』脱稿。

もう光文社さんにお渡ししてもよいのだが、なんとなくまだ直したい気がして、手元においてずるずるしている。著作権のところをもう少し書き足さないといけないかな……と思っていたら、北澤尚登くんのところから送ってくる「骨董通り法律事務所」のメールマガジンに興味深い記事が載っていた（北澤くん、いつもありがとう。面白く読んでます）。

その中に少し前（二〇〇九年の一一月投稿）だけれど、「擬似著作権」というトピックがあった。

こんな話。


世の中には、理論的には著作権はないのだけれど、事実上著作権に近いような扱いを受けている（あるいは受けかねない）ケースがある。法的根拠はまったくないか、せいぜいが非常に怪しいものなのに、まるで法的権利があるように関係者が振る舞っている場面。「擬似著作権」と、ここでは名づけよう。（……）著作権の保護期間の切れたキャラクターをめぐって、時折「擬似著作権」が生まれる。

（福井健策『擬似著作権―ピーターラビット、お前に永遠の命をあげよう』骨董通り法律事務所メールマガジン、二〇〇九年一一月）

例えば、ピーターラビット。著者のビアトリクス・ポターは一九四三年没なので、死後六〇年以上経過しており、「戦時加算」を入れても保護期間は切れている。

「戦時加算」とは、アメリカやイギリスなどの旧連合国の戦前・戦中の著作物について、日本での保護期間を最大で10年5ヶ月ほど延ばすというルール。サンフランシスコ講和条約で日本側にだけ課せられた義務として導入された。敗戦国はつらいのだ。

この結果、1943年没のポターの戦前の作品は、日本では「著作者の死後50年」という原則がさらに10年5ヶ月ほど延びるとしても、2004年以前に著作権が切れたことになる（2007年の大阪高裁判決でも確認済み）。

だから、ピーターラビットは著作権が消滅した「パブリック・ドメイン」状態にある。「誰がその絵本を出版しようが、絵柄を使おうが基本的には自由」である。

しかし、日本ではそのようには理解されていない。

「ビアトリクス・ポター」や「ピーターラビット」という言葉には商標権があり、「それと似たマークを、類似する商品やサービスに使用すること」は禁止されている。


商標権があれば、第三者がそのマークを「商標として使うこと」(=商標的使用）は制限される。だが効果は基本的にそこまでだ。商標として使うのでなく、ピーターラビットの原画を誰かが出版するなどの利用では、これを止めることやお金を要求することは、原則としてできない。（……）

商標として主張したところで、一度切れた著作権を復活させたり、無限に延命させる効果は、当然ない。

しかし日本では、時に延命できてしまうのである。一見「知財権のような」もっともらしい権利主張に出くわすと、特にその者が欧米の権利者で複雑そうな警告表示をしていたり、強い後ろ盾があったりすると、とりあえず権利があるかのように許可を申請し、高額な使用料すら払う。ライセンス契約にはしばしば、こちらを将来まで拘束するような条件が記載されている。ライセンスを受けたという前例が既成事実化して、自分たち自身をしばる不思議な業界秩序ができあがる。

かくて、時として１００年も前の作品が「永遠の著作権」を得て、どこかにいる権利者のために日本で高額なライセンス収入を稼ぐ事態が生れる。

「戦時加算」というものがあることは知っていたが、それは単に「戦時中は他のことに忙しくて、著作権の保護とか使用料の回収とかちゃんとできなかっただろうから、その分はみんな『なし』ね」ということだと理解していた。

そうではないのだ。あれは敗戦国だけに課せられた「罰金」だったのである。

この一事からも、著作権の扱いがすぐれて政治的なものであることが知れる。

著作権をふりまわして、その使用を制限してまわる人たちの中には、オリジネイターに対する敬意も、作品に対する愛情も、何もなく、ただ自己利益のためにそうしている人が多数含まれている。もとが政治的な制度なのだから、当たり前と言えば当たり前なのだ。

私はこういう人たちの言い分に耳を貸す気にはなれない。

著作権にかかわる逸話でもっとも心痛むのは、ブライアン・ウィルソンのケースである。

ビーチボーイズの初期の名曲はウィルソン兄弟が設立した音楽出版社が権利をもっていた（ブライアンは端的に「自分がもっている」と思っていた）。けれども、グループのマネージャーだった父親は息子たちに嫌われ、彼らの音楽活動に首を突っ込むなと言われたことの腹いせに、権利を七〇万ドルで他人に売り払ってしまった。

そのときのことをブライアンは次のように語っている。

> 70万ドル？ 曲をただで渡すようなものだ。現在そのカタログは、2000万ドル以上の評価を受けている。しかし僕にとっては、それは金で買える類いのものではなかった。それは僕の赤ん坊だった。僕の肉体だった。魂だった。そしていま、それはもう僕のものではなかった。
>
> （『ブライアン・ウィルソン自叙伝』二〇六頁）

そのようにしてブライアン・ウィルソンは父親から破壊的な精神外傷を受け、長い鬱の淵に淪落《りんらく》した。

これはコピーライトの政治的使用のもっとも痛ましい例だろう。

たしかに、父親は適法的に権利を行使した。けれども、その意図は明らかに「政治的」なものであった。彼は自分に反抗した息子に「罰を与える」ためにそうしたのである。

本来クリエイターを保護し、その創作活動を支援するはずの法的権利がこのようなかたちで運用されるのは間違っていると私は思う。

著作権が権利として尊重されるのは、「それがクリエイターを保護し、その創作活動を支援する」限りにおいてであって、この条件を満たさないものについての著作権は認められるべきではないと私は思う。

――二〇一〇年六月一七日

■内田樹『街場のメディア論』光文社新書／二〇一〇年
■ブライアン・ウィルソン＋トッド・ゴールド『ブライアン・ウィルソン自叙伝 ビーチ・ボーイズ 光と影』中山康樹監修／中山啓子訳／径書房／一九九三年

第六章

表現とリテラシー

死ぬ言葉

入学式。

私にとっては、「最後の入学式」である。讃美歌四一二番を歌うのも、学院長の「お祝いのことば」を聴くのも、これが最後である。

四月五日。あと三六〇日。朝起きるたびにカウントダウンの針が進んでゆく。今年経験することはすべて「大学最後の経験」である。そうやって見回すと、目に映るすべてのものが儚《はかな》く、移ろいやすく、いとおしいものに思えてくる。

本邦の古人はこの感懐《かんかい》を好んだようである。

「美的生活」というのは別に書画骨董を愛玩したり、歌仙を巻いたり、文人墨客《ぶんじんぼっきゃく》と賺《すか》した話をすることではない。そうではなくて、「目の前にあるこれは、いずれ消え去って、あとをとどめない」という人事万象の「無常」を、その「先取された死」を「込み」で、ご飯を食べたり、働いたり、遊んだり、つくったり、壊したり、愛したり、憎んだり、欲望したり、諦めたりすることではないかと私は思う。

なぜ、「生け花」と「プラスチックの造花」の間に美的価値の違いがあるかということを前に論じたことがある。

もしも、造形的にも、香りも、触感も、まったく同じであったとしたら、「生きた花」と「死んだ花」の本質的な差はどこにあるか。差は一つしかない。「生きた花」はこれから死ぬことができるが、「死んだ花」はもう死ぬことができないということだけである。

美的価値とは、畢竟《ひっきょう》するところ、「死ぬことができる」「滅びることができる」という可能態のうちに棲まっている。

私たちが死ぬのを嫌がるのは、生きることが楽しいからではない。

一度死ぬと、もう死ねないからである。

すべての人間的価値を本質的なところで構成するのは「死」である。「可死性」というものがあらゆる人間的価値の中心にある。

私たちが定型的な言葉を嫌うのは、それが「生きていない」からではない。それが「死なない」からである。

個人の身体が担保したものだけが「死ぬ」ことができる。

「世論」は死なない。個人としての誰が死んでも、「世論」は死なない。それは「プラスチックの造花」と本質的には変わらない。だから、世論は私たちに深く、響くようには届かない。深く、骨の中にまで沁み込むように残るのは「死ぬ言葉」だけである。

かつて白川静先生は、孔子について司馬遷が作った伝記は虚構であるとして、『孔子伝』にこう書かれたことがある。

孔子の世系についての『史記』などにしるす物語は、すべて虚構である。孔子はおそらく、名もない巫女の子として、早く孤児となり、卑賤のうちに成長したのであろう。そしてそのことが、人間についてはじめて深い凝視を寄せたこの偉大な哲人を生み出したのであろう。思想は富貴の身分から生まれるものではない。

(二六頁)

それについて、私は白川先生を追悼する文集にこう書いた。

「思想は富貴の身分から生まれるものではない。」

このような断定は万巻の書を読破し、手に入る限りの史料を渉猟すれば口にすることが許されるという種類のものではない。

このような言葉は発話者がその身体を賭して「債務保証」する以外に維持することの

できぬものである。

私は白川先生がどのような前半生を過ごされたのか、略歴によってしか知らない。けれども、それが「富貴」とほど遠いものであったことは知っている。さしあたり「思想は富貴の身分から生まれるものではない」という命題の真正性を担保するのは、一老学究の生身の肉体と、彼が固有名において生きた時間だけである。この命題はそれ自体が一般的に真であるのではなく、白川静が語った場合に限って真なのである。世の中にはそのような種類の命題が存在する。そのことを私は先生から教えて頂いた。

（「白川先生から学んだ二三のことがら」）

その人ではない人間が「同じ言明」を語っても真としては通用しないような言葉は、その人とともに「死ぬ」。「自分がその言葉を発しなければ、他に言ってくれる人がいない言葉」だけが真に発信するに値する言葉であるということをここに書いた。

それは言い換えれば、「人とともに生き死にする言葉」だけが語るに値し、聴くに値する言葉だということである。

——二〇一〇年四月六日

■白川静『孔子伝』中公文庫／二〇〇三年

国家の品格

午後に朝日新聞の取材。ミリオンセラーである藤原正彦さんの『国家の品格』について、著者の藤原さんへのインタビューと、私の読書感想を紙面に並べるという企画ものである。たいへん面白く読みやすい本であった。藤原さんの言っていることのコンテンツについては、ほぼ九五％私は賛成である。私が「私ならこういうふうには書かない」と思うのはコンテンツではなく、「プレゼンテーションの仕方」である。

「国家の品格」というのは誰が決めるのかということが問題である。

品格というものは本質的に外部評価である。「私は品格が高い」と本人が大声で呼ばわっても仕方がない（というか、そういうのはふつう「夜郎自大《やろうじだい》」と言って、「とても品がない」人間に典型的なみぶりである）。「あの人、品がいいね」というのはよそさまに言っていただくものである。

この本には残念ながら、「よそさま」に「言っていただく」という姿勢が乏しい。

著者は読者として「日本人」（それも「武士道」的エートスを蔵し、和歌を賞味し、自然の美を愛し、「万世一系の皇統」を誇りに思うようなタイプの日本人）を選択的に読者に想定している ように思われる。おそらく日本に在住している外国人は読者には想定されていない。英語や中国語に訳されて読まれることも（たぶん）想定されていない。

でも、それって少しおかしくはないだろうか。

日本という国の「国家の品格」について査定を下すのは私たちではなく「彼ら」である。彼らが読んだときに、この「日本国家の品格を向上させるための啓発的文書」に横溢する自民族中心主義は、彼らを「日本国家の品格」にハイスコアをつけるように導くだろうか。

ちょっと無理なような気がする。

私がアメリカ人なら（私はそういう種類の想像ばかりしている人間であるが）たぶんこの本を読んで「けつ」と思うだろう。この本を読んで日本人読者が「溜飲を下げる」箇所の多くは、外国人が読んだら「むかつく」箇所である。「溜飲《くみ》とむかつき」のトレードオフが国際関係論上「有利な」バーゲンであるという判断に私は与しない。できることなら、外国の方が読んでも「うーん、日本ってけっこういい国みたいだね」と思っていただけるようなものを書いた方が「国家の品格」のためには資《し》するところがあるのではないか……というようなことを申し上げる。

ベストセラー相手にこんなことを言うと、せっかく読んで気分がよくなった読者のみなさんが激昂せられて、私はますます世間を狭くすることになるのであるが、仕方がない。

——二〇〇六年三月二〇日

■藤原正彦『国家の品格』新潮新書／二〇〇五年

非実在有害図書

東京都青少年健全育成条例について基礎ゼミの発表がある。

「表現に対する法的規制」というものについて私は原理的に反対である。ふつうは「表現の自由」という大義名分が立てられるけれど、それ以前に、私はここで言われる「有害な表現」という概念そのものがうまく理解できないからである。

まず原理的なことを確認しておきたい。それは表現そのものに「有害性」というものはないということである。

それ自体有害であるような表現というものはこの世に存在しない。

マリアナ海溝の奥底の岩や、ゴビ砂漠の砂丘に、あるいは何光年か地球から隔たった星の洞窟の壁にどのようなエロティックな図画が描かれていようと、どれほど残酷な描写が刻まれていようと、それはいかなる有害性も発揮することができない。

「有害」なのはモノではなく、「有害な行為」をなす人間だからである。

全米ライフル協会は「銃が人を殺すのではない、人が人を殺すのだ」と主張しているが、そのワーディングをお借りすれば「有害な表現が有害なのではない、有害な人間が有害なのだ」ということである。

人間だけが有害であり得る。

マンガやアニメや小説が自存的に「有害」であるということは（残念ながら）不可能なのである。間違いなく、有害性というのは人間を媒介とすることによってしか物質化しない。だとすれば「有害表現」は「人間が有害な行為を遂行するように仕向ける表現」以外での定義を受け付けない。

では、どのような表現が「人間を有害な行為の遂行に導く」のか。

つまりどのような表現が「ほんとうに有害」なのか。これについては定説がない。

今回の条例が採用しているのは、「有害な表現は人間を有害な行為に導く」という命題である。けれども、この命題はトートロジーであり、論理的には何も言っていないのと同じである。「有害な表現」という主語はそれが「有害な行為」の主因であるということが論証されない限り、「有害」という形容詞を引き受けることができない。

たしかに「有害な行為」というものは事実として存在する。性犯罪や殺人はとりあえず被害者にとっては間違いなく「有害」である。けれども、「間違いなく有害な表現」というものはこの世には存在しない。

それは、その図書なり図画に触れたことが「有害な行為」の一因であったということが証明されたあとに、遡及《そきゅう》的にはじめてその有害性を認知される「仮説」としてしか存在しない。

そして、この仮説はかつて証明されたことがない。

今回の論件をめぐる議論でもおそらく多くの人がすでに指摘していると思うので、屋上屋を重ねることになるが、大事なことなので、もう一度繰り返す。

統計が教える限り、「有害」表現規制と「有害」行為の発生の間には相関関係がない。

よく「最近……な事件が増えていますが」というようなことをワイドショーのコメンテイターが口走る。「最近少年犯罪が増えていますが」とか「家庭内における殺人事件が増えていますが」と簡単に口にするが、それはその人の主観的印象に過ぎず、統計的には過半が無根拠である。というか積極的に「嘘」である。

例えば、少年犯罪は戦後一貫して減り続けており、日本は「少年犯罪が異常に少ない国」ということでヨーロッパから視察団が来るような国なのである。

「家庭内殺人」も少ない。「殺人事件全体に占める家庭内殺人の比率」は相対的に高いが、それは殺人事件そのものが減少しているからである。わが国の殺人事件発生率は先進国中ではアイルランドと並んで最低である。ロシアは日本の二二倍、イギリスは一五倍、アメリカは日本の五倍、ドイツ、フランス、イタリアも日本の三倍である。二〇〇九年には統計史上最低値を記録した。

今回の条例は青少年の犯罪を憂慮して起案されたもののようであるが、少年犯罪だけを見ても、強姦件数が最多であったのは一九五八年の四六四九件であり、以後減り続け、二〇〇六年は一一六件にとどまっている。

戦後半世紀で「最悪の時代」の二・五％にまで減少している。

少年犯罪件数が最高であった一九五〇年代末を私はリアルタイムで経験しているが、私の記憶する限り、一九五八年に街には「有害図書」に子どもたちが自由にアクセスできるような機会はなかった。もちろん、コンビニもなかったし、書店でも子どもの手が届く本棚にはそんな本はなかった。エロゲーも、ポルノビデオもなかった。性に関する情報から子どもたちは遮断されていた。そのような状況のときに少年の性犯罪発生件数が最多を記録した。

この事実から私たちが推論できるのは、性犯罪の多発と「有害」図書の間に統計的に有意な相関は見られない、ということである。

私が言いたいことは三点である。

第一に、「有害表現」というのは「有害行為」が生じたあとに、遡及的に措定されるものであり、自存的に存在するものではない。性犯罪や暴力行為は、遺伝形質によっても、家庭環境によっても、教育によっても、信教によっても、イデオロギーによっても、もちろんそうしたければ「有害表現」によっても説明可能である。けれども、それはあくまで「仮説」的な前件にすぎない。

同じ環境に育ち、同じ教育を受け、同じ本を読み、同じ映画を観ても、ある人間は殺人者や強姦者になり、ある人間はそうならない。ふちぎりぎりまで水が満たされたコップに最後の一滴が加わって水があふれたときに、その一滴を「原因」だと言うことは適当ではない。そう言いたい人間は言えばよいが、それは起きた出来事についてほとんど有用な知見を含まない。

第二に、前項にもかかわらず、性交や暴力についての表現規制によって、そのような行為が効果的に抑制されたという事実は私の知る限り存在しない。それは結局のところ「有害表現」という「もの」は存在しないということである。

現代世界で、性描写についての禁圧がもっともきびしいのはイスラム圏であるけれど、女性の人権が軽視され、性暴力がもっとも激烈なのも当のイスラム社会である。現代世界で、もっとも暴力的なのはアメリカであるが、そのアメリカは一九三四年から一九六八年まで、ヘイズコードによって映画での性描写と暴力がきびしく規制されていた。その表現規制はアメリカがその間太平洋戦争、朝鮮戦争、ベトナム戦争で数百万人のアジア人を殺すときには抑制的には機能しなかった。

第三に、そもそも「有害行為」が増加しているという現状認識そのものが、統計的事実を見る限り正確とは思われない。「日本はこれまで以上にきびしい表現規制が必要であるほど有害な行為が増加している」ということを統計的に証明できない限り、そもそもこのような条例についての議論は始まらないはずである。

誰が、どういう根拠によって法規制の喫緊《きっきん》であることを証明したのか、それを東京都の関係者は開示しているのであろうか。

私が言いたいことは、以上三点である。

「有害」な行為は件数がいくら減少したとはいえ、たしかに現代日本社会に厳《げん》として存在する。それを規制することは私たちの願いである。けれども、ほんとうに有害な行為を抑制したいと望むのであれば、「どのような歴史的・社会的原因によって有害行為の発生件数は増減するのか?」についてもう少し真剣に考察するところから始めてもよろしいのではないか。

都庁には、それなりの人的資源があるはずである。

それをどうしてもう少し世の中の役に立つことに使わないのであろうか。

――二〇一〇年四月二四日

「あの、ちょっと」な本について

大学に来てメールボックスをチェックするとき、いちばん頭が痛いのが、「献本」である。自分もずいぶんたくさんの人に本を送りつけているので、人のことは言えないのだが、それは友人知人宛てであって、見知らぬ人に送るということはしない。

もちろん、編集者が独自の判断で送るということはある。各紙の書評担当者に送るとか、あるいは一読して激怒、私に筆誅を加えそうな書き手にも送ることがある（そうすれば高いパブリシティ効果が期待できるからである。「これほど悪しざまに罵られる本なら読んでみようかしら」と考える読者は決して少なくない）。

私だって友人知人から送られてくる本はうれしく頂戴する。

困るのは知らない人から送られる自費出版本である。

私も自費出版で何冊も本を出したことがあるから、市場のニーズとは違うレベルで、それぞれに深い思いと個人的必然性があって本を出された事情はよくわかる。けれども、「ご高評を賜りたい」とか「推薦文を書いていただきたい」とか「ご面談の上、販売戦略についてご意見を伺いたい」とか言われるうちに、「あの、ちょっと……」と腰が引ける本に出会うことがよくあるのである。

これら「あの、ちょっと」本の多くに共通する特徴は「私の理論によれば世界の出来事はたちまち快刀乱麻《かいとうらんま》を断つがごとく解明される。どうしてこんな簡単な理屈が諸君にはわからないのだ。困ったものだ」という「見下し」目線である。

「世間はバカばかりなので、私の才能を評価できない」という言葉づかいは青年客気《せいねんかっき》の通弊であり、プライドの高い青年はうっかりするとこれに類するフレーズをふっと口走ってしまうものであるから、私はそのこと自体を責めようとは思わない。その種の矜持《きょうじ》はある意味では「健常」の徴候である。けれども、まったく同じ言葉を口にしても、それがどこかしら「不自然」で「病的」に響く場合もある。

この識別がむずかしい。

別に若いときに言えば健全だが、年を食ってから言うと病的というほど単純なものではない。若い人が口にしても「怖い」場合があり、老人が口にしても共感を呼ぶ場合がある。年齢はあまり関係ない。社会的立場とも関係ない。

でも、「あの、ちょっと……」という印象をもたらすものと「ほうほう、元気のよろしいことで」と思わず微笑むものとの間には歴然とした違いがある。

その差は奈辺に存するのであろうか。

それはたぶん「公共性」に対する配慮の差なのであろうと思う。

つまり、「私の言葉は果たして他者に届くだろうか？」というコミュニケーションの存立についての配慮よりも、「私の言葉は正しい」という真理性の挙証の方を優先させるタイプの人の書くものは「あの、ちょっと」本になりやすいということである。

大学の授業とか、道場というところは公共性の高いところである。だから、「ちょっとあぶなそうな人」に対しても原則的には門戸が開放されている。それでも、さしたる問題が起きないのは、公共性が問題行動の発現を抑制するからである。

道場は原則として出入り自由である。「学びたい」という自己申告があれば、誰でも受け容れる（学校は制度的にはそれほど開放的ではないが、本質的には万人に開放されている）。けれども、そのような公共的な場では、おのれの私見をうるさく主張して、迷惑な行動に出る人は少ない。それには公共性の高さが関与している。

擬制的にではあれ「公共の福利」あるいは「治国平天下《ちこくへいてんか》」を目指すような公共性の高い場は、「ちょっとあぶない」人に対する心理的なハードルが存在するのである。

私の経験した限りでは、いあわせた人が突然「問題行動」を起こすことがいちばん多いのは講演会である（立ち歩く、講師を睨みつける、いびきをかいて眠る、小声で何か呟《つぶや》き続ける、などなど）。「カルチャーセンター」がそれに続く。「学校」は比較的少なく、もっとも少ないのが「道場」である。

これは「匿名性」と「身体性」にかかわりがあると私は見ている。匿名性が保証されている場所では、人は攻撃的、秩序紊乱《びんらん》的であることを自分に許しやすい。逆に、固有名が特定され、逸脱行動に対してピンポイントで処分や訴追がなされる可能性が高ければ、ふるまいは謙抑《けんよく》的になる。

当たり前ですけど。

より興味深いのは、身体性と問題行動が負の相関にあることである。

身体的な技法教授の場においては、妄想的な言動をあえてなすものは少ない。非常に少ない。それはおそらく妄想的であることと、身体技法を学習することが両立しにくいからである。むろん、まれには道場でなお「あの、ちょっと」的言動をする人もいないことはない。だが、彼らは例外なしに身体が硬い。肩や肘の関節が硬くてほとんど曲がらない。ミラーニューロンが機能不全で、簡単な動作を模倣することができない。「マッピング」が苦手で、空間内の自分のポジションの把握がうまくできない。

だから、そのような諸君の多くは身体を痛めて稽古を止めてしまう（それだけ身体が硬ければ、関節技や受け身の稽古はほとんど拷問に等しいであろう)。
道場は「身体的ハードル」によって妄想的なタイプの人をスクリーニングしているのである。
これらの事実を総合的に推論して得られる結論は、意外なことに「公共性と身体性は相関する」ということである。

書いている私もびっくりである。

身体技法の学習とは、端的に言えば、他者(師匠)の身体との鏡像的同期のことである。

他者の身体に想像的に入り込み、他者の身体を内側から生きるということが身体技法の修業ということのすべてを削ぎ落としたときの本質である。その修業は「どのようにして他者の身体に同期するか。どのように呼吸を合わせるか。どのように筋肉のテンションや関節のしなりを揃えるのか。どのようにして内臓感覚を一致させるか」といった一連の技術的な問いをめぐって進行する。

それらの問いは「どのようにして他者との深く、肌理《きめ》細やかなコミュニケーションの回路を存立させるか」というふうにも言い換えることができる。

コミュニケーションの回路を行き交う「コンテンツ」の意義や真理性よりも、コミュニケーションの「回路そのもの」が順調に機能しているかどうかを優先的に配慮する人間はたぶん「あの、ちょっと」的な本は書かない。

そういうことではないかと思う。

などといろいろ勝手なことを書いていますが、これはもちろん「あなたが送ってくれた本」の話ではありません。

Don't take it personal.

——二〇一〇年九月二七日

情報の階層化について

情報の階層化が進行している。

「情報の階層化」とは、端的に言えば、「質のよい情報にアクセスできる階層」と「質の悪い情報にしかアクセスできない階層」の分極化のことである。

問題はそれが「状態」ではなく、「プロセス」だということである。

「質のよい情報」というのは物性のことではない。そうではなくて、自分の発信する情報が「情報環境全域」の中でどこに位置づけられ、どう機能しているかを「マップ」できるということである。「私はこのことを言うことによって『何を言いたいのか』」を言える情報のことである。「今発信されつつある情報の評価についての情報を含む情報」のことである。

それが良質な情報である。

質の悪い情報はその逆のもののことである。

その情報が送受信されるのはどういう文脈においてか、その歴史的機能は何か、この発信者は「それを言うことによって何を言おうとしているのか」などなど、「情報についての情報」を含まない情報は「質の悪い情報」である。

「オレはこう思う（終わり）」とか「オレはこれを知っている（終わり）」といったタイプの文型で作文された情報は、そのコンテンツの正否にかかわらず「質の悪い情報」である。

それらの情報は自分の主張に含まれている「思い込み」「事実誤認」「推論の間違い」などについて、価値中立的な視点から精査する自己点検システムを含まないからである。

現在進行している情報の階層化は「状態」ではなく「プロセス」であると私は右に書いた。それは言い換えると、「情報には質の差がある」ということを知っている人たちと、それを知らない人たちの間に断絶ができつつあるということである。

「情報についての情報」とは「メタ・メッセージ」のことである。

メタ・メッセージとは「メッセージの読み方」についてのメッセージのことだということは、これまでも何度も書いてきた。

「後ろの方、聞こえますか？」とか「わかりにくい話をしてすみません」というのはメタ・メッセージである。メッセージそのものの内容の正否や真偽とはかかわりなく、受信者全員に過不足なく「言いたいこと」が伝わるのがメタ・メッセージである。

「後ろの方、僕の話、聞こえますか？」というメタ・メッセージの卓越性は、これに対しては

「はい、聞こえます」と「いいえ、聞こえません」という二つの回答しか私たちは想定していないということである。

だが、これはよく考えるときわめて不思議な回答なのである。「はい、聞こえます」はわかる。でも、「いいえ、聞こえません」というのは明らかに背理だからである。だって、「聞こえない」と言えるのは「聞こえてる」からでしょ！　という反論が成り立つからである。

たしかに言ってることは「聞こえない」のである。でも、今自分が「言っていることが聞こえない」という事態そのものが「言ってること」の主題であることは確信される。

それがメタ・メッセージである。情報そのものは届かないことがあっても、「情報についての情報」は届く。それは私たちが誰かの発した言明が「ただのメッセージ」なのか「メタ・メッセージ」なのかを本能的に識別できるからである。

どうして人間たちにはそんな芸当ができるのか、私にはわからない。誰も（ヤコブソンもソシュールもレヴィ＝ストロースも）教えてくれなかった。でも、識別できるのは事実である。

ここから導かれる仮説はなかなか魅惑的である。

もし、「メッセージの読み方についてのメッセージ」は価値中立的であり、パーソナルな言明ではなく、正否真偽を超越している（そういうルールで私たちはコミュニケーションしている）のがほんとうだとすれば、メタ・メッセージという「容れ物」にメッセージを盛り込むことができれば、そのメッセージは広く深く誤解の余地なく人々に伝わるだろうということである。

前に鈴木晶さんのブログから引用したこんな笑い話を覚えておいでだろうか。

窃盗を疑われている労働者がいた。そこで毎夕、工場から帰るとき、警備員たちは彼が押している手押し車を丹念に調べた。だが、何も見つからなかった。手押し車はいつでも空だった。実は彼は毎日手押し車を盗んでいたのである。

「手押し車の中身」がメッセージ、「手押し車」をメタ・メッセージと読み替えると、この笑い話の含意がわかる。

メッセージの受信者たちは「手押し車の中」を丹念に調べ、その信頼性や真理性を精査して、「変なもの」があったら、それを取り押さえようと身構えている警備員に似ている。そこには何も怪しげなものは見つからない。「じゃあ、いいよ。通りなよ」と言って警備員はメタ・メッセージには手つかずのまま「検閲」を通過させてしまう。

警官たちが厳重に固めている警戒ラインを突破するいちばんうまい方法の一つは、「怒り狂って警戒ラインの警官たちを叱り飛ばす偽警官に化けること」である。「バカ野郎！　犯人はもうとっくに逃げ去ってしまったぞ。おまえら、いったい何してたんだ！」という叱責が犯人の「手押し車」である。

『羊たちの沈黙』ではレクター博士が、『レオン』ではレオンが「重傷を負った警官」に化けて、緊急避難的な回路を作って警戒ラインをくぐり抜けてみせた。どれも「同じ話」である。

警官たちはどのパターンでも「公務執行上の破局的失敗」を「メタ・メッセージ」として受け容れ、これについては通常のメッセージを受信するときのチェック手続きを適用しない。

よくできたトリックである。

私たちはこのトリックに抵抗できない。この私たちの「無能」にこそ、コミュニケーションの秘密は存する。というのは、警官たちがシステマティックに騙されるのは、まさに人間たちが「メッセージとメタ・メッセージの識別能力」を選択的に進化させてきたからなのである。メッセージのレベルを識別できるからこそ、「メタ・メッセージ」の仮装にどうしても抵抗できないのである。この「騙されやすさ」こそがコミュニケーション能力の進化の皮肉な果実なのである。

私が言いたいのは、もし、メッセージの送受信においてもっとも効率的に仕事をする人がいるとしたら、つまり自分が言いたいことをもっとも手際よく、誤解の余地なく人に伝えることができる人がいるとしたら、その人は、自分のパーソナルなメッセージを手押し車のかたちにして、検閲をくぐり抜けるだろうということである。

情報の階層化の話をしているところだった。

「情報についての情報」という「手押し車」を巧みに操る術を知っている人と、「裸の情報」「剝き出しの情報」（「オレは知っている」「オレはこう思う」という情報）をただ量的に拡大することしか思いつかない人の間に「情報格差」は生じている。

「情報強者」と「情報弱者」と言い換えてもいい。

「情報強者」というのは、他の人の知らない重要な情報をたくさん知っている人のことではない（そうである場合もあるが、それは本質的な条件ではない）。そうではなくて、「手押し車」を使って情報の送受信をすることができるので、誰にでも、誰とでも、すぱっとコミュニケーションができる人のことである。自分に必要な情報があるときに「教えて」と言えば、「うん、いいよ」という人のところにすぐに「ホットライン」が繋がるようにネットワークが構築されている人のことである。

「情報弱者」というのは、誰からも「教えて」という需要が来ない人のことである（彼が知っていることはほとんどネット上で誰でもアクセスできる情報だからである）。「知らない」と「教えて」という言葉を口にするのは自分の無知を露呈するようで恥ずかしいと思っているので、誰も何も教えに来てくれない、そんな人のことである。

情報の階層化は不可逆的に進行する。そして、高度情報化社会においては、その差は権力・財貨・文化資本のすべての配分に直接反映することになる。

誤解してほしくないが、私は情報の階層化には反対である。

ネット上に「呪詛」を書き込んでいる諸君は、それによって他ならぬ自分自身を情報化社会の最下層に釘付けにしていることに気づいてほしいと思って、この文章を私は書いている。

たぶん、ご理解いただけないであろうが（あ、いけない呪いを書いちゃった。今のなしね）。

——二〇一一年八月一日

ネット上の発言の劣化について

個人的印象だが、ネット上での匿名発言の劣化がさらに進んでいるように見える。攻撃的なコメントが一層断定的になり、かつ非論理的になり、口調が暴力的になってきている。これについては、前に「情報の階層化」という論点を提示したことがある。ちょっと長い話になる。

かつてマスメディアが言論の場を実効支配していた時代があった。読売新聞一四〇〇万部、朝日新聞八〇〇万部、「紅白歌合戦」の視聴率が八〇％だった時代の話である。その頃の日本人は子どもも大人も、男も女も、知識人も労働者も、「だいたい同じような情報」を共有することができた。政治的意見にしても、全国紙の社説のどれかに「自分といちばん近いもの」を探し出して、とりあえずそれに同調することができた。

「国論を二分する」というような劇的な国民的亀裂は六〇年安保からあとは見ることができない。国民のほとんどは、朝日から産経まで、どれかの新聞の社説を「口真似する」というかたちで自分の意見を表明することができたのである。それらのセンテンスはほぼ同じ構文で書かれ、ほぼ同じ語彙を共有しており、ほぼ同じ論理に従い、未来予測や事実評価にずれはあっても、事実関係そのものを争うことはまずなかった。それだけ言説統制が強かったというふうにも言えるし、それだけ対話的環境が整っていたとも言える。

ものごとにはよい面と悪い面がある。

ともかく、そのようにして、マスメディアが一元的に情報を独占する代償として、情報へのアクセスの平準化が担保されていた。誰でも同じような手間ひまをかければ、同じようなクオリティの情報にアクセスできた。「情報のデモクラシー」の時代だった。

これはリアルタイムでその場に身を置いたものとしては、「たいへん楽しいもの」として回想される。

内田百閒と伊丹十三が同じ雑誌に寄稿し、広沢虎造とプレスリーが同じラジオ局から流れ、『荒野の七人』と『勝手にしやがれ』が同じ映画館で二本立てで見られたのである。

小学校高学年の頃、私は父が買ってくる「文藝春秋」と「週刊朝日」を隅から隅まで読んだ。それだけ読んでいると、テレビのクイズ番組のほとんどすべての問題に正解できた。そういう時代だった。

だが、七〇年代から情報の「層化」が始まる。

最初に「サブカルチャー系情報」がマスメディアから解離した。

全国紙にはまず掲載されることがない種類のトリヴィアルな情報が、そういうものを選択的に求める若者「層」に向けて発信され、それがやがてビッグビジネスになった。「異物が混在する」時代が終わり、「異物が分離する」時代になったのである。

たしかに、筒井康隆の新作を読むつもりで買った月刊誌に谷崎潤一郎の身辺雑記が掲載されていたら、「こんなのオレ読む気がないのに、その分について金出すのもったいない」と思う読者が出て来ても仕方がない。

そうして、メディアの百家争鳴百花繚乱状態が始まった。

そのときも「別に、これでいいじゃん」と私は思っていた。みんなも「これでいいのだ」と言っていた。それによって、社会集団ごとにアクセスする情報の「ソース」が分離するようになってきた。国民全員が共有できる「マス言論」という場がなくなった。

今の若い人はもう新聞を読まない。テレビも見ない。必要があれば、ニュース記事はネットで拾い読みし、動画はYouTubeで見る。

「必要があれば」というのは、当人のまわりで「それ」が話題になっているときに、キャッチアップする「必要があれば」ということである。まわりで話題にならなければ、戦争があっても、テロがあっても、政権が瓦解しても、通貨が紙くずになっても、どこかの国が水没しても、どこかの国の原発が爆発しても、そんなことは「知らない」。

マス言論というのは、いわば「自分が知っている情報」の価値を評価するためのメタ情報である。

マス言論の場に登録されていない情報を自分が知っていることがある。それは、とりあえず私が知っているこの情報は「国民レベルで周知される必要のない情報」だという査定がどこかでなされたということを意味している。

「国民レベルで周知される必要のない情報」には二種類ある。

「重要性が低いので、周知される必要がない情報」（例えば、「今のオレの気分」）。

もう一つは、「あまりに重大なので、それが周知されると社会秩序に壊乱的影響を及ぼす情報」（例えば、尾山台上空にＵＦＯが飛来した）。

その二つである。

そして、私たちは長い間のマスメディア経験を通じて、「自分は現認したが、マスメディアに報じられない情報」はとりあえず「第一のカテゴリー」に入れる訓練を受けていた（ぶつぶつ文句を言いながら、ではあるが）。

それが揺らいできた。

マスメディアの「情報査定機能」が著しく減退した（少なくとも、「減退したと信じられている」からである）。

マスメディアの情報査定機能が低下すると、何が起こるか。

私たちは自分の知っている情報の価値を過大評価するようになる。

私が知っていて、メディアが報道しない情報は、「それを知られると、社会秩序が壊乱するような情報」であるという情報評価態度が一般的になる。「第二のカテゴリー」が肥大化するのである。

今のネット上の発言に見られる一般的傾向はこれである。

自分自身が送受信している情報の価値についての、無根拠な過大評価。

自分が発信する情報の価値について、「信頼性の高い第三者」を呼び出して、それに吟味と保証を依頼するという基本的なマナーが欠落している。

ここでいう「信頼性の高い第三者」というのは実在する人間や機関のことではない。そうではなくて、「言論の自由」という原理のことである。

言論が自由に行き交う場では、そこに行き交う言論の正否や価値について適正な審判が下され、価値のある情報や知見だけが生き残り、そうでないものは消え去るという「場の審判力に対する信認」のことである。情報を受信する人々の判断力は（個別的にはでこぼこがあるけれど）集合的には叡智的に機能するはずだという期待のことである。

それはさしあたりは、自分が言葉を差し出す「場」に対する敬意として示される。

根拠を示さない断定や、非論理的な推論や、内輪の隠語の濫用や、呪詛や罵倒は、それ自体に問題があるというより（問題はあるが）、それを差し出す「場」に対する敬意の欠如ゆえに退けられねばならない。

それは「言論の自由」になじまない。

なぜなら、「言論の自由」とは制度でもないし、規則でもなく、「言論が行き交う場に敬意を示すことによって、その場の威信を基礎づける」という遂行的な営みそのもののことだからである。「言論の自由」は「そこにある」ものではない。私たちが身銭を切って創り出すものである。

「日本には『言論の自由』なんかない」と言い捨てたある社会学者がいた。私はこの発言は遂行的には「言論の自由」を掘り崩し、汚すものだと思う。

「責任者出てこい。『言論の自由』を整備して、ここに持って来い」という言葉を一億人が唱和しても、それによって「言論の自由」が基礎づけられ、機能するということはない。だって、その言葉には「言論の自由」に対する敬意が少しも含まれていないからである。

「言論の自由」は「場に対する敬意」を滋養にしてしか生きることができないのに。

だから、挙証の手間を惜しみ、情理を尽くして語ることを怠り、罵倒や呪詛を口にする者は「言論の自由」そのものを痩せ細らせている。彼らが「言論の自由」を権原《けんげん》に自分の行為を正当化することはできないだろうと私は思う。それは泉水《せんすい》に向かってつばを吐きかけ、放尿する者が「泉水から清浄な水を汲み出す権利」を主張しているさまに似ている。彼らに向かって私たちは「権利を言い立てるより前に、まずその行為を止めなさい。君たちの行為そのものが、君たちが求めているものの入手をむずかしくしているからだ」と言うべきだろう。

情理を尽くして語ることを怠る者は、その行為そのものによって、彼らが実は「言論の行き交う場」の審判力を信じていないということをはしなくも告白している。

というのは、彼らは真理についての公共の場における検証に先だって、「自分はすでに真理性を確保している」と思っているからだ。聴き手に向かって「おまえたちがオレの言うことに同意しようとしまいと、オレが正しいことに変わりはない」と言い募っている人間は言論の場に集まってきた人たちに向かって、「おまえたちが存在してもしなくても。何も変わらない」と告げているのである。

それはある種の「呪い」の言葉である。人間の生きていることの意味の根源を掘り崩す言葉である。私たちは呪いの言葉を浴び続けているうちに、ゆっくり、しかし確実に生命力を失う。それゆえ、「言論の自由」には「言論の自由の場の尊厳を踏みにじる自由」「呪詛する自由」は含まれないと私は思うのである。

——二〇一一年八月一日

一四〇字の修辞学

「Twitterに「愚痴」、ブログに「演説」というふうに任務分担して、書き分けることにしたら、ブログへの投稿が激減してしまった。

たしかにTwitterは身辺雑記（とくに身体的不調の泣訴《きゆうそ》や、パーソナルな伝言のやりとり）にはまことに便利なツールであるけれど、ある程度まとまりのある「オピニオン」を書くには字数が足りない。わずかな字数でツイストの効いたコメントをするというのも、物書きに必要な技術の一つではあろうが、「それだけ」が選択的に得手《えて》になるのは、あまりよいことではない。

というのは、「寸鉄《すんてつ》人を刺す」という俚諺《りげん》から知られるように、「寸鉄」的コメントは破壊においてその威力を発するからである（「寸鉄人をして手の舞い足の踏むところを知らざらしめる」というような言葉は存在しない）。

何より、一刀両断的コメントは、書いている人間を現物よりも一五〇％ほど賢そうに見せる効能がある。だから、一刀両断的コメントの名人に「引き続き、そのテーマを五〇〇〇字ほど深めていただきたい」と頼んでも、出てくるものはずいぶん無惨な出来栄えであろう。

むろん、「寸鉄型」コメンテイターだって、物理的に「長く書く」ことはできる（同じ話を繰り返せばいいんだから）。でも、それでは読んでいる方がすぐ飽きる。長く書いて、かつ飽きさせないためには、螺旋《らせん》状に「内側に切り込む」ような思考とエクリチュールが必要である。

そして、そのためには「前言撤回」というか、自分が前に書いたことについて「それだけではこれ以上先へは進めない」という「限界の告知」をなさなければならない。おのれの知性の局所的な不調について、それを点検し、申告し、修正するという仕事をしなければならない。

それがないと、「内側に切り込むように書く」ということはできない。

前言撤回を拒むものは、出来の悪い新書の書き手のように、最初の五ページに書いてあることを「手を替え品を替え」て二五〇ページ繰り返すことしかできない。最初の五ページに書いてあることのうちにはすでに情報の欠如があり、事実誤認といわぬまでも事実評価に不安があり、推論上の不備があるということを、「最初の五ページを書いている、当のそのときに」開示できるものだけが、「内側に切り込む」ように書くことができる。私はそう思っている。

「寸鉄型」のコメントに慣れるものは、それによって得られるわずかな全能感の代償として、多くのものを失う。自分の命をかけられるような命題は一四〇〇字以内では書けない（一四〇〇字でも、一万四〇〇〇字でも書けないが）。だから、そこに書かれる言葉は原理的に「軽い」

ものになる。

誤解してほしくないが、私は「軽い言葉」を語るなと言っているわけではない。「軽い言葉」だということを自覚して語ってほしいと言っているだけである。

というようなことを書くと、「ふざけたことを言うな」というご批判が早速あると思うが、如上《じょじょう》の理由により、私宛てのご批判は「五〇〇〇字以下のものは自動的にリジェクト」させていただくので、みなさまの貴重なプライベートタイムはそういうことに浪費されぬ方がよろしいであろう。

——二〇一一年七月三一日

エクリチュールについて

クリエイティブ・ライティングは、私が大学の講壇で語る最後の講義科目である。八〇人ほどが、私語もなく、しんと聴いてくれている。

書くとはどういうことか。語るとはどういうことか。総じて、他者と言葉を交わすというのは、どういうことかという根源的な問題を考察する。

授業というよりは、私ひとりがその場であれこれと思いつくまま語っていることを、学生たちが聴いているという感じである。「落語が始まる前の、柳家小三治《こさんじ》の長マクラ」が九〇分続く感じ……と言えば、おわかりになるだろうか。

昨日のクリエイティブ・ライティングは「エクリチュール」について論じた。

ご存じのように、エクリチュールというのはロラン・バルトが提出した概念である。

バルトは人間の言語活動を三つの層にわけて考察した。

第一の層が「ラング」(langue)。これは国語あるいは母語のことである。

私たちはある言語集団の中に生まれ落ち、そこで言語というものを学ぶ。ここに選択の余地はない。私は日本に生まれたので、日本語話者として言語活動を開始する。「国際共通性とか考えると英語の方が有利だから、英語圏に生まれたい」というようなことを言うことはできない。

第二の層が「スティル」(style)。これは言語運用における「パーソナルな偏《かたよ》り」のことである。

文の長さ、リズム、音韻、文字の画像的印象、改行、頁の余白、漢字の使い方などなど、言語活動が身体を媒介とするものである以上、そこには生理的・心理的な個人的偏差が生じることは避けがたい。ある音韻を忌避し、ある文字を選好し、あるリズムを心地よく感じる……といった反応はほとんど生得的なものであり、作為によってこれを操作するということはできない。

例えば、私は中学生の頃、突然「た」行で始まる単語を言おうとすると吃音《きつおん》になるという時期があった。「たかだのばば」と言おうとすると単語が出てこないのである。駅の窓口で「う……」とうめいたきり立ち尽くすということが何度もあった(当時は自動販売機がなく、窓口で行く先を告げて切符を購入したのである……というようなことを説明しないといけない時代が来ようとは)。仕方がなく、高田馬場へ行くときは「目白」とか「池袋」といって切符を購入した。

このような言語活動上の「偏り」は主体的決断でどうこうできるものではない。

それが「スティル」である。

『若草物語』のジョー(Jo)は「ジョゼフィーン(Josephine)」という名前が大嫌いであった。『赤毛のアン』は「私はAnじゃなくて、Anneよ」としばしば主張していた。

音韻について、あるいは表記についての、個人的好悪は誰にもある。それについて「正しい」とか「間違っている」とかいう判断は誰にもできない。「あ、そう」という他ない。それが「スティル」。

それに対して第三の層として「エクリチュール」(écriture)というものが存在する。

これは「社会的に規定された言葉の使い方」である。

ある社会的立場にある人間は、それにふさわしい言葉の使い方をしなければならない。

発声法も語彙もイントネーションもピッチも音量も制式化される。さらに言語運用に準じて、表情、感情表現、服装、髪型、身のこなし、生活習慣、さらには政治イデオロギー、信教、死生観、宇宙観にいたるまでが影響される。

ある少年が「やんきいのエクリチュール」を選択した場合、彼は語彙や発声法のみならず、表情も、服装も、社会観もそっくり「パッケージ」で「やんきい」的に入れ替えることを求められる。「やくざ」だけれど日曜日には教会に通っているとか、「やんきい」だけれどマルクス主義者であるとかいうことは原理的にありえない。そのような選択は個人の恣意によって決することはできないからである。

エクリチュールと生き方は「セット」になっている。

私たちには「どのエクリチュールを選択するか」という最初の選択においては自由裁量権が与えられている。けれども、一度エクリチュールを選択したら、もう自由はない。私たちは「自分が選択したエクリチュール」の虜囚となるのである。

つまり、私たちの自由に委ねられているのは「どの監獄に入るか」の選択だけなのである。

私たちの前には「ちょい悪おやじのエクリチュール」「小役人のエクリチュール」「やくざのエクリチュール」「キャッチセールスのエクリチュール」などなど無数の選択肢が広がっている。でも、一度選んだら「終わり」なのである。一度、そのような言葉づかいと、それとセットになっている服装や、ふるまい方や、価値観や、美意識を取り入れたら、それはよほどの決意とチャンスがないと洗い落とすことができない。

なぜ、そのような制式化された社会的言語が存在するのか。

これについては、バルトはとくに踏み込んだ分析をしていない。そういうものがあって、現に活発に機能していることを指摘するだけで批評的価値は十分だと思ったのだろう。

しかし、社会的言語運用がきびしく制式化されており、自分が所属する社会集団に許されたエクリチュール以外の使用が禁止されているのは階層社会の際立った特徴なのである。

バルトはそのことを指摘していない。

指摘しているのかもしれないけれど、『零度のエクリチュール』のような書物を読むのは、フランスの知的階層に限定されており、書いているバルト自身、自分の本の内容を理解できる読者をせいぜい「五〇〇〇人くらい」と値踏みして、この本を執筆したはずである（ミシェル・フーコーは二〇〇〇人程度の読者を想定して『言葉と物』を書いたとはっきり言っている）。

このことが逆証明しているのは、エクリチュールの構造について理解できる程度の社会的階層に位置する人間だけにエクリチュールの檻から脱出するチャンスがあるということである。

バルトの本が理解できない社会階層の人々、あるいは「バルトの本が理解できること」の有用性を認める人がまわりにひとりもいない社会階層の人々は、そもそも自分たちがエクリチュールの檻の虜囚であるというような自己認識に至ることができない。

つまり、「言語運用は階層社会を再生産するためのもっとも効率的な装置である」という知見そのものが階層上位にのみ限定的にアナウンスされ、階層社会で下位に位置づけられている人々は、そのような鳥瞰《ちょうかん》的な視座から言語について考察する機会から事実上隔離されているのである。

バルトは「そのこと」を言っていない。
「僕の話って、ちょっとむずかしすぎますか?」というメタ・メッセージをバルトは発信してくれない（ひとことそう言ってくれさえすれば、読む方はずいぶんほっとしたんだけれど）。私はバルトという人をたいへん高く評価しているけれど、その点についてはちょっとだけ不満である。

ロラン・バルトがほんとうに階層社会のラディカルな改革を望んでいたとしたら、彼は『零度のエクリチュール』を書くときに、あのような高踏的なエクリチュールを採用しなかったはずだからである。

バルトの言語についての知見は、できるだけ多くの読者にリーダブルなかたちで示されるべきものであった。彼はそうしなかった。

というところまで書いたら、始業のチャイムが鳴ってしまったので、続きはまた明日（に書けなければ、『街場の文体論』をお買い求めください。いつ出るかわかんないけど）。

——二〇一〇年一一月五日

■ルイザ・メイ・オルコット『若草物語』松本恵子訳／新潮文庫／一九八六年

■ルーシー・モード・モンゴメリ『赤毛のアン』松本侑子訳／集英社文庫／二〇〇〇年
■ロラン・バルト『零度のエクリチュール 新版』石川美子訳／みすず書房／二〇〇八年
■ミシェル・フーコー『言葉と物―人文科学の考古学』渡辺一民＋佐々木明訳／新潮社／一九七四年

エクリチュールについて（承前）

ロラン・バルトのエクリチュール論そのものが、そのあまりに学術的なエクリチュールゆえに、エクリチュール論を理解することを通じてはじめて社会的階層化圧から離脱することのできる社会集団には届かないように構造化されていた……というメタ・エクリチュールのありようについて話していたところであった。

同じことはピエール・ブルデューの文化資本論についても言える。『ディスタンクシオン』もまた、（読んだ方、あるいは読もうとして挫折した方は喜んで同意してくださると思うが）高いリテラシーを要求するテクストである。おそらく、ブルデュー自身、フランス国内のせいぜい数千人か多くて数万人程度の読者しか想定していないはずである（そうでなければ、違う書き方をしたはずである）。

だが、「階層下位に位置づけられ、文化資本をもたない人には社会的上昇のチャンスがないように設計された社会」の構造を解明したこの書物が十分な文化資本をもたない人に対しては事実上開かれていないということにブルデュー自身はどれほど自覚的であったのだろうか。

むろん、私はバルトも、ブルデューも、その知性と倫理性を高く評価することにやぶさかではない。けれども、彼らがエクリチュールによって階層社会が再生産されるプロセスを鮮やかに分析しつつ、その階層社会で下位に釘付けにされている読者たちには理解することのむずかしいエクリチュールを駆使してきたことはやはり指摘しておかなければならないと思う。

階層社会の本質的な邪悪さは、「階層社会の本質的な邪悪さ」を反省的に主題化し、それを改善する手立てを考案できるのが社会階層上位者に限定されているという点にある。

「社会的流動性を失った社会」を活性化できる知的にも倫理的にも卓越した精神が同一の社会集団から繰り返し登場することによって、結果的に文化資本は少数集団に排他的に蓄積してゆき、社会的流動性は失われる。

この「トリック」は階層社会の内部にいる限り、前景化しにくい。

さいわい、日本社会はフランスほどには階層化されていない。

文化資本や社会関係資本はすでに一定の社会的層に蓄積されつつあるけれど、まだそれは「階層」というほど堅固なものにはなっていない（と思う。希望的観測）。

私は文化資本の排他的蓄積を望まない。水平的にも垂直的にも流動性の高い社会を望む。

そのためにも、バルトやブルデューのようなすぐれた知性のみが生み出しうる卓見をできるだけ多くの人々が「リーダブルなかたち」で享受できることを望むのである。

エクリチュール批判は「みずからがいま書きつつあるメカニズムそのもの」を対象化しうるエクリチュールによってなされなければならない。果たして、それはどのようなエクリチュールであるのか。

自分たちが嵌入《かんにゅう》している当の言語構造を反省的に主題化できる言語。

自分たちが分析のために駆使している言語の排他性そのものを解除できる言語。

そのような不可能な言語を私たちは夢見ている。

——二〇一〇年一一月五日

■ピエール・ブルデュー『ディスタンクシオン』全二巻／石井洋二郎訳／藤原書店／一九九〇年

リーダビリティについて

昨日書いた「エクリチュール」論について、Twitterの方に、「そういう内田自身の書いている文章のリーダビリティはどうなのか?」という疑問が寄せられた。それは果たして「階層下位に釘付けにされているものにも届くように書かれているのか?」

そういう問いかけはもちろん有効である。

私自身が昨日書いたブログの文章は決して読みやすいものではない（漢字が多いし、英語も使いすぎる）。けれども、それにもかかわらず、万人に開かれた「不可能な言語を夢見て」書かれているという点において、文化資本の排他的な蓄積を回避することを目指している点において、「リーダブルであること」は私の書き物の変わらぬ目標である。

リーダブルな文章というのは「わかりやすい文章」ということとは違う。「ロジカルな文章」というのとも違う。ましてや「簡単な言葉が使ってある文章」のことではない。

どれほど難しい術語が用いられていても、どれほど入り組んだロジックが使われていても、

「すっと身体に入ってくる文章」というものは存在する。

例えば、レヴィナスの文章を最初に読んだとき、私はその一行も理解できなかった。けれども、その文章は物質的実感を伴って私に「触れ」、「私を解釈せよ」と私に命じた。その結果、私は「この文章が理解できるような人間に自己形成すること」を自分に課すことになった。

レヴィナスの文章のコンテンツは私にはわからなかった。わからなかったけれども、「いずれこれがわかる人間にならなければならない」ということはわかった。

そういうことが現実にある。

リーダビリティというのは、そのように遂行的なかたちで読者にかかわるものではないか。メディアの要求する「わかりやすさ」と私が繰り返し確執を醸《かも》してきたのは、彼らの言い立てる「わかりやすさ」というのがほとんど「語彙の制限」のことだったからである。

それは違うだろうと私は思った。

語彙を制限すれば、文章がリーダブルになるということはない。

書き手が読み手の知性を自分よりも低いと想定して書いている文章（新聞の論説や解説記事はその好個の例であるが）は、どれほど簡単な言葉で、平明な理屈で貫かれていても、決してリーダブルではない。それを「理解したい」という読者の側の知的な欲望を活性化しないからである。

「諸君が知らぬことを教えよう」という教化的な善意はあるのかもしれない。けれども、そこに読者に対する敬意はない。

そして、そのことを読者は数行も読まないうちに感知する。感知したとたんに、それを「読んで理解したい」という意欲は一気に萎えてしまう。

そういうものである。

それは語彙の多寡や修辞の巧拙《こうせつ》や論理の精粗《せいそ》とはかかわりがない。

「読者に対する敬意」というのはメッセージではなく、メタ・メッセージのレベルにしか表れないからである。

メタ・メッセージとは「メッセージの解釈の仕方を指示するメッセージ」のことである。メタ・メッセージの特徴は「その解釈については誤解の余地がない」ということにある。

当然ながら、メッセージの解釈についての指示が複数の解釈を許したら、それはメタ・メッセージの役を果たさないからである。

メタ・メッセージというのは「その意味が相手に一義的に伝わらない限り、意味をもたない」メッセージであるという点で、その他のメッセージとまったく異なるのである。

「読者に対する敬意」もまたメタ・メッセージとして示される他ない。

それは「私が語るこの言葉は『ぜひあなたには理解してもらいたい』という気持ちを込めて

語られている」と読者に告げる。そこで語られているコンテンツがどれほど難解であっても、どれほど容易な接近を拒んでいても、「読者に対する敬意」というメタ・メッセージを感知できる読者に対しては、テクストはつねに開かれている。

リーダビリティとはそのことではないかと私は思う。

——二〇一〇年一一月六日

Twitterとブログの違いについて

『街場の読書論』という本を書き上げた。

ブログコンピ本なので、ゲラをいただいたのは一年近く前なのだが、他の仕事が立て込んでいて、手がまわらなかったのである。

ブログのコンピ本というのは、他にあまりなさっている方がいないようだが、私は「よいもの」だと思う。書いているときに「これはいずれ単行本に採録されるかもしれない」と考えている。だから、そのときになってあわてないように、引用出典とかデータの数値とかについては正確を期している。

ブログ上で他の方の著書から引用するときに、発行年や頁数まで明記する人はあまりいないが、こういう書誌情報は「あとになって」調べようとすると、たいへんに時間がかかるものである。

ほんとに。

それにそうしておくと、ブログが「ノート代わり」に使える。ブログには検索機能がついているので、キーワードを打ち込むと、そのトピックについて私が書いたことがずらずらと出てくる。その中に必要なデータのかなりの部分が含まれている。

Twitterはこういう使い方はできない（引用の書誌情報なんか書いていたら、一四〇字分のスペースがすぐに埋まってしまう）。

だから、どんなナイスなアイディアが浮かんでも、論文の一章分くらいの素材をTwitter上に残しておいて、あとでそのままコピペして使うという芸当はできない。Twitterには「つぶやき」を、ブログには「演説」を、というふうになんとなく使い分けをしてきたが、二年ほどやってわかったことは、Twitterに書き付けたアイディアもそのあとブログにまとめておかないと、再利用がむずかしいということである。

Twitterは多くの場合携帯で打ち込んでいるが、これはアイディアの尻尾をつかまえることはできるが、それを展開することができない。指が思考に追いつかないからである。だから、Twitterは水平方向に「ずれて」ゆくのには向いているが、縦穴を掘ることには向いていない。そんな気がする。

ブログは「縦穴を掘る」のに向いている。

「縦穴を掘る」というのは、同じ文章を繰り返し読みながら、同じような文章を繰り返し書きながら「螺旋状」にだんだん深度を稼いでゆく作業である。

Twitterだと自分の直前のTweetがすぐに視野から消えてしまう。

誰かのTweetがはさまると、もう自分の先刻のアイディアの「背中」が見えなくなる。

「アイディアの背中」というのは、けっこうたいせつなものである。自分の脳裏をつい先ほど「横切った」アイディアがある。それは「あっ」と思って振り返ると、もう角を曲がりかけていて、背中の一部しか見えない。

そういうものである。

長い文章を書いているときは、その「背中」がけっこう頼りなのである。自分が進んでいる道が「どうも展望がない」ということがわかって、「そうだ、あのときのあのアイディアについてゆけばよかったんだ」と思うことがある。

振り返って、走り戻って、「アイディアの袖口」をがしっとつかむ。そして、いっしょに「角を曲がる」。長い文章を書いているとそういうことができる。

ほんとに。

言語学では「パラダイム」という言い方をする。ある語を書き付けると、それに続く可能性のある語群が脳内に浮かぶ。原理的には、文法的にそれに続いても破綻しないすべての語が浮かぶ（ことになっている）。

例えば、「梅の香が」と書いたあとには、「する」でも「匂う」でも「香る」でも「薫《くん》ずる」でも「聞こえる」でも、いろいろな語が可能性としては配列される。私たちはそのうちの一つを選ぶ。

だが、「梅の香がする」を選んだ場合と、「梅の香が薫ずる」を選んだ場合では、そのあとに続く文章全体の「トーン」が変わる。「トーン」どころか「コンテンツ」まで変わる。うっかりすると文章全体の「結論」まで変わる。

そういうものである。

このパラダイム的な選択を、私たちは文を書きながらおそらく一秒間に数十回というぐらいのスピードで行っている。

そのときに「選択に漏れたもの」がある。

そして、そのとき「その語を選択したあとに続いたかもしれない文章と、そこから導かれたかもしれない結論」が「一瞬脳裏をよぎったのだが、もう忘れてしまったアイディア」である。

これをどれだけたくさん遡及《そきゅう》的に列挙できるか。それが実は思考の生産性に深くかかわっていると私は思う。

自分の思考はあたかも一直線を進行しているかのように思える。振り返ると、たしかに一直線に見える。でも、実際は無数の転轍《てんてつ》点があり、無数の分岐があり、それぞれに「私が採用しなかった推論のプロセスと、そこから導かれる結論」がある。分岐点にまで戻って、その「違うプロセスをたどって深化したアイディア」の背中を追いかけるというのは、ものを考える上でたいせつな仕事だ。

「なぜ、ある出来事は起こり、そうでない出来事は起きなかったのか?」

これは系譜学的思考の基本である。「起きてもよいのに、起きなかった出来事」のリストを思いつく限り長くすることは知性にとってたいせつな訓練だ。

「起きてもよいことが起きなかった理由」を推論する仕事は「起きたことが起きた理由」を推論するのとはかなり違う脳の部位を使用するからだ。

これもたぶんreason backward（遡及的な推理）の一つのかたちなのだと思う。

というわけで、来年からはもっとブログに時間を割こうと決意したのでした。

——二〇一一年一二月二九日

補稿　「世界の最後」に読む物語

出版関係者と話をしていると、みんな一様に「文学作品が売れなくなった」と言う。ベストセラーリストを見ても、ダイエット本や「○○ができるようになるための一〇〇の方法」といった本ばかりである。

実際に今、私の目の前には谷崎潤一郎賞という文学賞を主催する「中央公論」の編集者が座っているのだけれど、その彼からもの悲しげな「文学は必要なんでしょうか？」という問いを向けられた。さて、どうなんでしょう。文学って、必要なんだろうか。この問いを奇貨として「文学」について、いささかの私見を述べてみたい。

いくつかの例外はあるが、全体として文学作品は売れていない。なぜか。

身も蓋もない言い方をすれば、それは提供されている作品のクオリティが低いからである。悪いけど。

出版不況にしても、新聞の購読者数の激減にしても、送り手側は「私たちはこれまでと変わらず質のよいものを作っている。だが、売れない。これは読者の質が落ちたからである」というロジックを使って責任を転嫁しようとする。でも、それは違うと思う。

文学が売れないのは、決して読者のリテラシーが劣化したからではない。現に、世界的に評価の高い文学作品については、国内的にも高い評価が与えられている。

もし、海外では高い評価を得ている作家が日本国内ではまったく顧みられていないという事実があれば、日本の読者のリテラシーだけが選択的に劣化しているという推論は成り立つであろうが、そのような事実のあることを私は知らない。

村上春樹や、桐野夏生や、井上雄彦といった「物語作家」たちへの国際評価と国内評価のバランスを見る限り、現代日本の読者たちの鑑定眼は健全に機能していると判じて過《あやま》たないであろう。

それゆえ、読者の判断に対しては原則的には敬意を示すべきだろうと私は思う。これがこの問題を考えるときの前提だと思う。作品の送り手側は、まずこの前提を呑み込んでもらわなくてはならない。

こんなことを言うと、出版社の人は、「でも、内容のまるでないダイエット本や自己啓発本は文学よりもずっとたくさん売れています。これは、今の読者が文学よりもそうした情報を欲している証拠です。送り手側としてマーケティング的に考えれば、文学を捨てて、読者の消費意欲を刺激する本を作るしかないじゃないですか」と反論するかもしれない。

しかし、こうした考え方そのものが、出版を「ビジネス」と考えることから派生する一種の病のように私には思われる。

たしかに出版がビジネスであるなら、できるだけ短期間にできるだけ多くの収益を上げる書物がもっとも望ましいものだ。どれほど無内容でも、愚劣でも、市場の需要がある限り、それは「正しい出版活動」だということになる。

だが、それはあくまで商品として書物を見た場合の話である。

書物はもともと商品ではない。

書物が商品として市場で売り買いされるようになったのは、せいぜいこの二〇〇年のことである。書物の歴史はそれよりはるかに長い。「本来商品ではないもの」の価値や機能をその商品性によって考量しようとするから話が見えなくなるのだ。

例えば、ある書物に対する実需要がどれほどあるかは売り上げだけではわからない。図書館に収蔵されて数百人数千人に読まれても、買われただけで読まれずに捨てられる本も、どちらも売り上げ数を見れば同じ一冊である。だが、この二つの書物について、「市場のニーズはどちらも同じだった」と言うことはできない。言ってもいいが無意味である。出版事業がほんらい目指すべきは「読者」であって、「購入者」ではないからである。

古典と呼ばれる名著は今でも書店の書架を覆い尽くしているが、それらの書物が歴史の淘汰圧に耐えて生き残ったのは同時代の市場の需要に応えていたからではない。ぜんぜん違う。ニーチェの『ツァラトゥストラ』第四部は自費出版で四〇部刷られ、世に出たのはわずか七部にすぎなかった。『赤と黒』の末尾にスタンダールがTo the Happy Few. と英語で記したのは、同時代の読者を得られないことを覚悟していたからである。ミシェル・フーコーは『言葉と物』を出版するとき、この書物の内容を理解できる読者をフランス国内で最大二〇〇〇人と見込んでいた。

彼らの書物は同時代人の「あらかじめ存在していたニーズ」には対応していない。だが、その書物が出現したことによって、世界はその書物が出現するより前とは違うものになった。それらの書物は同時代の読者のニーズには対応せず、同時代のリテラシーを超えていた。だから、それらの書物が生き残るためには、「そのような書物を求める読者」「そのような書物を読むことができる読者」を創造するところから始める他なかったのである。

書物というのはそのように生成的なものである。

真に「古典」という名に値する書物とは、「それが書かれるまで、そのようなものを読みたいと思っている読者がいなかった書物」のことである。書物が「それを読むことのできる読者」「それを読むことに快楽を覚える読者」を創り出すのであって、あらかじめ存在する読者の読解能力や欲望に合わせて書物は書かれるのではない。

ビジネスマインデッドな出版人は軽々《けいけい》に「市場のニーズ」という言葉を口にする。だが、彼らが見ているのは「すでに存在するニーズ」か、せいぜい「その予兆が感じられるニーズ」にすぎない。「まだ存在しないニーズ」を創り出すような書物こそ最良の書物であるという考想は彼らの脳裏には去来しないのである。

すぐれた文学作品は同時代の辞書には存在しない語彙にリアリティを与え、誰も知らなかった概念の意味を理解させる。読者を彼らが閉じ込められている思考と感性の閉域から連れ出し、「異界を見せる」。

文学も哲学も、あるいは自然科学の書物も、その価値は「世界に対する衝撃度」によって考量されるという点では変わらない。

人々が安住している世界に亀裂を開け、見たことも聞いたこともないものがそこから吹き込んでくる。それは恐怖や不安の経験でもあるし、同時に解放と愉悦の経験でもある。それを可能にするのが「文学」や「思想書」の力である。

物書く人が願うべきことは、何よりも「はるか遠い読者」にも届くものを書くことである。私はそう信じている。空間的に遠く、時間的にも隔てられた読者が読んでもなおリーダブルであるようなテクストだけが書物の名に値する。

ベストセラーとして書店の棚を賑わしている本の中に、「三年後も引き続き読まれていること」「外国の読者にも読まれていること」を意識して書かれているものはほとんど存在しない。

現在の政局や景況を論じている本の書き手はそもそも三年後もリーダブルであることを目指していない。中国や韓国について書かれているものの中に、そのまま中国語や韓国語に訳され、隣国に理解者を得ることを目指して書かれているものはまず存在しない。

これらはいずれもすぐ身近にいる人たちにとって、数週間かせいぜい数ヶ月の間だけ「読むに耐える」ものであるだけで十分だという経営判断で出版されている。そのような時間的空間的限定はその書物にぬぐいがたい「狭さ」を刻印する。その「狭さ」のことを私は「イデオロギー」と呼ぶのである。

イデオロギーとは別にかたちがあるものではない。政治的に正しくないコンテンツを含むからイデオロギーであるのではない。そうではなくて、同時代の、自分と価値観や美意識を共有する、「身内」の読者だけを想定し、おのれの「外部」に対して発信する気のないテクストをイデオロギーと呼ぶのである。

ようやく話が文学にまでたどりついた。現代文学が読者を得られないのは、端的に言えば、それが「狭い」からである。

「文學界」や「新潮」や「群像」など月刊文芸誌の発行部数は三〇〇〇部から五〇〇〇部である。読者のほとんどは作家か批評家か編集者か、作家・批評家・編集者になりたい人たちである。家に送られてくるこれらの文芸誌をぱらぱらとめくるとき私が感じるのは「酸欠」感である。どうしてこんなに「狭い」ところにあなたがたは入り込んでいるのか？　それが不思議になるのである。

たしかに、この「狭苦しさ」そのものが日本社会の現況であり、それゆえ「狭苦しいところ」にひしめいて「狭く苦しい」話をするところに、ある種のリアリティが際立つということはあるのかもしれない。この不毛さそのものが今の日本文化の本質的不毛さと同期していると言うことも可能かもしれない。でも、どうして「そんなこと」をしたがるのか、私にはやはりわからない。

作家たちや批評家たちは、自分たちが書いているその文章の「射程距離」をどの程度に想定して書いているのだろうか。自分たちの書き物が英語や中国語やフランス語やインドネシア語に訳されて、それぞれの言語圏の読者が読んでも十分にリーダブルであるかどうかということを自己点検しながら書いているのだろうか。どうも、そういう気がしない。

そういう空間的に遠い読者よりも時間的に遠い読者はさらに想像しにくい。

私は先ほど「三年後もリーダブル」という条件を示したが、書き物の時間的射程は実は「過去の読者」を想定した方が検証しやすい。

私の場合は「二〇歳のときの私」、つまり一九七〇年の東京の大学生にも読めるということをとりあえず自分の書き物の条件にしている。もちろん、四〇年前の人間だから「Twitter」とか「iPad」とか「TPP」とかいきなり読まされても意味がわからないだろうが、それでも文脈から「どうも、こういうものらしい」ということが推理できるようには書いている。

その基準を当てはめたとき、とくに文芸批評家たちの書くものの時間的リーダビリティはきわめて限定的であるように思われる。

彼らは最新の人名や書名や学説を（「周知のように」という言葉を付して）好んで引用するが、彼らの書いている文章の意味を五年前の彼ら自身が理解できるのだろうか。私はこの点についてかなり懐疑的である。

イデオロギー的文学は同時代に広く共有された語彙で、同時代に広く共同的に経験されている現実を描き出す。だから、「みんなに選好される」と人々は考えている。その通りだと思う。「みんなが経験していることを、みんなが使うような言葉で書いている」。

だから「売れない」のである。

話は逆だと思う。

そんなありふれた日本の現実であっても、「みなさん、こんなに不思議な世界があるんですよ」というふうに面白がってプレゼンテーションすれば、それはずいぶんリーダブルなものになるだろう。

かつてサルトルはラグビーの試合をボールゲームというものをぜんぜん知らない人間（火星人とか）に逐語的に説明するとしたら、どのような文章になるだろうかと問いかけたことがある（そして、実際数行書いてみた）。

たしかに周知の現実をそのままに描いても文学にはならない。それを文学作品に仕上げるためには、その現実の内部とは違う知性、違う言語の使い方を習得することが必要になる。けれども、実際に私たちが読まされているもののほとんどは、私たちが熟知している現実を私たちが習熟している言語で切り出したものである。世界は私がそうだと思っている通りのものであるということを誰かに裏づけてもらうと気分がいいという人がいるのだろうか。私にはわからない。

文学はあらゆる表現の中でもっとも制作コストの安いものである。マンガであれば、ストーリーを思いつく才能と画力の両方が必要である。想像上の図像を紙の上に（今ならPCのディスプレイの上に）再現する技術はかなり敷居が高い。映画となるとスタッフ、キャスト、機材、製作に相当な人的物的資源が必要になる。

だが、文学にはそんなものは何も要らない。

宇宙のかなたの光景であろうが、サイバースペースの中の電磁パルスの運動であろうと、極寒のシベリアであろうと、ジュラ紀の密林であろうと、頭に浮かんだ光景をとにかく字に移せば、自分ひとりで世界をゼロから創り上げることができる。鉛筆と原稿用紙だけで『小説 スター・ウォーズ』が書ける。

先ほど「例外的に売れているものもある」と書いたけれど、例外的に売れているものの一つは「時代小説」である。戦国時代や幕末動乱を描いた小説はいまだに枚挙にいとまがないほど書かれ、売れている。若い作家たちも女流作家たちも次々このジャンルに参入している。

時代小説がとりわけ選好される理由が、私はわかる気がする。どれほど現代人のような人物造形をしても、社会システムが違う以上、その立ち居ふるまいや理非の決断について「現代人のまま」を適用することができないからである。その物語世界では、私たちにとって異邦的な制度（主従関係や士道倫理）がリアルであり、私たちがもう忘れたもの（夜の底なしの闇や足をとらえる泥濘《ぬかるみ》）が切迫するところを書かなければならない。読者たちは、そこで現実とは違う世界にしばらくの間身を浸すことができる。そこからつかのまの解放感を得ているのではないか。私はそんなふうに考える。

そして、時代小説（に限らず中間小説や大衆小説）が純文学をしりめに隆盛を極めているのは、そこに批評家がいないからである。「この小説が面白い」と言って、「ぜひ読みなさい」と必死に勧める書評家はいるが、「こんなものは小説ではないから読むべきではない」と言って腐《くさ》すような人間はいない。なぜこの小説はこんなにつまらないのかというような分析に知的資源を投じる批評家はこの領域にはいない。

そういう連中がいるのは純文学だけである。そして、彼らが純文学をここまで萎縮させてしまったのだと私は思っている。

遠くマルクス主義批評の「この作品には階級的自覚がない」から始まって、「ジェンダー・ブラインドネスをはしなくも露呈し」とか、「第三世界に対する加害者意識の恥ずべき欠如」とか、「方法論的自覚のないまま俗情と結託し」とか、言いたい放題のことを言って、批評家たちが作品にけちをつけてまわったことで、文学はそのイノセントな「お気楽さ」を失ってしまった。

文学のいちばんいいところは「誰でも、今すぐ、ここで書き始められる」ということのイージーさだったのに、批評家たちは文学性のハードルを限りなく上げてしまった。だから、物語的才能豊かな若者たちはエンターテインメントやマンガや映画に向かってしまった。

谷崎潤一郎の『細雪』を分析的に批評して、「どこに文学性があるか?」などと議論することに何の意味があるのか私にはよくわからない。『細雪』という作品の価値はそれが読者に与えてくれる豊かな愉悦に尽くされると思うからである。

地球最後のときを迎えた自分を想像してみてほしい。人類は死に絶え、食物も残り少ない。あとは餓死を待つだけという状況にいる。そのとき鞄の奥底を探ると、『細雪』の文庫本に指先が触れる。取り出して頁を開くと、不意に昭和一〇年代の阪神間に拉致される。読み進むうちに、やわらかい船場《せんば》言葉の韻律、庭から吹き込む初夏の風、畳と木でできた家の匂い、滑るような着物の手触り、漆器の触感、美食の味わい……そういうものが私たちの感覚を領《りょう》してしまう。その一瞬「世界の終わり」という索漠たる現実を私たちは忘れてしまう。

文学のもたらす「異界に通じる力」「架橋する力」とはこのことだと私は思う。地球最後の日に読んだときに、一瞬だけ現実から遊離して、深い愉悦のうちに身を浸すことができたとすれば、これを「文学の手柄」といわずして何と言うべきか。地球最後の日に『細雪』を読みながら、作家の文学的前衛性とか階級性とかジェンダー・コンシャスネスとかを「まず論じたい」という人がいると私は思わない。少なくとも私はそんなことで時間を無駄にしたくない。

私たちは文学を通じて、今の自分と違う身体のうちに入り込み、ここ])とは違う世界で、こことは違う空気を吸い、想像を絶した快楽を享受し、想像を絶した苦痛に耐える。今いるこの世界から抜け出し、他者たちのうちに入り込む。その経験がもたらす解放感と快楽ゆえに人類は文学を必要としているのである。

しかし、そのような「作品がどのような快楽をもたらすか」を基準にして作品を評価する習慣が批評家たちに広くゆき渡っているようには思われない。

批評家たちはそれぞれの基準で「読むに値する本」と「読むに値しない本」を仕分けするが、その断定の言葉のあまりのきびしさに、私はたじろぐのである。

先ほども書いたように、イデオロギーとは「私がこのことを言わなくても、誰かが同じことを言うに違いない」という無根拠な信憑の上に存立している。私が挙証しなくても、誰かが私に代わって挙証してくれる。私が非論理的に断定しても、誰かがもっと論理的に理非を明らかにしてくれる。私が粗雑に言い捨てても、誰かが情理を尽くして私の判定の正しさを証言してくれる。そういう「私と同意見のたくさんの人々」を想定していなければ、人間は断定的になったり、冷笑的になったり、非論理的になったりすることはできない。もし、ある作品について「私が思っているようなこと」を言う人間が私以外にひとりもいないと思っていれば、私たちは言葉づかいにずっと慎重になる。それが聞き届けられなければ、もうその言葉はこの地上から消えてしまうからだ。そう思えば、理路を明らかにし、喩《たと》え話を引き、カラフルな比喩を使い、読者に懇請するように、「お願いだから、私の言うことをわかってほしい」と書くはずである。でも、批評家たちは決してそのような文体を採用しない。彼らは軽々と、寸鉄《すんてつ》人を刺すような断定で切り捨てる。

なぜ彼らはあれほど断定的でありうるのか。

それは「私が言わなくても、同じことを言う人間がいくらもいる」と思っているからである。私のこの断定に腹を立てる人間がいたとしても、この断定は「先取りされた真理」であるので、いずれ常識に登録され、いずれみんなが私の断定に唱和するようになる。だから、私はいくら断定的になってもよいのだ、と。そう思っているからである。

けれども、気をつけた方がいい。自分の個人的判断が「巨大な集団的合意」の一つの予兆にすぎないと思っている人間は、自分が多数派の一員であることを前提にしている。でも、多数派のひとりであるということが意味するのは「私の替えはいくらでもいる」ということである。「この言葉を書くのは私でなくてもよい」ということである。それは「私には特段存在しなければならない理由はない」ということである。

多数の同意を先取りした断定は「私は存在しなくてもいい」という自己呪詛をコロラリーとして導いてしまう。

私がイデオロギーはよくないよと言うのは、それが政治的に正しくないからではなく（正しくないのもよくはないが)、イデオロギーはそれで身を養う人たちをいずれ食い殺すからである。

批評を語る人たちは「この言葉は私が言わなければ、誰によっても言われることのなさそうな言葉であるかどうか」を自己点検しておく方がいいと思う。自己点検すれば必ず正しい判断が下せるというものではないが、しないよりはましである。そして、それが「私が言わなければ、誰によっても代わって担われることのない言葉」であると思ったら、その言葉が聞き届けられ、長く記憶にとどまり、それに深い共感を覚える読者を獲得するためにはどのような文体で書かれるべきか、もう少し丁寧に考えるはずである。

それがどういう文体なのか、どうしても想像できないという批評家のために、一つ喩え話をしよう。

あなたが批評しようとしている作品の当の書き手が「世界に残された最後の作家」であるという(ありえない)状況を想定してみることである。

私たちが物語を享受するためには、この「世界最後の作家」にこのあとも機嫌良く書き続けてもらうしかない。どうすれば彼の文学的パフォーマンスは向上するか、文体は鮮やかになるか、物語は深みを増すか、奇想天外なアイディアが湧出《ゆうしゅつ》するか、私たちがどうふるまえば読者が得ることのできる快楽は増大するか。

批評家はそういう想像をしてみてもよいのではないか。

でも、批評家たちはそんな想像を決してしない。彼らがそうしないのは、「作家の替えはいくらでもいる」と思っているからである。叩いて潰しても、あとからあとからいくらでも作家志望者は湧いて出てくると思っているからである。だからこそ、批評家は作家に対して残忍になれるのである。

私が提案しているのは、その逆のことである。「世界最後の批評家と世界最後の作者」が向き合って、一つの作品をめぐってゆっくりと穏やかに言葉を紡いでいるという構図である。

もちろんずいぶん極端な状況である。「そんなのは少しも現実的ではない」と言う人もいるだろう。けれども、そういう「極端な状況」を想像してみる力こそ、文学が私たちに贈ってくれる最良のものの一つではないのだろうか。その贈り物を活用しないで私たちはいったい文学から何を汲み出そうというのだろう。

あとがき

こんにちは、内田樹です。

最後までお読みくださってありがとうございました。

本書は、僕の書いた「書物」について、広くは「書くこと」についてのエッセイを収録したものです。

出典はおもにブログ日記ですが、メディアに寄稿したものもいくつか収めています。オリジナルが書かれた日付だけを記して、どの媒体に書いたものかはいちいち明記していません。採録に際してかなり加筆修正して、もはや原型をとどめぬものもありますので、あまり出典や日付は気にしないでください（気にする方もいないと思いますけれど）。

今回エディットしていただいたものを通読して、何年も前からだいたい同じような主題のまわりをぐるぐる回っているのだなあということを改めて感じました。

それはひとことで言えば「言葉が伝わるというのは、どういうことか」という主題です。

シンプルだけれど、これは奥が深い主題です。

僕たちが幼児のときに母語を習得するのは、親たちが語りかける言葉を「自分宛てのコード化されたメッセージだ」ということを理解できているからです。

でも、これって不思議だと思いませんか？　赤ちゃんに「コード」とか「メッセージ」という概念があるはずがありませんし、第一「自分」という概念だってまだないんですから。

でも、なぜか、わかる。

だから、そのメッセージを受け容れて、ゆっくり時間をかけて噛みしめて、「意味」の滋養を味わうようになる。

このとき赤ちゃんが最初に学ぶのは何でしょう。

それはたぶん「あなたに言葉を伝えたい」という親たちの抑制することのできない激しい欲望だと思います。

その欲望だけはどんな未熟な赤ちゃんでも、分子生物学的レベルで感知できる。単細胞生物であっても熱や餌に反応できるように、「あなたに言葉を伝えたい」という他者の欲望だけは幼児でも本能的に感知できる。それに触れると、赤ちゃんだって、なんだか気分がいいんだと思います。その欲望が接近してくると、いろいろな「いいこと」が続いて起こる確率が高いから。「あなたに言葉を伝えたい」という他者の欲望が切迫してきたときに、そのあと「ご飯」

が食べられたり、「愛撫」がなされたり、「排泄物の処理」がなされたり、とにかく全体的に「気分のいいこと」が続く。

その相関を赤ちゃんは生物学的発生の最初期に学習する。

ですから、人間は自分の周囲で行き交うメッセージのうち「自分宛てのもの」とそうでないものを識別する能力を選択的に発達させることになる。たぶん、そうだと思います。「自分宛てのメッセージ」には必ず自分の快不快にかかわる「出来事」が付随する。それだけは経験的に確かだからです。

人間が生物として最初に発達させた「コミュニケーション能力」はメッセージのコンテンツを理解したり、その真偽や理非を判定したりする能力ではなくて、そのメッセージが「誰に宛てたものか」を判別する能力だったのではないかと僕は思います。

自分宛てのメッセージに対しては、まだ言語運用能力をもたない赤ちゃんでさえ感応することができる。というか、「自分宛てのメッセージとそうでないメッセージをより適切に識別する」という実証的な要請に応えるために、それ以外のコミュニケーション能力を発達させたというのが、むしろことの順番ではないのでしょうか。いや、ほんとに。

どんなに立派な内容のこと、どれほど政治的に正しいこと、どれほど美しい言葉を語っていても、受信者が「あ、これオレ宛てのじゃないわ」と思えば、メッセージは虚しく空中に消え去るしかない。

そのことについて、言葉を発する人たちはちょっと自覚が足りないんじゃないかと僕は思います。

コンテンツが正しいものであれば、どんな口調、どんな文体だって構わない。そんなのは副次的なものにすぎない。正しい言葉は必ず伝わる。メッセージの伝達力はそのコンテンツの真理性に相関すると信じている人って、けっこう多いです。

でも、悪いけど、それ間違ってますよ。

長く生きてきてわかったことの一つは、人間は「自分宛てのメッセージでないものを理解するために知的資源を投じることについてはきわめて吝嗇《りんしょく》である」ということです。

一度「あ、これはオレ宛ての話じゃないわ」と思われたら、発信者がどれほどがんばってメッセージを送っても、右の耳から左の耳に素通りです。

ですから、ひとりでも多くの人に話を聞いてほしい、書いたものを読んでほしいと思う人間にとっての技術的な最優先課題は「どうすれば、聴き手や読み手はこのメッセージを『自分宛てだ』と思ってくれるか」ということに集約されることになります。当然ですね。

それが「リーダビリティ」といういささかこなれの悪い言葉を使って、この本の中で僕が論じていることです。

readableという形容詞の本義は「面白く読める、判読できる、読みやすい」ということです。readabilityはその名詞形。でも「判読できる、読みやすい」というのは、あくまでも受信者の下す主体的な判断であって、テクスト自体が客観的形質としての「読みやすさ」を備えているということはありません。

だって、「読む」というのはある程度以上の意識的集中なしには果たし得ない行為だからです。ぼおっとして本を読んでいたって、一行も頭に入ってきません。「きりっ」と文字列に向かわないと本は読めません。

では、どういうテクストを前にしたときに読者は「きりっ」とするのでしょう。

わかりますよね。

読者は「自分宛てのテクストだ」と思ったら「きりっ」とする。「オレ宛てじゃないや」と思ったら「ぼおっ」とする。

最初の五行六行くらいしか読んでいなくても、そういうことは「わかる」んです。先駆的に、わかる。

「リーダブルなテクスト」というのは読み終わったあとに「読みやすい本だった」というふうに回想されるわけではありません。読み始めてすぐに「これはリーダブルだ」ということはわかる。

だって、「リーダブル」というのは文字通り「読解可能」だということですから。「読み終えたあとに読解可能であることがわかった」という命題は非論理的です。だって、本を開いたときに「あ、これは『読解可能』だ」という直感が得られなければ、僕たちはそもそもその本を最後まで読み終えるはずがないからです。長大な書物を読み通すために必要な忍耐と集中を担保するのはこの「直感」です。そのような「直感」を読者にもたらす力、それがリーダビリティだと僕は思います。

聖書にある「神の声」がはじめて族長たちや預言者たちに下ったとき、それは人間たちにはまるで「理解不能」でした。それは大地が割れるような轟音であり、天空を引き裂く雷鳴であり、「燃える柴」や「雲の柱」でした。どれも「人間が理解できる言語」のかたちをとってはいませんでした。そもそも、どう考えても神さまが人間たちと同じ語彙しかなく同じ文法規則に従って思考し、発話するということはありえません。だから、「神の言葉」は原理的に意味不明のものであったはずです。というか、意味不明でなければ困る。

にもかかわらず、族長や預言者はそれを「自分宛てのメッセージ」だと思った。そして、「きりっ」として耳を傾けた。

『創世記』によると、主はアブラムにこう告げました。

「あなたは、あなたの生まれ故郷、あなたの父の家を出て、わたしが示す土地に行きなさい。」

「生まれ故郷」、「父の家」というのは「私の言葉」や「私のロジック」が通じる親密な空間のことです。主はそこを出ろ、と言う。そこから出て、あなたの言葉が通じず、あなたの論理が有効でない場に踏み出しなさい、と。

「それはどういうことですか？」とアブラムは訊きたかったと思います。たぶん言ったはずです。でも、ご返事はなかった。いつでもそうなんです。

そののち主の祝福を得てアブラムが「アブラハム」に改名したあと、今度は、主はアブラハムに「あなたの子、あなたの愛しているひとり子イサクを連れて、モリヤの地に行きなさい。そしてわたしがあなたに示す一つの山の上で、全焼のいけにえとしてイサクをわたしに捧げなさい」と告げます。

アブラハムにとってはこの主の言葉もまた意味不明だったはずです。どうしてこれほど長い間、主をあがめ、戒律を守ってきた私が愛するひとり息子を「丸焼きのいけにえ」にして神に捧げなければいけないのか、意味なんかわかるわけありません。

「それって、どういう意味ですか？」と聞き返しても、もちろん主はご返事をくださらない。

仕方がないので、アブラハムはイサクを連れてモリヤの地へ行き、そこで祭壇を築き、イサクを縛り上げて、薪の上に置いて、刀を手にして、わが子を屠《ほふ》ろうとしました。

そのとき天の使いが下って来て「もう、いいよ」と言います。「あなたが神を恐れることがよくわかった。あなたは自分の子、自分のひとり子さえ惜しまないで、わたしに捧げた」からというのが主から伝えられた命令の解除事由でした。

でも、正直言って僕はこの「説明」はちょっとよけいだったのではないかと思います（そんなことを言うと旧約聖書学者に叱られそうですけど）。「もう、いいよ」だけでアブラハムには十分神からのメッセージは伝わったと思うのです。

「わが子を殺せ」という意味不明のメッセージを受け取ってからアブラハムはずいぶん悩んだはずです。「主はいったい私に何をさせたくて、こんなことを言うのか」と頭が痛むほど考えたはずです。でも、わからない。

たった一つだけわかったことがある。

それは「このメッセージは私宛てだ」ということです。

誰か他の人のところに行くはずだったメッセージが「誤配」されたんじゃないだろうか、とアブラハムは一瞬も考えませんでした。だから、アブラハムは主の言葉に従った。そして、主はアブラハムがそのメッセージの宛て先は自分だということを一瞬も疑わなかったがゆえに、その人を義とされた。

問題はコンテンツではなく、宛名なのです。

アブラハムはそれを直感的に知っていました。自分宛てのメッセージは（意味不明であっても、場合によっては意味不明であるがゆえに）最優先に聴き取らなければならないという人類学的な叡智がアブラハムのうちには深く血肉化していました。

聖書には、主に向かって「これ、誤配じゃないですか？」と文句を言った人の話も出てきます。ヨブという人です。その人の身にはどんな運命が訪れたか知りたい方は『ヨブ記』をお読みください。

僕はここにリーダビリティの原型があると思います。

問題はコンテンツではなく、宛て先であるというのは、メッセージが本質的に「贈り物」だからです。

贈与の本質は「これを受け取ってください」と差し出すことです。そのとき手渡される「これ」にはあまり意味がありません（そう思っている人が多いですけれど、違います）。

そうではなくて、「はい、どうぞ」という贈与行為そのものが重要なのです。

というのは、「はい、どうぞ」は「あなたはそこに存在する」という重大な認知的言明を含んでいるからです。

贈与に対する「たしかに受け取りました」という返礼も同じです。それは「私に贈与したあなたはそこに存在する」という言明に他ならないからです。

「あなたはそこに（受信者として）存在する」という言明に対して、「あなたはそこに（送信者として）存在する」という鏡像的な言明が返される。この相互認知、お互いに「あなたはそこに存在する」という言葉を贈り合うこと、それがすべての夾雑物《きょうざつぶつ》を削ぎ落としたときの贈与の本質だと僕は思います。

主が族長や預言者に臨んだとき、主は「宛て先」を開示することで、人間たちに「あなたがたは存在する」という言葉を贈りました。人間たちはその返礼に「神は存在する」という言葉を贈り返しました。それは「私には理解できないメッセージを私宛てのものだと確信した」人々の出現によって果たされたのです。その瞬間に一神教信仰の基礎は築かれました。

造物主は「私は神によって創造されたのだ」という被贈与の自覚をもつものが出現するまで、造物主としては存在しません。「私は不完全な被造物である」という認識に達したものの登場によってはじめて「完全な造物主」という概念は「受肉」します。一神教信仰というのは、そういう力動的な仕方で構造化されているのです。

だいぶ宗教的な話を迂回しましたけれど、僕が言いたかったのは、メッセージが運搬しうるもっとも重要なメタ・メッセージは「宛て先が存在する」であるということです。

リーダビリティの本質はコンテンツにあるのではなく、「そのメッセージは自分宛てのものだ」と直感する人を得ることにある。僕はそう考えています。

また長く書きすぎました。切りがないので、もうこの辺で止めておきます。

この話の続きを読みたい方は『クリエイティブ・ライティング　街場の文体論』（ミシマ社、二〇一二年）をお読みください（まだ書き終わっていませんが）。こちらは全編「そういう話だけ」の本です。

最後になりましたが、膨大なブログ記事の中から書物と言語にかかわるトピックを選び出して、読みやすく配列してくださった太田出版の的場容子さんのご努力に感謝致します。ゲラをもらってからお戻しするまで長くお待たせしてほんとにすみませんでした。

二〇一一年師走

内田樹

新書版のためのあとがき

みなさん、こんにちは。内田樹です。

本書は二〇一二年に太田出版から出た単行本を新書化したものです。的場容子さんが、ネット上に置いてあった僕の文章の中から書物に関係のありそうなものを選んで一冊に編んでくれました。その作業のために、いったいどれだけの量のテクストを読んでくださったのか、想像すると気が遠くなりそうです。今回、潮出版社から新書版として再発されることになったので七年ぶりに読み返して、その量の多さに驚きました（ゲラの厚さが2センチありました）。新書で五〇〇頁。片手で持って読むとすぐに手が痛くなりそうな重さです。

刊行時は大学退職の前後で身辺があわただしく、きちんとお礼を申し上げることもできませんでした。的場さんはもう太田出版を退社されたそうですけれど、新書化に際しまして、このような大部の書物を一人で編集してくださったご苦労に改めてお礼を申し上げたいと思います。ありがとうございました。この謝辞がお目にとまるといいんですけど。

でも、本を出すという仕事は、担当編集者との二人三脚だなと思います。編集者が営業会議でその書物の有用性や歴史的意義やビジネス上の有望さを力説して企画を通し、書き手をおだてたり、脅したり、尻を叩いて書かせ、上がってきた原稿を編集して、章立てをして、小見出しをつけて、装幀家を選んで、ブックデザインや広告の文案を考え、書店まわりをして……と、考えるだけでたいへんな仕事です。いつも「編集者に追い立てられてつらい。ひどい人たちだ」というような定型的な愚痴を僕はTwitterで書いてますけれど、そういうわれのない非難にもじっと耐えてお仕事をされているわけです。この場を借りて（ほんとうは人様のお座敷をお借りしてはいけないんですけど）これまで一緒にお仕事をしたすべての編集者のみなさんにお詫びとお礼を申し上げます。どうもすみません。そして、ありがとうございました。

と書いたら、ちょっと肩の荷が下りました。では、「あとがき」の本題に入ります。

この『街場の読書論』について、去年の秋に潮出版社の西田信男さんから新書に入れたいという申し出を頂きました。単行本が出たのが六年前、もう書店でふと目にとまって……という幸運な出会いは期待できなくなる時期です。新書化はほんとうにありがたい話です。

本は読者があってはじめて生きるものです。書架に置かれて、時々思い出して手に取ってもらうのもありがたいですけれど、やはり新しい読者を継続的に得ることがないと、本の「寿命」は尽きてしまいます。

その点では家と同じです。家は人が住まなくなると急激に傷んできますでしょ。住人がいなくなると、家はほんとうにわずかな月日で崩れてしまいます。壁が剝落して、瓦が落ちて、床が抜け、大黒柱が歪んできます。それを見ると、家は人間に活かされているんだということが実感されます。でも、不思議ですよね。中に人が住んでいる方が家の損耗が激しいように思えますけれど、実際はそうじゃない。逆なんです。

人間が作り出したものは、制度文物も道具や機械も、人間が生命エネルギーを備給するから機能する。それを利用する人がいなくなったら、死ぬ。

書物も同じだと僕は思います。読まれなくなった書物は死ぬ。そういう「死んだ本」というものを皆さんも手に取ったことがあると思います。何年か前には何十万部も売れたベストセラーだったのだけれど、その後ぱたりと話題に上らなくなり、たまたま手にする機会があって、ぱらりと頁をめくってみたら、「本がもう死んでいた」ということって、誰でも一度や二度はあったと思います。どうしたら、そういうことになるのか。

それは、その本の書き手や編集者が想定していた読者がもうこの世にいなくなったからです。読者がいなくなると本は「死ぬ」のです。ある歴史的状況や社会的ニーズに特化して書かれた本は、時代が変わり、ニーズがなくなると、死んでしまう。一般論として言うとそういう命題になりそうな気がします。でも、書いてすぐに前言撤回するのもどうかと思いますけれど、この命題は間違っています。というのは、「ある歴史的状況や社会的ニーズに特化して書かれた」にもかかわらず、時代を超えて、地理的距離を超えて、途切れることなく読者に恵まれ続ける書物というものも、その一方に存在するからです。「徒然草」を書いた時、吉田兼好はおそらく数十人程度の読者しか想定していなかったと思います（もっと少なかったかも知れない）。そこに自分が書きつけたことが七〇〇年後まで読み継がれ、古文の必修テクストになるというようなことは（あれほど自尊心の強い男でも）想像もしていなかったでしょう。

カール・マルクスの『ルイ・ボナパルトのブリュメール18日』は、一八五一年にルイ・ナポレオンのクーデタが起きた時、ニューヨーク在住の同志ヨーゼフ・ヴァイデマイヤーからロンドンのマルクスに「フランスで何が起きているのか、アメリカのドイツ語話者向けの雑誌に解説記事を書いてください」というスペシフィックな寄稿依頼があって書かれたものです。この雑誌はこの時点ではまだ準備中でしたから、『ブリュメール18日』が書かれた時、生身の読者はこの世にとりあえずヴァイデマイヤーひとりしかいなかった。でも、それほどに限定的な条件で書かれたものでありながら、この政局分析記事は以後一五〇年にわたって読まれ続けています（僕はマルクスの最高傑作のひとつではないかと思っています）。

この二つの例から、書物が長期かつ広い範囲にわたってリーダブルであるための条件は「ある歴史的状況や社会的ニーズに特化した」かどうかだけでは決まらない、ということが知れます。狭い範囲の、条件の限定された読者に向けて書かれた書物でも、途絶えることなく読者に恵まれ続ける書物が存在するのです。その逆に、ある年には一〇〇万部売れて、メディアもその話題で持ち切りだった本が、二〇年後にまったくリーダビリティを失ってしまうということが起きる。その差異は奈辺に存するのか。

と自分で問いを立てておきながら、実は僕もその答えを知っているわけではないのです。不思議だなあと思っているだけで。そして、できるだけ長い期間、できるだけ広い範囲で（願わくは海外でも）読者を得ることができるようなものを書きたいと願っている。それだけです。

でも、そういう素朴な願いを抱いて本を書いている人は実はそれほど多くないということを、この仕事を始めてしばらくして知りました。本書でも繰り返し取り上げたことですが、僕たちは「購入者」を相手にしているのか「読者」を相手にしているのか、それは即答できる問いだと僕は思いますけれど、僕と同じ答えをする方は実は思いの外少ないです。非常に少ない。喫緊の問題は本が売れるか売れないかであって、読まれるか読まれないかはとりあえず書き手にとっても出版社にとっても二次的な問題に過ぎないと考えている人がいるのです。いるどころじゃない。本書でも取り上げましたけれど、著作権にかかわる議論で問題になるのは「購入者」だけであって「読者」ではありません。僕は「自分が書いたものを無料で読んでいる人」に対して不快感を持つ書き手の気持ちがよくわからないのです。こういうことを書くとものすごく怒る人がいるのは知っていますけれど、僕の意見は変わりません。

すべてのテクストは無償でまず与えられる。そうして無料のテクストを浴びるように読んだ人たちがリテラシーを身に付けて、その人たちが書物を買えるだけの資力を具えた時に、身銭を切っても手元に置きたい作品として選ばれることをめざす。この順番は動かすことができないと僕は思います。でも、このプロセスは読めばわかる通り、すごく時間がかかるのです。うっかりすると、ある読者が最初に僕の書いたものを読んでから、最初に財布からお金を出して僕の本を買ってくれるまでに一〇年くらいかかることだってありうる。それくらい気長に読者が育つのを待ってもいいじゃないか。僕はそう思います。でも、多くの書き手はそれほど気長ではない。だから、ことは「良い悪い」

ではなく、単に「気長に読者の出現を待てるか、待てないか」という気質の違いにかかわることなのかも知れません。僕はもともとが教師ですし、退職後も合気道を教えてご飯を食べているので、人が育つのを気長に待つことが少しも苦にならない。それがこういう時にふつうの「プロの物書き」の方たちとの意見の違いににじみ出て来るのかも知れません。よくわかりません。

でも、とにかく書いた本のほとんどは絶版になることなく、新書や文庫にかたちを変えて出版され続けています。僕がそれを喜ぶのは印税収入が持続的に得られるということもありますけれど、それ以上に（本当に、それ以上に）長い期間にわたって新しい読者に出会うチャンスが保障されているからです。新しい読者たちが書物に新しい生命を吹き込んでくれるからです。

長くなりましたので、新書版のためのあとがきはこれくらいにしておきます。最後になりましたけれど、新書化にご尽力くださった潮出版社の西田信男さんと有田修さんに感謝申し上げます。いつもありがとうございます。

二〇一八年六月

内田 樹 うちだ・たつる

一九五〇年東京都生まれ。東京大学文学部仏文科卒業。東京都立大学大学院博士課程中退。武道家。神戸女学院大学名誉教授。専門はフランス現代思想、映画論、武道論。多田塾甲南合気会師範。著書に『ためらいの倫理学』『「おじさん」的思考』『先生はえらい』『呪いの時代』『街場の憂国論』『困難な成熟』『態度が悪くてすみません』『街場の共同体論』など多数。『私家版・ユダヤ文化論』で第六回小林秀雄賞、『日本辺境論』で新書大賞２０１０受賞。第三回伊丹十三賞受賞。

潮新書 017

街場の読書論

2018年9月20日　初版発行

著　者｜内田　樹
発行者｜南　晋三
発行所｜株式会社潮出版社
〒102-8110
東京都千代田区一番町6　一番町SQUARE
電話　■ 03-3230-0781（編集）
　　　■ 03-3230-0741（営業）
振替口座 ■ 00150-5-61090

印刷・製本｜中央精版印刷株式会社
ブックデザイン｜Malpu Design

ISBN978-4-267-02148-0　C0295

潮新書　好評発売中

街場の共同体論
内田 樹
日本一のイラチ（せっかち）男が、現代日本の難題を筆鋒鮮やかに斬りまくる!!　目からウロコ、腹から納得の超楽観的「日本絶望論」！　話題の名著が待望の新書化。

大相撲の不思議
内館牧子
「横審の魔女」が、世間の〝常識〟に物申す！宗教的考察からキラキラネーム、ポロリ事件まで、面白くて奥深い世界へ誘う一冊は、小気味よい「牧子節」が炸裂する！

4期のがんを生き抜く最新医療
藤野邦夫
日進月歩のがん治療最前線は、情報戦でもあった！　適切な病院と治療法を選ぶため、がん治療コーディネーターの第一人者が、最新の正しい知識を伝授する。

地球時代の哲学
佐藤 優
対談集『二十一世紀への対話』から池田大作SGI会長の思想を学ぶ。28言語に翻訳出版された歴史的名著の初の解説本。ここに人類的課題解決の方途がある。

「トランプ時代」の新世界秩序
三浦瑠麗
トランプ米大統領誕生は「歴史の必然」か!?　米国史上、もっともアウトサイダーな大統領のビジョンと日本の行く末を、気鋭の女性国際政治学者が読み解く。